보고 만지는
수학은
이렇게
가르칩니다

수 감각, 도형 감각, 사고력을 키우는 체계적 유아수학 로드맵

✦ 4~7세 ✦

보고 만지는 수학은 이렇게 가르칩니다

최경희 지음

블루무스

엄마의 수학을 돕습니다

　지난 가을, 저는 요즘 부모님들이 많이 방문하는 한 유아교육전에 참가했습니다. 여러 부모님들께 수학교구에 대해 설명하고 있는데, 칭얼대는 아이의 목소리가 들려왔지요. 고개를 들어 보니 부스 근처에서 5살쯤 되어 보이는 아이와 엄마가 실랑이를 하고 있었어요.

　"○○야, 저기 가면 수학 보드게임을 할 수 있대. 재미있을 거야. 가 보자."

　"싫어! 나 수학 싫단 말이야! 안 갈 거야!"

　울먹이며 엄마의 손을 뿌리치던 아이의 모습이 아직도 생생합니다. 도대체 저 어린아이에게는 수학이 어떤 존재였던 걸까요? 무슨 이유로 저렇게 수학이 싫다고 외치게 된 걸까요? 아이의 찌푸린 모습에서 예전에 제가 입시 수학학원에서 만났던 중고등학생들의 얼굴이 보이는 것만 같았습니다. 무기력하게 칠판에 적힌 풀이 과정을 그대로 적고, 숫자만 바뀐 문제들을 기계적으로 풀던 모습, 수학 문제도 암기 문제인 양 기억력에 의존해 문제를 풀던 모습 등이요. 저 아이도 10년 후에는 그런 모습으로 수학을 마주하게 될지도 모른다고 생각하니 가슴이 답답해졌습니다.

학년이 오를수록 학습 시간과 학습량은 늘어가지만, 오히려 성적은 자꾸 떨어지고, 결국 수학을 포기해 버리는 아이들이 늘어만 갑니다. 시간이 지나 유아수학과 초등 사고력 수학을 지도하고, 수많은 아이들에게 "선생님, 저는 수학이 정말 좋아요!"라는 말을 듣고 나서야, 깨닫게 되더군요. '아, 이 아이들은 10년 후에도 수학을 재미있어하겠다.'라고요. 반면 수학을 힘들어하고 포기하던 그 중고등학생들은, 유아 시기에 제대로 된 수학을 접하지 못했을지도 모른다는 생각이 들었습니다.

자, 그렇다면 우리는 어떻게 해야 할까요? 어떻게 하면 10년 후의 우리 아이가 수학을 재미있어할 수 있을까요? 저는 이 문제를 해결할 수 있는 사람은 바로 '부모'라고 생각합니다. 부모와 함께하는 유아 시기의 즐거운 수학이, 10년 후의 즐거운 수학으로 이어진다고 자신 있게 말씀드릴 수 있어요. 걱정이나 불안은 접어 두고, 아이를 위하는 마음 하나로 한 걸음 한 걸음 나아가면 됩니다.

우리 아이의 즐거운 수학을 위한 첫걸음을 내딛기 전에, 당부하고 싶은 것을 말씀드릴게요.

많은 부모들은 내 아이가 '수학을 잘하는 아이'가 되기를 바랍니다. 그런데 생각해 보셨나요? 어떻게 하는 것이 잘하는 것일까요? 유아 시기에는 아이의 실력을 수치화할 기회가 많지 않으니 자연스럽게 비교를 하게 됩니다. 유치원 같은 반 친구가 푸는 문제집 단계, 옆집 아이가 다니는 학원의 레벨 등으로요. 그렇게 비교를 하다 보면 우리 아이가 뒤처질 것 같은 불안감이 들고, 아이의 실력이나 성향은 고려할 여유가 없어지죠. 우리 아이를 남과 비교하지 말아야 합니다. 그리고 비교하지 않기 위해서는 목표를 제대로 설정해야 해요. 우리가 설정해야 할 가장 기본적인 목표는 '수학을 잘하는 아이'가 아니라 '수학을 좋아하는 아이'로 키우는 것입니다.

요즘 우스갯소리로 이런 말을 하곤 하죠. "육아는 아이템빨이야!"라고요. 저는 이렇게 말씀드리고 싶어요. "수학은 아이템빨이 아니에요! 경험이 최고예요!"라고요. 값비싼 교구와 장난감보다, 예쁜 문제집 10권보다, 일상에서 아이가 직접 보고 만지며 탐구하는 경험이 '수학 좋아하는 아이'로 만드는 지름길입니다. 이런 경험은 사탕 한 봉지, 빨대 몇 개로도 충분히 할 수 있어요. 오히려 일상에서 편하게 접할 수 있는 이런 사물들을 다루는 시간이, 아이에게는 더 의미 있고 재미있는 경험일 겁니다.

시대가 많이 바뀌었습니다. 수학도 마찬가지예요. 우리 아이들이 하는 수학은, 우리가 했던 사지선다형, 단답형 문제의 답을 찾기만 하면 되는 수학이 아니에요. 요즘 수학은 답보다 과정을 중요하게 생각합니다. 다양한 방향에서 문제를 바라보고, 여러 가지 방법으로 문제를 해결해야 하죠. 수학적 용어와 논리로 의사소통하도록 요구하고 있으며, 그에 맞추어 교과서와 수업 방식, 평가 방법 등이 바뀌고 있어요. 그러므로 우리의 생각도 달라져야 합니다. 여러분이 공부했던 과거의 방식은 잊어버리고, 시시각각 변화하는 교육에 끊임없이 귀를 기울이고, 어떤 방법이 좋을지 고민해 보세요.

유아 시기 아이와 가장 많은 시간을 함께하고 아이를 가장 잘 알고 사랑하는 사람은 바로 부모입니다. 그렇기 때문에 부모야말로 아이를 위한 가장 훌륭한 선생님이 될 수 있어요. 이 글을 읽고 계시다면, 이미 마음의 준비는 다 되었을 거라고 생각합니다. 이제 저와 시작하면 됩니다. 어렵지 않아요. 그동안 제가 강의를 하고 수많은 아이들과 프로젝트를 하며 쌓은 노하우를 알려 드릴게요. 자화자찬이지만, 저와 함께한 아이들은 하나같이 수학을 재미있어 하고, 성적 또한 매우 뛰어나답니다. 그러니 믿고 따라오시면 됩니다. 적어도 초등학교 저학년 수학까지는 충분히 엄마표로 진행할 수 있을 겁니다.

내 아이의 유아 시기는 단 한 번뿐입니다. 이 중요한 시기에 소중한 경험을 많이 선물해 주세요. 그 경험이 엄마와 함께라면 아이에게는 더욱 값진 영양분이 될 겁니다. 즐거워하는 아이의 모습을 보면서, 엄마도 함께 즐거워하셨으면 좋겠습니다. 여러분 가정의 소중한 수학 경험을 진심으로 응원합니다.

꿀쌤 최경희

차례

1부 엄마와 아이 모두 수학이 좋아지는 엄마표 유아수학 사용설명서

2부

보고 만지는 수학 활동들

1 수와 연산   174

1부

엄마와 아이 모두 수학이 좋아지는

엄마표 유아수학
사용설명서

1

부모와 아이가 함께 성장하는
엄마표 수학 공부

    오프라인 수업에서 아이를 처음 맡게 되면 먼저 학부모님과 아주 오랜 시간 상담을 진행합니다. 아이의 현재 상황, 교육 목표, 그리고 수학 정서와 수학적 태도에 대해 알아내기 위해서죠. 유아수학은 아이를 아는 것이 가장 중요하기 때문에 최대한 자세하게 질문하고 답을 들어요.

    "지금까지 누구와 수학 공부를 진행했나요?"

    "수학을 재미있어하나요?"

    "어떤 교구를 얼마나 접했나요?"

    "학습지나 문제집을 얼마나 했나요?"

    이런 질문들을 던지고 답을 들으면서, 많은 부모들이 엄마표 수학을 하다가 힘들어할 뿐 아니라 두려워한다는 것을 알게 되었어요.

"엄마표 수학이요? 당연히 여러 번 시도했죠. 그런데 진행하기 너무 어렵더라고요. 그래서 결국 선생님을 찾아왔어요."

한숨을 푹 내쉬며 이렇게 토로하는 부모들이 정말 많았답니다. 아마 이 책을 읽고 있는 여러분도 같은 생각일 거예요. 이렇게나 엄마표 수학이 어려운 이유는 여러 가지가 있습니다.

하라는 게 많아도 제대로 알면 흔들리지 않아요

유아수학을 엄마표로 하기 어려운 첫 번째 이유. 하라는 게 너무 많습니다. "이 교구는 유아에게 필수예요.", "이 학습지가 요새 유명하더라고요." SNS를 조금만 둘러봐도 넘쳐나는 광고 때문에 어지럽죠.

연산 학습지, 연산 문제집, 문장제 문제집, 도형 문제집, 사고력 문제집, 사고력 교구, 도형 교구, 칠교, 그리고 또…. 어휴, 주위에서 추천하는 교재나 교구 또한 많기도 합니다.

이 많은 것 중 무엇을 해야 할까요?

시간은 얼마나 들여야 할까요?

이것들을 안 하면 우리 아이는 뒤처질까요?

그런데 뒤처진다는 게 정확히 무슨 뜻일까요?

그렇습니다. 유아수학이 힘든 근본적인 원인은 '무엇을, 왜, 어떻게, 얼마나 해야 하는지 모른다'라는 데 있습니다. 할 건 너무 많아 보이는데 방법을 모르니 부모들은 조급한 마음에 학원이나 학습지 혹은 교구 회사의 말에 이리저리 흔들립니다.

여러분의 이런 의문을 해결하고자 이 책을 썼습니다. 저는 20년 넘게 수많은 아이를 가르치며 경험을 쌓고 노하우를 만들어 왔습니다. 엄마표 수학의 실질적이고 체계적인 방법과 노하우를 알려 드리겠습니다. 우리 아이 전문가인 엄마와 유아수학 전문가인 저의 시너지 효과를 기대하며 읽어 보세요.

아이 수준을 판단하는
객관적 기준은 없어요

뭘 어떻게 할지 몰라서 가장 어려움을 겪게 될 사람은 바로 우리 아이입니다. 아이가 해야 하는 것이 무엇인지 모른다는 것은 곧 어느 시기에 무엇을 얼마나 성취해야 하는지도 모른다는 뜻입니다. 비교 대상은 남의 집 아이밖에 없죠. 우리 아이는 이제 9까지 간신히 세는데 옆집 아이는 두 자리 수를 셀 줄 안다는 이야기를 들으면 벌써 마음이 조급해집니다.

이런 조급함에 많은 부모들은 소위 '레테'라 불리는 레벨테스트에 관심을 갖게 됩니다. 우리 아이의 실력을 '객관적으로' 판단할 수 있으리라 생각하기 때문이죠.

초등학교 방학 시작 전과 새학기가 시작되기 전이 바로 '레테 시즌'입니다. 이맘때 맘카페에는 '소마 프리미어 반에 가려면 어디까지 준비해야 하나요?', '시매쓰 기프티드 반은 어느 정도 하면 될까요?' 등의 레벨테스트 관련 글이 넘쳐나지요.

아이가 유명 학원의 탑반에 배정을 받으면 엄마의 어깨가 솟아오릅니다. 반대의 경우는 아이에게 혹은 자기 자신에게 화가 나거나 실망을 하고요.

이맘때 아이들은 레벨테스트가 처음인 경우가 많습니다. 그런데 시험장 앞에서 대기하는 아이들보다 부모들의 눈에서 긴장과 불안이 더 느껴집니다. 테스트 결과가 곧 아이 실력이라고 생각하기 때문이죠. 그리고 한 번의 테스트 결과로 아이의 수학 실력을 판단하기 시작합니다. 그동안 옆집 아이와 학습지의 진도로 실력을 비교했다면, 이제는 배정된 반에 따라 잘하는 혹은 못하는 아이로 나누어 비교합니다.

더 최악인 경우가 있어요. 바로 아이의 테스트 결과를 엄마의 성적표로 생각하는 경우입니다. 많은 엄마들은 레벨테스트를 통해 그동안 엄마가 아이를 제대로 이끌어 주었는지 여부를 평가받는다고 생각하기도 합니다. 결과가 좋지 않으면 아이를 너무 방치한 것 같은 죄책감마저 들기도 해요. 고작 학원 시험 하나에 너무 많은 의미를 부여하고 감정을 소모할 필요가 없는데 말이죠.

사실 레벨테스트는 객관성이 보장되어 있다고 말하기 힘들어요. 레벨테스트는 전국의 모든 아이들이 보는 시험이 아닙니다. 각 학원이 추구하는 교육의 방향에 따라 출제 영역의 비중과 문제 유형이 다 다르기도 하고요. 실제로 여러 학원의 레벨테스트 결과가 너무 다르게 나와 고민하는 경우도 정말 많이 봤어요. 제가 레벨테스트에서 '레벨'이라는 말을 빼 버리고 싶은 이유이기도 해요.

레벨테스트는 엄마의 노력을 누군가에게 평가받는 자리가 아니에요. 단지 지금 아이의 현재 상태를 체크하고, 잘하는 영역과 부족한 영역은 어디인지 확인하며, 나아갈 방향을 계획할 수 있는 하나의 수단일 뿐이에요. 예를 들어 레벨테스트로 우리 아이가 수와 연산 영역에 치중되어 있다는 걸 확인했다면, 모든 영역이 고르게 발전하도록 더 신경을 쓰고 다양한 경험을 할 수 있도록 방향을 잡을 수 있겠죠. 바로 앞에서는 레벨이라는 말을 빼 버리고 싶다고 했지만, 그럼에도 불구하고 한 번쯤은 레벨테스트를 권하는 이유랍니다.

그렇다면 우리 아이의 수학 실력은 어떻게 판단해야 할까요? 결론부터 말하면 초등학교 입학 전까지 달성하면 좋은 기준은 있습니다(6장에서 제시합니다). 하지만 '이 나이에 이것도 하지 못하면 큰일 나나 봐!'라는 식으로 생각하지 마세요. 미취학 자녀를 둔 부모들이 아이에게 수학을 가르칠 때 가장 많이 오해하는 부분이 이것이에요.

각 나이에 맞는 기준을 달성하지 못하면 안 되나요? 아닙니다. 물론 제가 이렇게 이야기해도 부모님들의 걱정은 쉽게 사라지지 않겠지만, 같은 나이라도 아이마다 다릅니다. 한 아이가 다른 아이보다 수학을 '잘한다'라고 표현하는 것 자체가 적절치 않은 시기임을 기억하세요. 어떤 부분은 빠를 수도, 어떤 부분은 느릴 수도 있을 뿐이죠. 기준은 권장일 뿐 '필수'가 아닙니다. 그래서 저는 "이 나이에는 이 정도는 '할 수 있어야' 합니다."라고 단정 지어 말하지 않습니다. 그보다는 "이 정도 해 놓으면 좋아요. 초등학교 때 수학에 자신감이 생기거든요."라고 말씀드리죠.

한창 자라고 있는 아이의 두뇌를 이해해 주세요

초등학교에 입학한 후에 학교에서 배우는 수학과, 유아 시기에 일상에서 경험으로 배우는 수학은 분명히 달라요. 따라서 부모가 힘을 보태서 유아가 일상에서 경험하는 수학이 학교에서 배우는 수학으로 연결되게끔 도와주는 것이 유아 시기 엄마표 수학의 진짜 목표입니다. 즉 유아 시기에는 유아에게 맞게 친절하게 끌어 주어 차근차근 학습하게 도와야 하죠.

그런데 어른들은 쉽게 설명한다는 것이 곧 다정한 말투로 천천히 설명하는 것이라고 생각하곤 해요. 친절한 설명과 아이들 눈높이에 맞춘 설명은 아예 다른 차원의 개념인데 말이죠.

개수가 같은데 왜 다르다고 할까요

아이의 뇌는 무럭무럭 자라는 중입니다. 거꾸로 말하면 아직 완성되지 않았다는 뜻이죠. 생각하는 방식도 어른과 완전히 달라요. 자, 그럼 이제 직접 아이와 함께 확인해 봅시다. 아이의 머릿속을 이해해 보는 거예요.

먼저 아이가 좋아하는 간식을 준비하세요. 사탕이나 쿠키 등 모양이 같은 낱개 간식이어야 합니다. 그리고 윗줄보다 아랫줄의 간격을 더 넓게 하여 간식을 늘어놓고 질문하세요. "윗줄과 아랫줄 중 어느 쪽의 쿠키가 더 많을까?"

아이는 대답합니다. "아랫줄이요!"

어른은 너무나 당연하게 수량이 같음을 알지만, 유아 시기의 아이들은 아랫줄의 쿠키가 더 많다고 생각합니다. 틀렸다고 지적할 일이 아니라, 이해시킬 수 있는 적절한 방법을 찾아내야 해요. "쿠키끼리 짝을 지어 볼까?" 하고 제안하는 거죠. 아이가 직접 짝을 지으며 개념에 다가갈 수 있도록 유도하는 게 부모의 역할이에요.

다른 예를 들어 봅시다. 다음 그림을 볼까요? 유리컵에 물이 담겨 있어요. 이때, 컵에 들어 있는 물을 위아래로 높고 바닥 넓이가 좁은 컵에 옮겨 담는 경우를 생각해 봅시다.

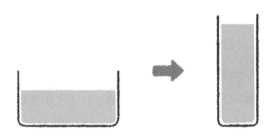

어른은 물의 양이 변하지 않았음을 알고 있지만, 아이들은 컵에 담긴 물의 높이가 높아진 것을 보고는 물의 양이 많아졌다고 생각합니다. 이 역

시 보존개념을 이해하지 못하여 생기는 일이지요.

한 가지 예를 더 들어 볼까요? 다음은 문제집에 자주 나오는 문제입니다. 크기와 모양이 같은 2개의 컵에 같은 양의 물이 있습니다. 그 중 하나의 컵에 구슬 1개를 넣으면 물의 양은 어떻게 될까요?

이제 아이에게서 어떤 답이 나올지 상상이 되시나요?

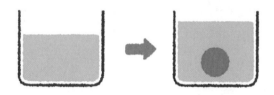

이때 아이가 틀렸다면 어떻게 해야 할까요? 아마 보통은 설명을 할 거예요.

"자, 문제를 다시 봐봐. 물을 넣었다고 했어, 구슬을 넣었다고 했어? 그럼 물은 늘어난 거야, 안 늘어난 거야?"

아직 이해하지 못한 아이에게 더 어려운 개념까지 설명하기 시작합니다.

"자, 선을 그어 볼게. 구슬 크기만큼 물이 1칸 늘어났잖아."

이렇게 말하며 그림 속 물컵에 선을 그어 주겠죠.

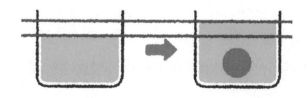

당황한 아이의 얼굴이 빨개진 걸 모르고, 엄마는 또 질문을 합니다.

"그럼 구슬을 2개 넣으면 물이 얼마큼 올라갈 것 같아?"

엄마는 점점 목소리가 커지고 아이는 점점 움츠러듭니다.

이 사태를 어떻게 해결해야 할까요?

답은 간단합니다. 직접 컵에 물을 붓고 구슬을 넣어 봐야죠.

어른과 달리 아이들은 경험하지 못한 것을 상상만으로 추론하기 어렵습니다. 엄마가 "물을 더 넣은 게 아니잖아." 하고 거듭 강조해도 아이는 이해하지 못해요. 말로 아무리 다그쳐도 소용이 없다는 것, 아이가 모르는 부분에 대해서 화낼 필요가 없다는 것을 강조하고 싶어요.

"A는 B야. B는 C야. 그러면 A랑 C랑 같은 거잖아."라는 것이 바로 추론이며 수학적 사고력입니다. 어른들은 오랫동안 이 과정을 반복해 왔기 때문에 쉽게 이해할 수 있지만, 아이들은 "A는 B야, B는 C야. 그런데 A랑 C는 왜 같아?" 하고 계속 의문을 품게 돼요. 그러나 이것은 너무나 자연스러운 현상이에요. 이런 논리를 키우기 위해 수학을 공부하는 거예요.

부모 바람대로 못 따라가는 건 당연합니다

아이의 머릿속을 쉬이 이해하지 못한다고 해서 너무 좌절할 필요는 없습니다. 저 또한 이 문제 때문에 처음에는 시행착오를 많이 겪었으니까요.

유아 시기는 부모가 기대하는 것보다 훨씬 더 많은 도움이 필요한 시기입니다. 말대꾸도 잘하고 자기 주관도 뚜렷한 것 같은데, 도움이 필요하다니 참 신기하지요. 도대체 왜 그런 걸까요?

첫째, 우리 아이들은 부모가 생각하는 것만큼 '개념'이 제대로 잡혀 있지 않습니다. 세모와 네모도 제대로 구분하지 못하는 경우가 많아요. '개수'라는 말이 무엇인지도 모르죠. 이건 어쩔 수 없어요. 수학은 추상적인 학문이며, 아이들의 뇌는 이 추상성을 자연스럽게 받아들일 만큼 충분히 자라지 않았거든요. 또한 이 시기의 아이들은 논리보다는 감각과 직관에 의존해서 상황을 바라봅니다. 그래서 유아와 초등 저학년을 가르칠 때 일상에서 접하는 물건들(이를 구체물이라 합니다)과 교구를 보고 만지게 해야 하는 것이죠.

둘째, 발달 과정상 유아들은 아직 '내'가 중심이에요. 나를 중심으로 한 위치는 표현할 수 있지만, 건물이나 물건을 중심으로 위치를 설명하는 것은 어려워해요. 그러니 아이 주위에 있는 친숙한 것부터 시작해서 주변을 이해할 수 있게 이끌어야 하죠.

유아에게 수학을 가르칠 때는 가르치는 내용보다 가르치는 방법을 더 많이 고민해야 합니다. 어른의 입장에서 아이를 이해시키려 설명만 거듭하기보다, '또 다른 쉬운 방법이 있을까?'를 고민해야 하고, 혹시 지금 하고 있는 수학 활동이 아이 나이에 비해 너무 높은 단계가 아닌지도 살펴봐야 합니다.

연산보다 더 중요한
문제해결력을 길러 주세요

유아를 키우는 부모라면 한 번쯤 들어 봤을 단어들이 바로 문제해결력과 수학적 사고력입니다. 요즘 아이들이 경험하는 수학은 부모 세대가 배웠던 수학과는 전혀 다르지요. 우리 세대는 정답을 맞히는 게 중요했습니다. 한 마디로 정답만 인정받고, 과정은 중요하지 않으며, 오답을 내면 주눅이 들 수밖에 없었던 교육을 받았어요.

그런데 요즘 우리 아이들은 전혀 다른 방법으로 수학을 배우고 있어요. 답보다는 그 과정을 중요시합니다. 답이 맞아도 과정이 올바르지 않다면 그 문제를 풀지 못한 것으로 간주하죠. 그리고 하나의 문제를 여러 가지 방법으로 해결할 수 있는지 여부를 확인하고 평가합니다. 또한 수학적 의사소통을 위한 수학 용어를 말로 표현할 수 있는 기회와 경험을 점점 늘려 가고 있습니다. 거기에 더해 직접 문제를 만드는 연습까지 시키기도 해요.

과거의 수학	요즘 수학
• 답이 맞았는가?	• 과정이 올바른가? • 여러 가지 방법으로 해결할 수 있는가? • 말로 표현할 수 있는가? • 직접 문제를 만들 수 있는가?

초등수학 지도서에는 다음과 같이 기술되어 있습니다.

• 문제를 해결하는 과정을 설명하게 하여 문제해결력을 기르게 한다.
• 자신의 규칙이나 다른 학생의 규칙에 대해 의사소통하는 과정을 평가한다.
• 활동을 평가할 때는 과정 중심 평가를 한다.

또한 개정 누리과정에는 '탐구과정 즐기기' 부분에 '궁금한 것을 탐구하는 과정에 참여하고 서로 다른 생각에 관심 가지기'를 핵심 내용으로 제시하고 있고요. 챗GPT가 문제를 다 풀어 주는 요즘 시대에 맞는, 당연한 변화입니다.

결론적으로 지금은 수학 문제집을 많이 푸는 게 중요하지 않아요. '이 상황을 해결하기 위해 어떤 질문을 할 수 있느냐?'가 중요합니다. 다시 말해 호기심과 문제해결력을 길러야 한다는 거예요. 이런 상황에서 학습지만 계속 풀게 하거나 뭔지도 모르는 구구단을 억지로 외우게 하는 옛날 방식의 수학 공부는 요즘과 맞지 않아요.

그러면 지금부터 뭘 해야 할까요

바로 여기서 부모들의 고민이 시작됩니다. 우리 아이는 연산만 하기에도 바쁜데 연산만 잘해서는 안 되고 문제해결력을 기르라 하고, 수학적 사고력도 중요하다고 하니, 혼란스러워지는 건 당연해요. '대체 뭘 어떻게 해야 하지?'라는 의문만 머릿속에 떠 다니고 구체적인 해결 방법은 도무지 찾을 수가 없지요.

그도 그럴 것이, 우리는 문제집을 풀며 수학을 공부한 세대였잖아요. 배운 것이 문제집 풀이뿐이니 그대로 가르치는 게 익숙할 수밖에 없죠. 그래서 유아를 자녀로 둔 부모들이 저에게 가장 많이 하는 질문들이 이런 겁니다.

"벌써 수학을 시작해야 해요?"

"어떤 문제집을 살까요?"

"학원을 추천해 주세요."

"수를 손가락으로 세는데 어떻게 고쳐 주죠?"

질문 내용만 봐도, 우리가 배웠던 방식으로 요즘 아이의 수학을 대하고 있음을 알 수 있어요. 그렇다고 너무 걱정하진 마세요. 스스로를 탓하지 말고, 이제부터라도 연산과 수학적 사고력을 모두 잡는 법을 제대로 배우면 됩니다. 그 방법은 엄마표 수학의 기술을 다루는 4장에서 자세히 소개하겠지만 짧게 스포를 해 보자면, 우리는 아이들에게 답만 요구할 것이 아니라, 아이가 왜 그런 답이 나오는지에 대한 이유를 설명할 수 있도록 기회를 주어야 합니다.

수학 교육이 필요한 이유는 문제를 척척 풀어내는 기능인을 만들기 위함이 아니에요. 논리적으로 생각하는 수학적 사고력을 키우기 위함입니다. 세상을 살아가면서 어떤 문제를 마주했을 때, 꾸준히 수학 공부를 하면서 연습한 논리를 바탕으로 포기하지 않고 끝까지 그 문제를 해결해 나가는 힘을 키워 주는 게 바로 수학이라는 사실을 잊지 마세요.

엄마는 아이에게 최고의 학습 파트너입니다

자, 지금까지 엄마표 유아수학을 할 때 갖춰야 할 마음에 대해 이야기했습니다. 하나하나 살펴보니 어느 정도 알고 있던 사실이지요?

하지만 막상 부딪치면 실전은 또 다른 차원의 이야기입니다. 아이가 생각만큼 잘 따라오지 않거나, 재미없어하거나, 어려워하거나, 도망가는 등 예상치 못한 여러 가지 상황이 일어납니다. 아니, 그전에 아이를 자리에 앉히는 것부터가 일이에요. 몇 번의 실랑이 끝에 결국 소파에 드러누운 아이를 보고 있자니, 그냥 내려놓고 싶어지지요.

저는 엄마표 수학은 아이가 아닌 부모 자신과의 싸움이라고 표현합니다. 아이와의 수학을 가장 어려워하는 건 사실 부모 자신입니다. 아마 꽤나 많은 시행착오를 겪을 거예요. 그러니 처음부터 욕심내기보다는, 아이가 성장하는 만큼 엄마도 조금씩 성장해 나가자고요. 모든 걸 너무 완벽하게 하려고 하는 마음은 조금 내려놓고 '아이를 알아 가는 즐거운 시간이야.'라고 생각했으면 좋겠습니다.

그런데 문득, 엄마표 수학에 대한 의문이 머릿속을 가득 채웁니다. 왜 엄마표 수학을 해야 할까요? 전문가가 있는 학원에 보내면 깔끔하게 해결되는 일이 아닐까요?

아이에게 최고의 선생님은 누구일까요

"선생님, 잘 부탁드려요."

저와 수업을 시작한 아이의 부모님이 하는 말씀입니다. 물론 저는 최선을 다해 아이를 가르치지만, 부탁받은 대로 아이의 수학 실력을 100퍼센트 끌어내고 있냐는 물음에는 그렇지 않다는 대답을 할 수밖에 없습니다.

수많은 아이를 가르쳐 왔지만 아이마다 성향도 성격도 너무 다릅니다. 그래서 일단 수업을 시작하면 아이와 맞춰 가기 위한 시간이 필요해요. 어떤 걸 좋아할까? 어떤 말에 반응할까? 언제 집중력이 떨어질까? 게임에서 지거나 문제를 틀리면 화를 내거나 좌절하지는 않을까? 여러 관점에서 아이를 파악하는 데는 생각보다 시간이 많이 걸리고 시행착오도 겪습니다.

아이들의 얼굴을 보면 수업을 재미있어하는지 재미없어하는지 다 보이잖아요. 아이들의 집중력을 높이는 일은 전문가인 제게도 가장 어려운 일이에요. 아이들이 재미없어하거나 선생님 앞이라 어쩔 수 없이 듣는다는 티를 내면, 실망스럽기도 하고 속상하기도 하고 때로는 부끄럽기도 하죠. 그래서 저는 같은 수업이라도 아이에 맞게 다른 방법으로 수업을 진행하고, 새로운 수업 방법을 계속해서 연구하고 있어요. 다른 선생님들도 마찬가지일 겁니다.

그럼에도 불구하고, 선생님이 아이를 100퍼센트 다 알고 다 맞춰 주는 일은 불가능합니다. 당연하죠. 유아수학의 경우 보통 일주일에 한 번(많으면 두 번), 1시간 정도 수업을 진행하는데, 그 짧은 시간 동안 아이를 정확하게 파악해서 아이에게 맞는 완벽한 수업을 진행하기란 결코 쉬운 일이 아니거든요. 심지어 한 반에 4~6명의 아이를 데리고 수업을 하니 아이 하나하나를 세세하게 파악하기란 힘들 수밖에요.

반면 24시간 붙어 있는 제 아이는 다릅니다. 좋아하는 것, 성향, 집중이 잘되는 시간대와 상황, 컨디션, 버릇에 이르기까지 아이에 대한 모든 것을 꿰고 있죠. 뿐만 아니라 표정이나 말투만 봐도 아이의 속이 뻔히 보입니다. 그러니 공부하기 싫어할 때 꾀는 법(주로 아이가 좋아하는 캐릭터나 게임을 이용합니다), 더 적극적으로 공부하게 하는 법(승부욕이 강한 아이임을 이용합니다) 등 아이에게 맞춰서 그때그때 바꿔 가며 진행할 수 있어요.

자, 결론은 분명합니다. 아이의 성향과 호불호를 가장 잘 아는 사람, 아이를 가장 잘 돌보고 이끌 수 있는 사람은 바로 부모입니다. 최고의 교습자이 자 학습 파트너라는 뜻이죠. 이것이 엄마표 수학을 해야 하는 이유입니다.

학원에서 채워 주지 못하는 것이 있기에

만약 도저히 시간이 나지 않아 아이를 학원에 보낸다고 해도, 저는 이 책이 담고 있는 엄마표 수학의 방법들을 꼭 알고 있어야 한다고 단언합니 다. 왜냐하면 학원이나 유치원에서 채워 줄 수 없는 부분이 반드시 존재하 고, 이를 메울 수 있는 사람은 부모밖에 없기 때문이죠.

저 역시 부모님과 상담할 때, "아이가 이 부분을 좀 어려워해요. 그러 니 이 활동을 집에서 얼마만큼 해 주세요." 하고 말씀드립니다. 그런데 어 떤 부모님들은 '학원에서 해 봤을 텐데, 굳이 집에서 또 해야 해? 귀찮은데. 뭐, 잘하지 못하면 학원에서 또 시키겠지.'라고 대수롭지 않게 생각하고 넘 어갑니다. 반면 제가 피드백한 대로 열심히 아이와 보충 학습을 하는 부모 님도 있고요. 1년만 지나도 두 아이의 차이는 크게 벌어집니다.

한 번 경험해 본 것과 능숙하게 해내는 것의 차이는 커요. 능숙하게 해 내고, 나아가 배운 것을 응용하기 위해서는 충분한 시간과 연습이 필요해 요. 학원에서는 채우기 어려운 것이지요.

그래서 지금 당장 엄마표 수학을 시작해야 합니다.

엄마표 영어에 비해 엄마표 수학의 진입장벽은 꽤 높은 편입니다. 기 본적으로 유아수학은 가르치기가 어려워요. 또한 '수학은 한번 뒤처지면 따라잡기 힘들다'라는 인식 때문에, 다른 아이들에 비해 뒤처지는 것에 대 한 조급하고 불안한 마음을 다스리기도 힘들고요. 그러니 일관되게 학습을 진행하기 어렵죠. 어제는 그냥 넘어갔던 일도, 두 자리 수 덧셈을 하는 옆집 아이를 본 후, '그런데 얘가 덧셈이 왜 이렇게 안 되지?' 하면서 아이를 밀어붙이는 등 오락가락하기 일쑤죠. 이런 상황이 반복되면 엄마와 아이 모두 수학을 싫어하게 될 수밖에 없습니다.

이처럼 엄마표 수학이 힘든 가장 큰 이유가 부모의 태도와 마음가짐에 있다는 것을 인지하는 게 중요해요. 그러니 엄마표 수학을 어렵게 생각하지 마세요. 아이는 엄마와 함께하는 시간을 기다리고 있어요.

물론 시행착오를 겪을 것입니다. 그러니 처음부터 욕심내기보다는 아이와 함께 차근차근 성장하자는 생각으로 시작하면 좋겠습니다. 단언하건대, 순서와 방법만 알면 엄마표 수학이야말로 가장 효과적인 수학 공부입니다. 이제부터 그 방법을 천천히 알려 드릴게요.

2

내 아이 유아 시기 수학,
보고 만지면서 배우면 정말 좋을 텐데

유아수학, 내용만 보면 가장 쉬운데 아이러니하게도 부모들은 유아수학을 가장 어려워하는 것 같아요. 저는 오랫동안 엄마표 유아수학을 강의해 왔습니다. 감사하게도 저와 유아수학을 함께하는 분들은 계속 늘고 있어요.

제가 진행하는 '달콤수학 프로젝트' 온라인 강의에서는 구체적인 엄마표 수학 진행 방법을 설명합니다. 보고 만지고 경험하게 하는 다양한 활동들, 그리고 일상에서 아이와 수학에 대해 대화하는 방법을 설명하지요. 많은 분들이 열심히 들으며 엄마표 수학을 하겠다고 열정을 불태우는 걸 보면 정말 뿌듯합니다.

그런데 가끔씩, 질문에서 초조함이 느껴질 때가 있어요. "선생님, 그럼 진도는 어떻게 나가야 하나요? 문제집은요?" 하고 질문하는 분들이지요. '이렇게 노는 것 같은, 보고 만지는 경험만 하다가 제대로 배우지 못하는 게 아닐까?' 하는 생각에 하는 질문임을 이해합니다.

그렇다면 저는 왜 자꾸 수학을 공부하라고 하지 않고, 보고 만지고 경험하게 하라고 강조하는 걸까요?

넓이를 모르는 아이에게 '넓이'를 알려 주는 법

아이에게 "어느 것이 넓이가 더 넓은지 생각해 볼까?"라고 물어보면 어떨까요? 아마 이렇게 반문할 거예요.

"넓이가 뭐예요?"

이 질문은 실제로 아이들과 수학 수업을 할 때 들었던 질문입니다. 아이의 질문에 저는 대답 대신 아이들에게 빨간색 색종이 1장과 파란색 색종이 반 장(반으로 자른)을 보여 줍니다. 그리고 이렇게 되묻지요.

"어느 색종이가 더 클까?"

"빨간색 색종이요."

"왜 그렇게 생각해?"

"빨간색이 옆으로 기니까 더 커요."

"아~ 빨간색이 더 크다고? 정말 더 넓은지 어떻게 알 수 있을까?" (처음에는 '크다'로 시작해 자연스럽게 '넓다'라는 용어로 넘어갑니다. 아이들이 말의 맥락 속에서 이해를 하며 자연스럽게 '넓다'라는 용어를 받아들일 수 있습니다.)

　"겹쳐 보면 돼요."

　"아 그래? 겹쳐 볼까? 빨간색 이 부분이 이만큼 남는구나. 맞아, 빨간색 색종이가 더 넓어."

　넓다는 것이 무엇인지 눈으로 확인했으니 이제 반대되는 개념을 알려 줍니다.

　"그럼 말이야, 어느 색종이가 더 작을까?"

　"파란색이 더 작아요."

　"그래, 파란색 색종이가 빨간색 색종이보다 작네. 빨간색 색종이는 파란색 색종이보다 넓고, 파란색 색종이는 빨간색 색종이보다 좁구나."

　다음에는 크기가 같지만 배열이 다른 2개의 초콜릿 모양 종이를 보여 줍니다.

　"그럼, 둘 중 어느 쪽이 더 넓을까?"

이러면 아이들은 십중팔구 덩어리가 더 커 보이는 오른쪽을 선택합니다. "왜 그렇게 생각해?"라고 물으면 대부분 "더 커 보여요."라는 대답을 내놓는답니다. 이제 손이 동원될 차례입니다.

"그럼 1조각씩 잘라서 세어 볼까?"
"둘 다 12조각이에요."
"그럼 어느 쪽이 더 넓은 걸까?"
"같아요."
이것이 제가, 아니 아이들이 스스로 찾아낸 넓이에 대한 첫 개념입니다.

보고 만지고 경험해야 하는 이유

제가 유아들에게 넓이 개념을 깨닫게 하는 과정을 읽으며 독자 여러분은 어떤 생각이 드셨나요? 아마 "와, 넓이 같이 간단한 것도 저렇게 공들여서 알려 줘야 하는구나. 만만찮네."라고 생각하신 분들이 많을 거에요. 맞아요. 엄마표 수학은 결코 만만치 않아요.

하지만 우리가 생각해야 할 더 중요한 사실이 있어요. 아이는 자기가 직접 보고 만져 봐야 비로소 깨닫는다는 점입니다.

수학 개념을 익히려면 추상화라는 과정을 거쳐야 합니다. 예를 들어 '어떤 물건이 놓여 있는 모습이 달라져도 물건의 수는 같다.'라는 일반적인 사실, 즉 '수학 개념'을 획득하는 것을 추상화라고 해요. 그렇다면 우리 아이는 어떻게 추상화를 할 수 있을까요?

발달심리학자 장 피아제(Jean Piaget)는 2~7세 아이는 구체적인 사물을 직접 보고 만지고 조작하는 활동을 함으로써 일반화된 지식(개념)을 확인하고 끌어낼 수 있다고 강조합니다. 이 시기의 아이는 뇌가 충분히 발달하지 않았기에, 논리보다는 감각과 직관에 의존하기 때문이지요.

예를 들어 볼까요? 아이가 돌멩이를 한 줄로 늘어놓고 수를 세어요. 다음에는 흩어 놓았다가, 그 다음에는 원 모양으로 동그랗게 늘어놓지요. 어떻게 늘어놓아도 세었을 때 수가 같아요. 돌멩이 대신 사과를 여러 개 놓고 세어도, 사탕이나 컵을 세어도 마찬가지예요. 그리고 크기가 커지면 개수가 많아진다고 생각하다가, 세는 경험을 반복하면서 그게 아니라는 사실도 깨닫게 됩니다.

이렇게 수많은 경험을 쌓은 아이는 마침내 '어떤 물건이든, 크기나 놓여 있는 모양이 달라져도 수는 같다.'라는 사실을 알게 되는 거죠.

아이들은 문제집이 아니라 다양한 물건을 손으로 세어 보고, 그려 보고, 쌓아 보고, 오려 보면서 개념을 익혀요. 이렇게 보고 만지며 경험한 수학이 추상적인 교과 수학으로 이어질 수 있는 거죠.

놓여 있는 모양이나 크기가 달라져도 수는 변하지 않는다!

그런데 이런 저의 말에 "시간이 지나면 다 알아서 할 거예요.", "굳이 이렇게까지 해야 하나요?", "괜히 별난 수업으로 아이만 힘든 것 아닐까요?" 하고 부정적으로 여기는 분들도 있답니다. 이렇게 생각하는 분들은 공통점이 있지요. 이분들은 엄마표 수학을 진행할 때 문제집부터 삽니다. 그리고 아이가 집에서 엄마와 문제집을 같이 푸는 게 엄마표 수학이라고 생각하죠. 이 방식은 쉽고 간단하게 시작할 수 있지만, 과정과 결과가 좋지 않은 경우가 대부분이에요. 또한 한번 잘못 든 학습 습관을 바로잡는 데에는 많은 시간과 비용이 들기에 안타까울 따름이지요.

구체물 없이 바로 계산 연습부터 한 아이, 문제집만 강요당한 아이가 초등학생이 되면 어떻게 하는지 아시나요? 눈은 문제집을 보는 척하지만 책상 밑에서 손가락을 씁니다. 결국 오래 걸리고, 자꾸만 연산에서 버벅거리게 돼요. 문제집 진도가 안 나가죠. 이를 알지 못한 부모들은 손가락을 쓰는 아이를 혼내는데, 사실은 순서가 바뀌었어요. 유아 시기에 손가락을 비롯한 구체물 경험을 제대로 하지 않아서 계산이 안 되는 건데 말이죠.

실제로 초등학생과 수업을 해 보면, 보고 만지는 수학 경험이 없는 아이들은 티가 납니다. 아이의 수학 실력에 '구멍'이 보이거든요. 유아 때 습득했어야 할 필수적인 개념을 모르니, 이어지는 개념 또한 배우기 힘들어

하고, 이해하기 힘드니 아이들은 유형을 외워서 문제를 풀어요. 그리고 이 대로 중고등학생이 되면 기출문제를 분석해 유형별로 정리해 주지 않으면 혼자서 공부할 수 없는 아이가 됩니다.

이 책의 제목을 《보고 만지는 수학은 이렇게 가르칩니다》로 정한 이유 도 바로 여기에 있습니다. 보고 만지는 경험을 통한 수학이 중요하다는 사 실은 앞으로도 계속 언급할 것입니다. 구체적인 방법은 2부에서 알려 드리 겠습니다.

세 살 수학, 열아홉까지 갑니다

보고 만지는 수학이 중요한 이유는 개념을 제대로 익히는 데만 있지 않 아요. 수학을 어떻게 경험하느냐는 수학적 태도와 수학 정서에도 매우 중 요한 영향을 끼치거든요. 보고 만지는 대신 문제집 위주로 수학을 접한 아 이들은 수학이 너무 어렵다고 생각하고, 결국 수학이 싫어지게 돼요. 더구 나 이때 형성된 수학적 태도와 수학 정서는 참 고치기 어려우니 더욱 안타 깝습니다.

그런데 수학적 태도와 수학 정서라는 말, 자주 쓰긴 하지만 정확한 의 미를 알고 쓰는 경우는 드물어요. 구체적으로 무슨 뜻일까요?

수학적 태도란 수학 문제를 해결하는 과정에서 보이는 태도를 말해요. 수학은 개념을 획득하거나 답에 다가가기까지 꽤나 어려우면서도 복잡한 과정을 거쳐야 하는 과목이에요. 답만 낸다고 해서 끝이 아니라, 올바른 방법으로 답에 다가가야 문제를 제대로 풀었다고 할 수 있는 과목이기도 하지요.

좋은 수학적 태도는 다음 네 가지로 설명할 수 있어요.

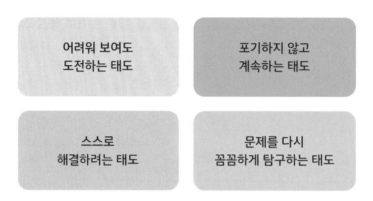

이런 네 가지 좋은 수학적 태도를 갖춘 아이는 어떤 위기가 찾아와도 극복할 수 있어요. 생각해 보세요. 아이가 게임을 하다가 어려운 미션을 맞닥뜨리면 어떻게 하나요? 보통 온갖 방법을 동원해 미션을 성공시키려 애쓸 거예요. 게임 좀 그만하라는 부모의 잔소리에도 끝까지 버티는 모습을 보이기도 하죠. 그래서 아이들이 수학을 할 때에도 이런 태도로 임하면 얼마나 좋을까, 하는 생각도 듭니다.

좋은 수학적 태도를 기르기 위해 필요한 것이 바로 긍정적인 수학 정서예요. 수학 정서는 수학에 대해 느끼는 감정을 말하지요. 유아 시기에는 긍정적인 수학 정서를 형성해야 합니다. 수학을 좋아하는 마음, 수학이 쉽고 할 만하다고 느끼는 마음, 수학이 재미있다고 생각하는 마음을 가지는 거죠. 수학 정서가 긍정적인 아이들은 수학 문제가 쉬우면 쉬워서 재밌고, 어렵거나 막히면 '내가 해결할 것이 생겼다.'라는 생각에 또 흥미를 보여요.

즉, 수학적 태도와 수학 정서는 서로 긴밀하게 연관되어 있어요. 수학을 좋아하니까 하고 싶고, 확실하게 잘 알고 싶고, 조금 어려워 보여도 끝까지 해 보겠다는 태도를 갖추게 되죠.

제가 보고 만지는 달콤수학 프로젝트를 진행하면서 가장 많이 들었던 말이 무엇일까요?

바로 "선생님, 수학이 너무 재미있어요!"라는 아이의 말이랍니다.

네, 맞아요. 아이는 수학을 좋아하고 즐길 수 있어요. 부모가 조금만 도와주면 얼마든지 가능합니다. 이제 시작이에요. 우리 함께 아이의 좋은 수학적 태도와 긍정적인 수학 정서를 만들어 보자고요!

부모가 잘 차린 밥상이 필요합니다

아이들이 수학을 재미있게 하고, 수학을 학습하는 과정 자체를 즐기면서 다양하게 생각하기 위해서는 보고 만지는 많은 경험이 필요합니다. 아이의 수학에 구멍이 생기지 않으려면 이 중요한 시기를 잘 보내야 해요. "무슨 공부를 벌써 해? 지금은 놀아야 할 시기래."라고 말하면서 계속 놀게만 해서도 안 되고, 반대로 "놀 시간이 어디 있어? 공부 좀 해!"라며 놀이의 중요성을 간과하는 자세를 가져서도 안 돼요.

간혹 유아를 키우는 부모가 "수학으로 놀아요."라거나 "놀면서 수학을 해요."라는 말을 할 때가 있어요. 이 말의 의미를 잘 생각해야 합니다. 수학으로 논다는 말은, 수학적으로 의미 있는 활동을 했다는 뜻이에요. 수학적 도구를 가지고 '놀기'만 했다면 수학으로 놀았다고 할 수 없어요. 예를 들어 수학 교구인 쌓기나무를 사 주고 역할놀이만 했다면 '수학적 놀이'가 아니라는 뜻이에요.

우리는 아이가 제대로 수학을 경험할 수 있게 해 줘야 해요. 즉, 밥상을 잘 차려 줘야 한다는 말이죠. 잘 차린 밥상이란 준비된 수학 경험을 일컬어요. 재미있으니 놀이인 것 같긴 한데 깊이 생각하고 문제를 해결해야 한다는 점에서는 학습 같기도 하지요. 이런 수학적 경험을 위해서는 엄마의 손이 필요합니다.

처음에는 그저 이 책에서 소개하는 내용을 따라 하기만 해도 좋아요. 엄마의 노력으로 발전하는 아이의 모습을 보며 엄마표 유아수학의 재미를 깨닫고, 앞으로 나아가야 할 방향에 대해 중심을 잡을 수 있게 되길 바랍니다. 이러한 엄마의 노력이 더해질수록, 수학을 즐거워하는 아이의 모습을 보게 될 거예요.

3

우리 아이의
수학 목표 네 가지

엄마표 수학. 도전해 볼 마음이 생겼나요? 본격적으로 엄마표 수학을 시작하기 전에, 가장 먼저 해야 할 일이 있어요. 바로 방향성, 즉 목표를 세우는 일이랍니다.

엄마표 수학의 방향을 어디로 잡아야 할까요? 우리의 방향은 연산이 빠른 아이, 몇 년 치 선행을 하는 아이가 아님은 이미 말씀드렸습니다. 연산과 선행에 대한 생각은 내려놓아야 해요.

우리의 궁극적인 방향은 긍정적인 수학 정서와 좋은 수학적 태도에 있습니다. 다시 말해 유아 시기에 수학을 좋아하는 아이, 수학에 호기심이 강한 아이로 만드는 거예요. 그리하여 초등학교에 올라가 수학을 좋아하고 잘하는 아이로 성장시키는 것이지요.

그러기 위해서는 구체적인 세부 목표가 필요합니다. 네 가지로 정리할 수 있어요. 지금부터 하나하나 알아봅시다.

목표 1:
수학의 모든 영역을 고르게 경험하는 아이

유아수학에서 가장 대표적인 영역이 바로 연산이에요. 그렇다면 유아수학에서 연산의 비중은 얼마나 될까요? 결론부터 말하자면, 연산의 비중이 크긴 하지만 전부는 아니랍니다.

다음은 초등수학 교과의 영역이에요. 엄마표 수학의 첫 번째 목표는 바로 이 영역들을 고루 챙기는 것이랍니다. 어느 것 하나 중요하지 않은 영역은 없어요.

수와 연산

많은 아이들이 수를 통해 '첫 수학'을 경험합니다. 여러분이 처음으로 아이와 수학 공부를 해야겠다고 결심한 순간이 언제인가요? 아마 아이에게 "사탕이 하나, 둘." 하며 수를 알려 주는 순간이었을 거예요. 일단 수를 알아야 다른 영역도 익힐 수 있어요. 또한 유아 시기에 자연수를 통해 익힌 연산의 성질은 추후 분수, 소수, 정수, 유리수, 실수까지 확장됩니다.

2022 개정 교육과정

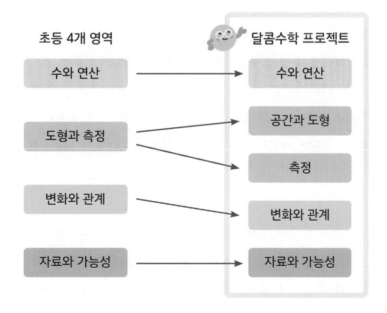

공간과 도형

3개의 선분으로 둘러싸인 도형을 삼각형, 4개의 선분으로 둘러싸인 도형을 사각형이라 부르죠. 그리고 사각뿔의 밑면은 사각형, 옆면은 삼각형으로 이루어져 있어요. 도형 영역의 목표는 단순히 모양의 특징을 넘어, 도형과 도형 사이의 관계를 이해하는 데 있습니다.

도형만큼이나 중요한 것이 바로 공간의 개념이에요. 공간과 방향이 무엇인지에 대해 어느 정도 개념이 잡혀 있어야 도형을 익힐 수 있거든요. 따라서 이 책에서는 '도형'이 아닌 '공간과 도형'이라고 이름을 붙였습니다.

측정

길이·무게·시간 등의 속성을 비교하고, 그 양을 순서 짓는 것부터 시작하여 수치로 나타내는 것을 말해요. 현상을 해석하거나 실생활과 관련된 문제를 해결할 때 많이 활용되는 수학 영역입니다.

원래 독립적인 영역이었지만, 2022 개정 교육과정부터 도형과 묶여 '도형과 측정' 영역이 되었어요. 그러나 활동 방법이 조금 다르기 때문에, 이 책에서는 도형과 측정을 분리하여 설명하고 있습니다.

변화와 관계

변화하는 현상 속에서 반복되는 부분을 찾아 일반화하고 다음을 예측하는 것이에요. 유아 시기에 변화와 관계에 대한 경험이 필요해요. 나중에 중학생 때 방정식, 부등식과 연결된답니다. 또한 고등학교 수학의 핵심이라 할 수 있는 함수는 수와 연산 영역이라 생각하기 쉽지만, 사실 변화와 관계 영역에 속합니다. 즉, 변화와 관계는 간과하기 쉽지만, 절대 놓쳐서는 안 될 중요한 영역이랍니다.

자료와 가능성

자료는 흩어져 있는 정보나 자료를 모아 정리하고 관계를 해석해 보는 영역이에요. 한편 가능성은 사건이 일어날 가능성을 말과 수로 표현하는 영역이고요. 자료를 분석하고 통계를 내어 문제를 해결하고, 가능성을 추측해 보는 경험은 미래를 예측하거나 합리적으로 의사 결정을 하는 기반이 됩니다.

'유아수학' 하면 떠오르는 문제집과 교구는 주로 수와 연산 및 도형 영역을 다루기 때문에, 이것들만으로는 수학의 모든 영역을 경험하기 힘들어요. 그래서 유아 시기 아이들은 일상 속에서 대화, 구체물을 이용한 활동, 수학동화, 보드게임 등 쉽지만 재미있는 방법으로 여러 영역의 경험을 쌓아야 합니다.

목표 2:
보고 만지는 경험을 하는 아이

3~4학년이 되어도 유독 사고력 수학 문제나 문장제 문제를 잘 해결하지 못하는 아이들이 있어요. 부모들은 '아, 내 아이가 국어 실력이 부족해

서 문제를 이해하지 못하는구나.'라고 생각하고는 아이에게 문장제 문제집을 들이밉니다. 물론 국어 실력이 원인일 수도 있죠. 하지만 대부분은 그렇지 않아요. 사실 우리 아이들이 해결해야 할 문장제 문제는 그렇게 어렵지 않답니다. 다시 말해 깊은 문해력을 요구하는 문제들은 나오지 않아요.

아이들이 수학 문장제 문제를 풀지 못하는 이유는 수학 개념이 머릿속에 자리잡지 않았기 때문입니다. 개념을 모르는 아이는 문장을 읽고도 식을 만들 수 없어요.

이렇게 말하면 부모들은 이렇게 반문합니다. "선생님, 저희 아이는 지금 두 자리 수 덧셈이랑 뺄셈까지 다 할 줄 아는데요? 그럼 개념을 아는 게 아닐까요?"

그럼 저는 이렇게 대답하지요. "어머님, 그건 계산일 뿐이에요." 계산이 기계적으로 답을 찾아내는 것이라면, 연산은 개념을 제대로 알고 효율적으로 답을 찾아내는 것이에요.

개념을 제대로 안다는 말은 원리를 정확히 알고, 언제 어떻게 사용해야 하는지 아는 것을 말합니다. 즉 덧셈이 무엇이고 언제 덧셈을 써야 하는지, 뺄셈이 무엇이고 언제 뺄셈을 써야 하는지 알아야 진정으로 덧셈과 뺄셈의 개념을 안다고 할 수 있습니다. 식 10-3=□를 풀 줄 아는 것도 중요하지만, "초콜릿이 10개, 사탕은 3개 있어. 초콜릿이 사탕보다 몇 개 더 많아?"라는 말을 듣고 '뺄셈으로 풀 수 있는 문제구나.'라고 생각하고 식까지 만들 줄 알아야 한다는 것이죠.

그렇다면 제대로 개념을 익히려면 어떻게 해야 할까요? 계속 강조했듯이, 유아 시기에 보고 만지는 경험이 절실하게 필요합니다.

저는 아이들의 흘러가는 시간이 너무 아깝습니다. 시간은 한번 지나가면 다시 돌아오지 않잖아요. 유아 시기의 아이가 꼭 해야 하는 활동과 경험을 하지 않고 넘어가는 것만큼 안타까운 일이 없어요.

유아 시기에 가장 빛을 발하는 보고 만지는 수학을 통해 아이가 경험을 쌓을 수 있도록 도와주세요.

보고 만지는 수학도 '때'가 있습니다

학교에서는 5학년 때 정육면체의 전개도를 배웁니다. 100명 중 99명이 어려워하는 단원이죠. 매년 5학년 아이들은 이런 푸념을 합니다.

"선생님, 전 도형 못해요."

"이게 어떻게 이렇게 돼요?"

"가려져서 안 보이는데, 아래에 오는 게 뭔지 어떻게 알아요?"

"이 전개도로 이 모양이 어떻게 만들어지는지 모르겠어요."

아이들이 도형을 어려워하는 가장 큰 이유는 입체도형에 대한 의미 있는 경험이 없기 때문이에요. 고학년이 되면 머릿속에서 종이를 접어 입체도형을 만들 수 있어야 하는데 전혀 그려지지 않죠. 결국 선생님들은 5학년 수업이지만 어쩔 수 없이 교구를 꺼냅니다.

그런데 고학년 아이에게 교구를 주는 것은 도형 감각을 기르기 위함이 아닙니다. 단순히 그 문제를 풀기 위해 교구를 사용하는 것뿐이에요. 아이도 교구를 탐색하기보다는 교구로 문제를 어떻게 해결할지에 초점을 맞춰 사용합니다. 따라서 이 시기의 교구 활동은 공간지각력이나 입체에 대한 감각을 기르는 데는 별 도움이 되지 않습니다. 결국 유형별 문제집을 많이 풀어 해결하는 수밖에요.

이 말은 5학년 때 교구를 접하는 게 소용없다는 뜻이 아니에요. 교구를 접해야 할 적절한 시기에 접해야 효과적이라는 뜻입니다.

유아는 교구를 꺼내 주면 스스로 탐색하기 시작합니다. 접기도 하고 쌓아도 보며 그 특성을 감각적으로 느낍니다. 거리낌이 없어요. 교구는 그렇게 만져야 해요. 그리고 부모는 옆에서 아이에게 이런 말을 건네면 그만이죠.

"이번에는 뭘 만들어 볼까?"

"생각한 대로 만들어졌어?"

"어느 부분이 잘 안 돼?"

도형 감각을 키우기 위해서는 유아 시기에 구체물을 자주 다루어 보는 경험이 문제집을 한 쪽 푸는 것보다 더 중요합니다.

어떻게 보고 만지느냐도 중요해요

같은 교구로 공부해도 아이들마다 실력은 천차만별입니다. 단순히 교구를 가지고 놀았다고 해서 도형 감각이 생기지는 않아요. 아이가 교구를 어떻게 활용하는가가 관건이죠.

칠교를 예로 들어 볼까요? 어떤 아이는 눈에 보이는 대로 조각을 잡아 무작정 그림에 채워 넣습니다. 그런데 또 어떤 아이는 꽤나 신중하게 접근하죠. 엄마가 봤을 때는 아이의 느린 행동이 답답하기도 합니다. 과연 어떤 방식이 옳을까요? 처음에는 눈에 보이는 대로 거리낌 없이 조각을 잡는 과감함이 필요하지만, 시간이 지날수록 머릿속에서 조각을 배치해 보는 신중함이 필요해집니다. '저 자리에 이 조각은 크겠는데?', '이건 들어가지 않겠는데?'라고 생각해 봐야 해요.

부모는 좋은 발문을 통해 아이가 스스로 생각하도록 도와야 해요. 처음엔 시행착오를 겪도록 지켜봅니다. 시간이 지나도 나아지지 않는 경우에만 슬쩍 도와주세요. 이런 질문들을 하는 거죠.

"그 조각을 선택했구나. 어디에 올릴 거야?"

"그림에 올리기 전에 생각해 볼까?"

"앗, 안 들어가네. 왜 안 맞을까?"

칠교나 퍼즐에서 다루는 밀기, 뒤집기, 돌리기는 4학년 '평면도형의 이동'에서 중요하게 다뤄지는 과제입니다. 그러니 아이들이 수학 용어에 익숙해질 수 있도록 "뒤집어 볼까?", "돌려 보는 건 어때?", "아, 위로 밀었구나." 등과 같은 어휘를 많이 사용하면서 진행하면 도움이 됩니다.

이런 과정을 경험해야 도형 감각이 길러지겠죠? 이렇게 수학을 갖고 놀아 본 아이는 어떤 문제도 두려워하지 않습니다.

일상 속에서 수학을 경험하게 도와주세요

수학 경험은 거창한 일이 아니에요. 어렵게 생각할 필요가 없습니다. 마트에서 요구르트 두 줄 가져오기, 버스 번호 읽기, 더 큰 초콜릿 고르기, 이 모든 행동이 바로 수학 경험이에요.

더군다나 이런 경험들은 꼭 수학에 국한되어 있지 않아요. 부모와 아이가 말을 주고받는 국어 경험이기도 하고, 그림을 그리는 미술 경험이며, 손과 발을 쓰는 감각 운동 경험이기도 하고, 부모와 아이의 유대감을 쌓는 정서 경험이라고도 할 수 있어요.

목표 3:
좋은 수학적 태도가 갖추어진 아이

수학 문제를 해결하는 과정에서 보이는 태도를 '수학적 태도'라고 합니다. 좋은 수학적 태도란 적극성과 도전의식, 끈기 등을 두루 갖춘 것을 말한답니다. 그렇다면 좋은 수학적 태도를 기르기 위해서는 어떻게 해야 할까요?

"왜?"라는 질문을 많이 하도록 유도해 주세요

부모님들이 힘들어하는 아이의 짧고 굵은 한마디가 있어요. 바로 "왜?"입니다. 자꾸만 "왜?"를 외쳐대는 아이에게 뭐라고 대답해 주어야 할지 어렵고 난감하죠. 심지어 "왜?"라고 질문해 놓고는 대답을 듣지도 않고 다른 것으로 관심을 돌리는 아이를 보면 "왜?"가 말버릇이 된 것 같기도 합니다.

하지만 말버릇처럼 보일지라도 아이는 "왜?"라는 질문을 하는 것이 좋아요. 가끔씩은 상당히 의미 있는 질문이 섞여 있기도 합니다.

엄마가 알려 준 대로 고개를 끄덕이며 그대로 받아들이기만 하는 아이와, "왜?"라고 질문하는 아이는 분명히 다릅니다. 전자가 공식을 외우는 아이라면, 후자는 원리를 파고들 줄 아는 아이이기 때문이죠. 예를 들어 볼게요. 10까지의 수 세기를 할 때, 엄마는 '2개씩 묶어 세면 더 빨리 셀 수 있어.'라고 아이에게 알려 줍니다. 이를 말 그대로 받아들이는 아이는 2개씩 묶어 세면 좋다고 생각해서, 나중에 50을 셀 때에도 2개씩 묶어서 25번을 세게 됩니다. 반면 '2개씩 묶어 세기' 전략을 학습하면서 "왜?"라고 질문하는 아이는, 엄마가 "세는 횟수를 줄일 수 있거든."이라고 답변한 것을 토대로 원리를 이끌어 낼 수 있죠. 이런 과정을 거쳐 이 아이는 50을 셀 때, 원리를 응용하여 "세는 횟수를 줄이려면 이번에는 5개씩 묶어서 세는 게 더 좋겠다."라고 말할 수 있답니다.

기본적으로 "왜?"라는 질문을 자주 하는 아이는 원리 탐구에 관심이 많습니다. 그리고 이런 아이는 수학뿐만 아니라 학습 전반에서 좋은 성취도를 보일 거예요. 따라서 우리는 아이가 "왜?"라고 질문했을 때 아이의 눈높이로 생각할 줄 알아야 해요. 특히 의미 있는 "왜?"에는 "좋은 질문이야! 같이 생각해 볼까?"라고 격려와 칭찬을 아끼지 않아야 합니다.

스스로 생각하는 힘을 길러야 해요

주변의 초중고 학생들을 관찰해 보세요. 문제집을 풀다가 모르는 문제가 나왔을 때 어떻게 하나요? 아마 문제집에 별표를 그리고 부모님이나 선생님께 도움을 청하는 아이가 대부분일 거예요. 반면 문제를 붙들고 어떻게든 해결하려고 애쓰며 이렇게도 생각해 보고 저렇게도 생각해 보는 아이는 많지 않습니다. 과연 어떤 아이가 수학을 잘할까요? 스스로 생각하는 힘, 즉 문제해결력과 과제집착력이 있는 아이가 문제를 붙들고 늘어지고, 결국 수학을 잘하게 됩니다.

그렇다면 스스로 생각하는 힘은 어떻게 길러질까요? 바로 풍부한 경험에서 비롯합니다.

유아수학에서의 연산은 수 세기에서 시작됩니다. 아이가 어느 날 갑자기 '3+8=11'을 계산해 내는 게 아니에요. 우선 모두 세기로 3에서 시작해서 8을 셀 거예요. 그 과정에서 3에서 시작해 8을 세는 것보다 8에서 시작해 3을 세는 게 더 빠르다는 사실을 깨닫습니다. 이 사실을 깨닫기까지 아이는 다양한 방법으로 답을 찾아보며 많은 시행착오를 겪고 구체물로 경험을 합니다.

이 과정을 경험하지 못한 아이는 어떻게 될까요? 초등학생이 되면 바로 티가 납니다. 3+8을 외워서 푸는 아이는 그 다음에 배우는 큰 수의 연산을 이해하지 못합니다. 또 외워서 해결하죠. 하지만 계속 외워서 해결하는 전략을 언제까지 사용할 수 있을까요? 3학년만 돼도 한계에 부딪치고 수포자의 길로 들어서요. 반면 3+8을 계산하는 수많은 방법을 아는 아이는 바로바로 이해하고 따라가며 재미있어합니다. 생각하고 만지면서 수를 다룬 아이는 그저 기계적으로 계산한 친구들과는 다를 수밖에 없는 거죠.

이 대목을 읽은 많은 독자 여러분이 3+8을 계산하는 방법이 여러 가지라는 데 놀랄 거예요. 너무 당연히 11인데, 여기에 생각과 경험이 왜 필요하다는 건지, 무엇을 어떻게 하라는 건지 당황스러울 수 있어요. 수십 년 사이에 교육이 참 많이 변했습니다.

따라서 부모는 요즘의 수학을 알아야 해요. 그래야 올바른 방향으로 아이를 이끌 수 있거든요. 옆집 아이는 벌써 '(십몇)+(몇)' 연산을 한다는데, 우리 아이는 언제 다 가르치지? 하는 지엽적인 고민은 내려놓아야 합니다.

아이가 스스로 생각하는 힘을 기르려면 부모가 적극적으로 나서야 해요. "엄마도 알고 싶어. 좀 자세하게 얘기해 줄래?"라고 질문하여 아이가 생각하도록 이끌어 주고, 좀 더 깊이 생각하거나 다르게 생각하도록 이끄는 활동과 교구에 자꾸 노출시켜 줘야 하죠.

아이의 도전 정신을 길러 주세요

부모들이 의외로 많이 질문하는 내용 중 하나가 자기가 풀고 싶어 하는 문제만 푸는 아이에 대한 것입니다. 어쨌든 뭔가를 열심히 하니까 괜찮다고 생각할 수 있을지도 몰라요. 그러나 사실 이건 정말 위험한 거예요.

예를 들어 볼게요. 《키즈팩토》는 A, B, C 3권이 영역별로 하나의 세트로 구성되어 있어요. 처음에는 앞 페이지부터 풀어 보게 했지만, 아이가 좀처럼 흥미를 보이지 않죠. 부모는 무심코 "그럼 그날그날 네가 하고 싶은 부분을 해 봐."라고 제안합니다. 아이는 신나서 오늘은 A에서 재미있는 부분을 골라서 하고, 다음 날은 B에서 재미있는 부분을 합니다. 또 그다음 날은 C에서 재미있는 부분만 조금 합니다.

그러면 어떻게 될까요? 머지않아 문제집에는 아이가 싫어하는 문제, 어려워하는 문제만 남을 거예요. 결국 아이는 《키즈팩토》 자체를 점점 피하게 됩니다. 재미있는 부분을 골라서 푼 행동이 어려운 문제를 피하게 되는 나쁜 수학적 태도로 이어지고 말아요.

더 문제가 되는 것은 커리큘럼이에요. 모든 수학 교구나 교재는 아이의 발달 순서를 고려하여 구성되어 있어요. 수와 양이 일치된 다음에는 수의 순서를 알아야 하고, 그 다음에 비교를 해야 하죠. 그래서 순서를 무시하고 문제를 풀면 구멍이 뚫릴 수밖에 없어요. 문제를 잘 풀지 못하고, 푼다고 해도 틀리게 되니 아이는 점점 수학을 하기 싫어져요.

이 문제를 해결하려면 어떻게 해야 할까요? 아이에게 도전 정신을 길러 줘야 해요. 아이의 수준을 잘 파악해서 쉬운 문제부터 하나씩 시작하며 이끌어 주다가, 살짝 어렵지만 약간의 도움을 받으면 이내 해결할 수 있는 문제를 제시합니다(이를 근접발달영역이라고 해요). 또한 적절한 발문으로 아이가 문제를 해결할 수 있도록 이끌어야 하지요. 이런 문제를 푼 아이는 "해냈다!" 하는 성취감을 맛봅니다. 성취감을 여러 번 느끼면 어렵거나 하기 싫은 문제도 일단 해 보자는 도전 정신, 즉 좋은 수학적 태도가 생긴답니다.

목표 4:
긍정적인 수학 정서가 탄탄한 아이

유아수학이 중요한 이유는, 수학 정서에 큰 영향을 미치기 때문이에요. 수학에 대한 긍정적인 정서를 가진 아이는 수학이 즐겁고 재미있을 수밖에 없습니다. 이 시기의 중요한 목표는 수학 잘하는 아이가 아닌 수학을 좋아하는 아이로 만드는 것입니다. 더 자세히 말하자면 아이들이 수학 문제를 해결하는 과정을 즐기게 해야 해요.

유아 시기의 수학 경험이 앞으로의 수학 정서를 좌우해요

수학이 재미있어야 하는 이유는 무엇일까요? 학년이 올라가고 레벨이 오르더라도 아이가 수학을 포기하지 않고 꾸준히 이어 가게 하기 위해서입니다.

지금은 유아이기 때문에 '수포자'라는 말이 우리 아이와는 거리가 먼 이야기라고 생각할 수 있어요. 하지만 많은 부모가 자신을 '수포자'라고 한탄하는 걸 생각해 보면, 내 아이가 수포자가 되지 않는다고 확신할 수도 없을 거예요. 보통 아이가 3~4학년이 되면 주위에서 "학원을 보냈지만, 결국 수포자가 됐어요.", "수학 때문에 큰일이에요." 등의 이야기들이 종종 들려옵니다. 자세히 살펴보면, 수포자라 불리는 아이들은 수학 정서가 망가져 있는 경우가 많아요.

유아 시기에 수학 경험을 어떤 식으로 했는지에 따라 아이의 수학 정서가 크게 달라집니다.

부정적인 수학 정서가 형성된 아이들의 유년 시절을 들여다보면 몇 가지 특징이 있습니다. 우선 부모가 수학을 가르치면서 화를 내는 경우가 많았어요. 또한 초등학생을 대하듯 유아 시기의 아이를 가르쳤습니다. 여기에 이런 잔소리가 더해지죠. "집중해. 왜 자꾸 틀려?", "손가락 쓰지 마.", "벌써 몇 번째야?" 아이의 실력이나 속도, 성향을 전혀 고려하지 않은 채, 어른의 눈높이에서만 아이를 대했을 거예요.

이쯤에서 우리 아이에게 이미 부정적인 수학 정서가 자리잡은 건 아닌가 하고 걱정하는 분들도 있을 거예요. 괜찮습니다. 아직 유아 시기니까요. 지금이라도 방향을 제대로 잡으면 됩니다. 수학을 싫어하지 않고 수학이 재미있다고 여긴 아이는 중간에 잠깐 미끄러져도 쉽게 회복하여 끝까지 해낼 수 있어요. 우리 아이들도 얼마든지 할 수 있답니다.

어떻게 하면 아이가 수학을 좋아하게 만들 수 있을까요? 사실 쉽지 않은 일이지요. 저와 처음으로 수업을 시작하는 유아와 초등학교 저학년 아이에게 가장 많이 듣는 말 세 가지를 꼽아 볼게요.

"언제 끝나요?"

"어디까지 해요?"

"또 해요?"

별 이유도 없이 수업 중에 갑자기 저런 말들을 늘어놓는 아이들이 있어요. 이상하다고 생각할 수 있겠지만, 사실 이건 너무나 당연한 행동이에요.

그러니 아이가 이런 반응을 보일 때는 아이를 이상하다고 생각하지 말고, 아이를 가르치고 있는 교습자인 자신의 행동을 먼저 점검해야 합니다. '아, 지금 내 방법이 조금 잘못됐구나.', '우리 아이가 하기에는 좀 어렵구나.', '아이가 내 말을 이해하지 못하는구나.' 등 상황을 되돌아보며 아이가 재미없어하는 원인을 잘 찾아서 그때그때 해결책을 제시해야 해요. 누구보다 아이를 잘 아는 부모가 가장 잘할 수 있는 일이 바로 이것 아닐까요?

실패를 성공을 위한 단계로 만들어 주세요

수학 정서에 있어서 중요한 포인트 중 하나는 아이가 실패감을 적게 맛보는 것입니다. 자꾸 틀리거나 잘 안 되는 일이 하기 싫어지는 건 누구나 느끼는 당연한 감정이에요. 반대로 잘하면 신이 나고, 또 하고 싶고, 더 많은 걸 배우고 싶어지지요. 이러한 선순환의 사이클에 아이를 태워야 합니다. 하지만 시행착오나 실패 없이 무언가를 배우는 건 불가능해요.

그래서 부모의 역할이 중요합니다. 엄마표 수학을 진행할 때 아이가 틀리는 경험은 제공하되, 최대한 실패감을 맛보지 않도록 조절하는 거죠. 다른 사람에게 맞고 틀림을 평가받기보다는, 스스로 잘못되었음을 인지하고 답을 찾아가도록 유도합니다.

예를 들어 볼게요. 저는 수업 시간에 연필을 들고 "선생님이 들고 있는 거랑 길이가 똑같은 걸 갖고 와 볼래?"라고 문제를 냅니다. 이때 아이가 다른 물건을 가져와도, "아니야, 틀렸어."라고 말하기보다는, "넌 이걸 갖고 왔구나. 선생님이 들고 있는 거랑 친구가 갖고 온 거랑 뭐가 다르지?"라고 물어봅니다.

또 다른 예를 들어 볼까요? 아이 앞에 블록을 두고 문제를 냈어요. "여기 빨간 블록 5개와 파란 블록 3개가 있어. 모두 모으면 몇 개지?" 이때 아이가 7이나 9 같은 틀린 답을 말해도 틀렸다고 하지 않아요. 대신 블록을 세기 쉽게 일렬로 놓아 줍니다. 그런 다음 다시 질문하는 거죠. "선생님이 블록을 반듯하게 놓아 봤어. 한 번 더 세어 볼래?"

말을 조금만 다르게 하는 것만으로도 실패가 성공을 위한 과정으로 바뀐답니다.

엄마표 유아수학의
핵심 기술

지금까지 저는 수학의 모든 영역을 고르게 경험하는 아이, 보고 만지는 경험을 하는 아이, 수학적 태도가 좋은 아이, 수학 정서가 탄탄한 아이로 만들어야 한다고 설명했습니다.

여기서 중요한 포인트는 '만들어야' 한다는 거예요. 네, 그렇습니다. 유아수학은 부모에게 달려 있다고 해도 과언이 아닙니다. 처음 수학을 접하는 유아 시기에 부모가 아이에게 미치는 영향은 학령기까지 이어지지요. 그렇다면 어떻게 해야 아이를 잘 이끌 수 있을까요?

먼저 내 아이의 성향과 특징을 잘 파악하고 앞서 소개한 유아수학의 목표를 제대로 이해해야 해요. 그 다음 유아수학을 엄마표로 진행할 때 필요한 핵심 기술을 배우면 됩니다. 핵심 기술이라고 해서 결코 어렵거나 거창한 것은 아니에요. 하지만 반드시 이해하고 익혀 두어야 어려움 없이 엄마표 수학을 진행할 수 있답니다.

보고 만지는 수학, 구체적인 방법을 알고 싶어요
➡ 편하게 생각하세요, 일상이 되면 쉽습니다

보고 만지는 수학, 과연 내가 할 수 있을까 걱정이 된다고요? 절대 어렵게 생각할 일이 아닙니다. 평소의 일상이 사실은 수학과 밀접한 관련이 있으니까요.

실제로 아이들은 놀거나 그림을 그리거나 무언가를 만들거나 쌓으면서 도형 영역을 경험합니다. 과학 실험을 하면서도 연산과 측정 영역을 경험하고요. 이 말은 어디서든 우리 아이들은 오감을 이용해 수학을 경험하고 있다는 뜻이에요. 그러니 일상에서 무심코 흘려 보낼 수 있는 순간들을 잘 활용해 보세요.

놀이터에서 시소만 타도 무게에 대한 감이 생기고, 부모와 함께 키 재기 놀이만 해도 길이 개념을 익힐 수 있어요. 무엇이 무엇보다 크고 작은지, 무엇이 무엇보다 길고 짧은지, 가장 넓은 게 뭔지, 가장 좁은 게 뭔지, 가장 긴 게 뭔지, 가장 짧은 게 뭔지 등 아이들은 이미 눈과 손으로 보고 만지는 경험을 하고 있어요. 이때 의식적으로 아이에게 수학적 사고를 이끌어 내는 다음과 같은 질문을 해 보세요.

"사탕이 봉지 안에 몇 개 있을까?"

"감자 1kg을 가져와 볼래?"

"이 우유랑 이 주스 중에서 무엇이 더 많은지 어떻게 알 수 있을까?"

"1층부터 우리집까지 올라오는 계단은 몇 칸이나 될까?"

이렇게 질문을 던진 후 직접 확인해 봅니다. 아이가 실제로 사탕을 세어 보고 어림한 수와 비교해요. 1층부터 우리 집까지의 계단 수는 만만치가 않죠. 아이의 입에서 계단 100칸, 1,000칸 같은 큰 수가 나옵니다. 큰 수를 다룰 때 아이가 느끼는 뿌듯함은 이루 말할 수 없어요. 자신감이 뿜뿜, 솟아오르죠. 마트에서 감자 1kg을 직접 담아 보고, 무게도 재 보게 하세요. 일상의 수학 경험은 아이의 수학 정서를 튼튼하게 만들어 줍니다.

일상 속에서 재미있게 진행할 수 있는 놀이 하나를 알려 드릴게요. 아이가 숫자를 하나 정하고 주변에서 찾아보는 거예요. 엘리베이터에서도 볼 수 있고, 지나가는 간판에서도 볼 수 있어요. 버스, 아파트 벽면, 마트, 책 표지 등 우리 주변 곳곳에서 많은 숫자를 발견할 수 있을 거예요. '세상에 숫자가 이렇게 많았나?' 하는 생각이 들 정도일 겁니다. 여기서 더 발전시켜 숫자가 아닌 수학 기호나 도형도 찾아보게 하세요. 특히 덧셈 기호(+)는 병원이나 교회에도 있지만 리모컨에도 있지요. 리모컨의 덧셈 기호를 누르면 음량이 올라가는 경험을 하면서 '커진다'라는 개념을 습득할 수 있겠죠.

아이와 할 수 있는 일상 속 수학은 2부에서 영역별로 자세히 설명하고 있습니다. 놓치면 안 될 소중한 경험들이 가득하니, 꼭 아이와 함께 해 보길 권해요.

아이에게 개념을 어떻게 설명해야 할까요?
➡ 가르치려 하기보다는 발문을 하세요

유아수학은 가르치는 방법이 매우 중요합니다. 실제로 요즘 교육에 관심이 있는 부모들 사이에서는 이미 '발문의 중요성'에 대한 이야기를 하고 있지요. 독자 여러분은 '발문의 중요성'에 대해 들어 본 적 있나요? 예전에는 전문 용어처럼 사용되던 발문이 이제는 쉽게 들을 수 있는 단어가 되었어요. 물론 이제 막 아이의 학습에 관심을 갖기 시작한 유아 학부모에게는 낯선 단어일 수도 있지요. 혹은 들어 본 적 있는 것 같긴 한데, 정확하게 무슨 뜻인지 모를 수도 있고요. 괜찮습니다. 지금부터 알아보면 되니까요. 발문이란 과연 무엇일까요? 그리고 왜 중요할까요?

아이의 두뇌를 깨우는 발문의 기술

발문이란 '아이가 스스로 생각함으로써 개념을 획득하거나 답을 찾도록 돕는 질문의 유형'을 말합니다. 즉 단순히 답을 요구하는 질문이 아니라 답을 찾아가는 과정을 돕는 특별한 질문이에요.

발문의 정의에서 중요한 포인트는 아이가 스스로입니다. 말이나 행동으로 부모가 아주 약간의 힌트를 줌으로써 아이가 골똘히 생각한 끝에 마침내 스스로 깨치게 하는 역할이 바로 발문이지요. 유아수학의 핵심적인 기술이랍니다.

예를 들어 볼게요. 아이에게 세모와 네모에 대해 알려 주고 싶어요. 이때 "뾰족한 부분이 3개면 세모고, 4개면 네모야."라고 알려 주는 건 발문이 아닙니다. 그림과 같이 아이 앞에 교구를 놓고, 아이가 생각을 할 수 있도록 질문하는 것이 바로 발문이에요.

"같은 모양끼리 모아 볼까?"

"왜 이렇게 모았어?"

"둘이 뭐가 달라?"

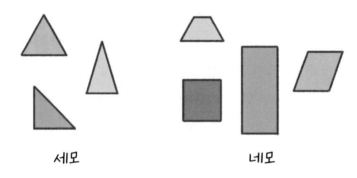

세모   네모

이 발문을 들은 아이는 관찰을 하며 열심히 답을 찾아보겠지요. 그 과정에서 '뾰족한 부분이 3개, 4개' 혹은 '선이 3개, 4개' 등의 표현을 이용해 대답을 할 거예요. 이렇게 아이가 스스로 개념을 획득하는 것이 훨씬 효과적인 학습입니다.

발문을 잘하려면 어떤 점에 유의해야 할까요?

첫째, 아이에게 생각할 시간을 충분히 주어야 합니다. 발문에 대한 답을 찾기 위해서는, 먼저 머릿속에 떠오르는 산발적인 생각을 정리해야 합니다. 분명 아이에게는 생각을 정리하는 시간이 어른보다 훨씬 많이 필요하겠죠. 부모님이 생각하는 수준보다 훨씬 더 많은 시간이 필요하다는 점을 잊지 마세요.

둘째, 엄마가 정해 둔 '정답'만 강요하지 않아야 합니다. 아이가 "세모는 위가 따갑고, 네모는 안 따가워요."라고 답을 한다면 엄마는 틀렸다고 생각할 거예요. 하지만 명심하세요. 발문에 아이가 내놓는 답변에는 오답이 없다는 사실을요.

"아하! 정말 세모는 윗부분이 뾰족해서 만지면 따가울 것 같은데, 네모는 윗부분이 평평해서 만져도 따갑지 않겠구나."라고 말하며 아이의 생각을 인정해 주세요. 그런 다음 네모의 꼭짓점이 위를 향하게 돌리고 다시 질문합니다.

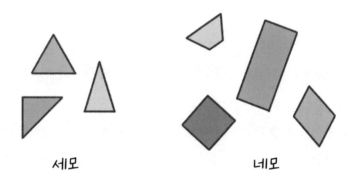

세모　　　　　　　　네모

"이번엔 엄마가 네모를 이렇게 돌려 봤어. 세모랑 똑같이 윗부분이 뾰족해서 따가워졌네? 그럼 세모랑 네모가 어떤 점이 다른지 한 번 더 생각해 볼까?"

이런 방식으로, 발문을 통해 아이의 생각을 점점 더 정교하게 다듬어 줍니다.

핵심은 아이의 생각을 오답으로 여기지 않고, '더 정확한 답을 이끌어 낼 디딤돌'로 생각해야 한다는 것이에요. 발문에 대한 대답에 부모가 틀렸다는 표현을 하면, 아이는 자신감을 잃고 점점 생각을 표현하기 어려워합니다. 그렇다고 해서 아이의 답변에 대꾸를 하지 않는 '대답 회피' 역시 아이에게는 마음의 상처가 될 수 있어요. 아이의 대답은 그 자체로 매우 중요하고 소중합니다. 어떤 대답이든 괜찮아요. 아이의 생각을 의식적으로 '인정'하는 자세를 갖도록 노력해 보세요.

그럼 발문을 효과적으로 하려면 어떻게 해야 할까요? 몇 가지 스킬을 알려 드릴게요.

첫 번째 스킬은 궁금하게 만들기입니다. 이는 수학동화를 읽을 때 가장 효과적이에요. 수학동화에서 설정된 특별한 상황을 통해 아이들의 궁금증을 유발할 수 있답니다.

이때, 아이가 인지갈등 상황에 놓이면 궁금증 유발에 더 효과적이에요. 인지갈등이란 아이가 상식이라고 생각하는 것과 반대되는 상황을 맞닥뜨렸을 때 아이가 겪게 되는 심리적 갈등을 말해요. 이런 인지갈등을 유발하는 상황에 놓이면, 아이들은 혼란스러워하면서도 왜 그런지 궁금해지기 때문에 흥미롭게 받아들인답니다.

예를 들어 유아 시기의 아이들은 대체로 '크면 무겁다.'라고 생각하곤 합니다. 이때 동화《꾀 많은 당나귀의 무거운 짐》을 읽으면서 '솜뭉치가 든 큰 짐'과 '소금이 든 작은 짐' 중 '솜뭉치가 든 큰 짐'이 훨씬 가볍다는 사실을 마주하게 되면 어떨까요? 궁금하겠죠? 이러한 마음가짐일 때 학습에 몰입하기 수월하답니다.

두 번째 스킬은 쉬운 발문부터 시작해 살짝 어려운 수준까지 나아가기입니다. 엄마가 발문을 하면, 아이는 깊게 생각해서 답변을 해야 합니다. 그렇기 때문에 어려운 발문을 반복하면 아이가 지치거나 하기 싫다고 생각하게 됩니다. 생각하기가 힘들어지거든요. 그러므로 처음에는 쉬운 발문을 통해 아이가 '할 만하다.'라고 생각할 수 있게 한 뒤, 점차 발문의 수준을 높여서 아이가 도전할 수 있도록 이끌어 주세요. 약간의 시행착오를 거치다가 성공하게끔 유도하는 것도 좋습니다. 어려운 발문에 성공적으로 대답을 했다면, 다시 쉬운 발문으로 난도를 낮춰 아이가 쉬어 갈 수 있게 하는 센스도 필요합니다.

물론 처음엔 어려울 수 있어요. 아이와 엄마표 수학을 하다 보면, 저도 모르게 아이에게 개념과 답을 알려 주고 있는 자신을 발견하게 되죠. 엄마 입장에서는 명확하게 답을 알려 주는 게 더 편하고 쉽거든요. 편하고 빠른 길을 앞에 두고 멀고 불편한 길로 걸으며 사서 고생하는 듯한 기분일 테니, 당연히 편하고 빠른 길에 마음이 가게 마련이지요. 아마 엄마표 수학이 어려운 것도 이런 이유 때문일 거예요.

아직 정확하게 어떻게 발문을 해야 좋을지 감이 잡히지 않는다면, 2부에서 소개하는 각 활동에 대한 발문 예시를 따라 해 보세요. 아이에게 발문을 하다 보면 '아, 여기서 조금만 이렇게 힌트를 주면, 그 다음은 아이가 스스로 할 수 있겠구나.' 하고 자연스럽게 감을 찾게 된답니다. 머지않아 아이에게 딱 맞는 발문을 자유자재로 할 수 있을 거예요.

아이가 이해하지 못할 때 어떻게 해야 하나요?
➡ 가급적 스스로 생각하도록 도와주세요

길에서 마주친 어린아이에게 상냥하게 웃으며 콧소리를 살짝 섞어 "안녕~?" 하고 인사한 경험이 있을 거예요. 아이가 환하게 웃으면서 같이 인사하면 작은 사탕이라도 쥐어 주게 되고요. 우리는 어린아이들을 보면 친절해지는 DNA가 있는 것 같아요.

학습도 마찬가지예요. 부모 입장에서는 이제 학습을 시작하는 아이가 대견하죠. 작은 것 하나라도 도와주고 싶은 마음에 엄마는 한없이 친절해집니다. 그러나 바로 이것이 우리가 주의해야 할 친절의 함정입니다.

아이를 대할 때에는 친절하게 하되, 학습 내용에서는 너무 친절하지 말아야 합니다. 아이가 스스로 생각해야 하는 부분까지 엄마가 친절하게 설명을 해 주면 아이가 점점 스스로 생각하지 않게 되는 경우가 생깁니다. 아주 흔한 일이에요. 가장 대표적인 사례가 '문제집 풀이'입니다.

아직 한글이 익숙하지 않은 유아이기 때문에 많은 부모가 지시문을 읽어 줍니다. 그건 괜찮아요. 한글이 서툰 아이에게 스스로 읽기를 강요하면 글자 하나하나에 집중하느라 지시문 전체 맥락을 놓치게 되기 때문에, 읽어 주는 것이 오히려 좋아요.

그런데 이때, 많은 부모가 지시문의 핵심어를 크게 읽어 주거나, 동그라미를 쳐 주곤 합니다. 예를 들어서 "딸기가 8개 있었는데 4개를 먹었습니다. 남은 딸기는 몇 개입니까?" 라는 지시문이 있습니다. 이때 많은 부모가 '8개', '4개', '남은'에 동그라미를 여러 번 그리고 "남. 은. 딸. 기."라고 강조해서 읽어 줍니다. 그럼 아이는 그 핵심어만 듣고 기계적으로 계산하게 되겠죠.

부모의 이런 행동으로 아이는 스스로 문장 안에서 핵심어를 파악하는 기회를 빼앗겼습니다. 핵심어를 파악하는 능력을 기를 기회를 잃은 셈이죠. 이런 상황이 계속되면 아이는 부모 없이는 문제 푸는 것을 두려워하기도 합니다.

힌트를 주는 것 자체는 나쁜 것이 아닙니다. 다만 힌트는 아이가 문제를 해결하기 어려워하며 지나치게 헤맬 때 줘야 해요. 학원에서 아이들에게 문제를 풀어 보라고 하면 "무슨 말이에요?", "힌트 주세요."라고 말하며 손을 놓고 있는 경우가 많습니다. 정말 지시문을 이해하지 못하거나, 풀기 어려워서 그런 경우도 있겠지만, 열에 아홉은 생각하기 싫은 경우일 거예요.

그러면 어떻게 힌트를 줘야 할까요? 사실 이 질문에도 오류가 있어요. 힌트를 '줘야' 한다고 생각하면 안 됩니다. 대신 질문을 하세요. 아이가 스스로 문제를 풀게 하되, 어려움을 느끼는 부분이 있다면 이에 대해 발문을 하는 거예요. "어떤 상황인지 이야기해 줄래?", "원래 딸기가 몇 개야?", "몇 개를 먹었어?", "아, 어려우니까 보석으로 한번 세어 보는 건 어때?" 등의 질문을 던져 아이가 힌트를 얻을 때에도 한 번 더 생각해 보게 하는 계기를 주면 됩니다.

정리해 봅시다. 아이와 문제를 풀 때, 지시문은 억양의 높낮이 없이 건조하게 읽어 주세요. 그리고 아이가 스스로 문제를 이해하고, 문제를 해결할 수 있도록 지켜봐 주세요. 아이가 막히면 구체적인 힌트가 아닌 발문으로 아이의 생각을 유도해 주고요.

활동 하나를 얼마나 반복해야 할까요?
➡ 끈기와 인내를 가지고 계속 연습하게 유도하세요

어른들은 유아수학을 쉽다고 생각해요. 하지만 유아들에게는 너무 어려워요. 수학은 굉장히 추상적인 학문이거든요.

여러분은 5가 뭐라고 생각하나요? 1, 2, 3, 4, 5의 5라고 대답하는 사람이 많을 겁니다. 하지만 5는 그렇게 간단한 개념이 아닙니다. 사탕 5개, 손가락 5개, 자동차 5대, 친구 5명. 대상이 다 달라도 세는 단위로서 5라는 것이 똑같습니다. 그뿐인가요? 5층은 위치를 나타내고, 5일은 순서를 나타내고, 3학년 4반 '5번'은 임의의 호칭입니다. 이 모든 것을 5라는 수 하나로 묶을 수 있어요. 다시 말해 서로 전혀 다른 대상을 하나의 수로 추상화할 수 있는 것이죠.

즉 수학은 엄청난 추상성을 요구합니다. 사실 인류는 이 개념을 익힌지 얼마 되지도 않았어요. 이렇게 어려운 것을 뇌도 다 발달하지 않은 아이가 제대로 익히려면 얼마나 힘이 들까요? 나이가 들면 자연스럽게 추상성을 흡수할 수 있을까요? 절대 자연스럽게 익숙해지지 않아요. 하나하나 제대로 배워야 하죠. 그러므로 단기간에 완성하려는 욕심을 버리고 계속 연습하면서 부족한 부분을 채워 간다는 생각과 여유를 가져야 해요.

어른의 입장에서 유아수학은 매우 쉽습니다. 따라서 '한 번에 이해하는 건 불가능해'라고 생각하다가도 금세 '왜 못하지?' 하는 생각에 사로잡히기 쉬워요. 하지만 아이에게는 수학이 어렵고 힘들다는 걸 알아야 아이를 더잘 이해할 수 있고, 함께 수학 경험을 할 때도 지치지 않을 거예요.

우리 어른들이라고 해서 유아수학이 처음부터 쉬웠을까요? 쉬워진 것이죠. 똑같은 종류의 문제를 수만, 아니 수십만 번 푸는 경험을 통해서요. 초중고 12년 동안 수학에 시달린 건 말할 것도 없고요. 더 저렴한 핸드폰 요금제를 계산하고, 마트에서 무슨 물건들을 빼야 예산에 맞출 수 있을지 생각하고, 운전을 하며 도착 예정 시간을 계산하고, 집 정리를 하며 공간 감각을 익히는 등 수십 년에 걸쳐 굉장히 다양한 수학 문제를 해결하는 경험을 했어요. 그런 경험들이 쌓였기에 지금 이렇게 자연스럽게 유아수학 문제를 풀 수 있다는 점을 알아야 해요. 자신은 수십 년 동안 수십만 번 문제를 풀면서 능숙해졌는데, 이제 개념을 막 이해한 아이에게 "왜 틀리니, 잘하지 못하니?"라고 잔소리를 하면 아이가 얼마나 억울할까요? 수학은 굉장히 많은 반복과 노력이 있어야 작은 개념 하나를 습득할 수 있어요.

사람이 몇 시간 전에 공부한 내용은 뇌 속의 단기기억에 들어갑니다. 단기기억은 뇌의 임시저장소이지요. 단기기억에 들어간 내용을 보존 장치인 장기기억에 넣으려면 어떻게 해야 할까요? 몇 번이고 반복해서 단기기억에 더 넣어야 합니다. 그래야 뇌가 '아, 같은 내용이 계속 들어오는 걸 보니까 이건 중요한 정보구나. 장기기억에 저장해야겠다.'라고 인식하는 거지요.

이 과정은 어쨌든 힘들 수밖에 없어요. 수 세기부터 그럴 거예요. 순서대로 세지 못하는 건 당연합니다. 이때 "틀렸어! 다시!"라고 단호하게 말하지 말고, 엄마가 다시 한 번 수를 세어 주고, 아이와 함께 계속 연습을 해야 합니다.

저는 부모님들께 '10의 보수', 즉 더해서 10이 되는 두 수를 만드는 연습은 "아이들하고 100번 하세요."라고 당부합니다. 물론 아이가 거부하고 회

피하면 생각을 이어 갈 수 있게끔 유도해야 하고, 반복을 싫어하면 지루하거나 재미없어하지 않도록 변주를 줘야겠죠.

여기에 잊어서는 안 될 포인트가 하나 더 있어요. 아이마다 반복해야 하는 횟수와, 반복이 더 필요한 영역이 다 다르다는 점입니다. '옆집 아이는 몇 번 가르쳐 줬는데 뚝딱 100까지 세더라.'와 같은 말에 휩쓸리면 안 됩니다. 비교는 금물이에요. 오로지 우리 아이만 바라보고, 우리 아이가 알 때까지 반복하면 됩니다.

아이가 정말 이해했는지 어떻게 알 수 있나요?
➡ 특별한 확인의 기술이 필요합니다

유아에게 수학을 가르칠 때, 종종 아이가 정말 이해했는지 여부를 잘못 판단하는 경우가 있습니다. 이는 수학 전문 강사조차 하기 쉬운 실수입니다. 아이에게 개념을 알려 준 다음 아이가 그에 맞춰서 주어진 과제를 해결하거나 문제를 풀면, 이 아이가 개념을 제대로 알았다고 착각하기 쉬워요.

문제집을 푸는 경우를 생각해 봅시다. 아이에게 한 쪽 풀어 보라고 문제집을 건넵니다. 아이는 풀고, 엄마는 채점합니다. 엄마가 틀린 문제를 아이에게 설명해 줍니다. 그렇게 오늘의 수학 공부는 끝이 납니다.

어떤 것 같나요? 완벽한 것 같은데, 여기서 무엇이 빠졌을까요?

제대로 된 확인이 빠졌습니다. 그냥 봐서는 제대로 알고 문제를 푼 건지 눈치껏 답을 쓴 건지 구분이 가지 않거든요. 같은 문제인데 맞을 때도 있고 틀릴 때도 있을 거예요. 그럼 아이는 "아, 실수했어."라고 말하고, 엄마는 "아, 그렇구나, 다음에는 실수하지 마." 하고 넘어가죠. 그런데 그것이 실수가 아니라 진짜 모르는 문제였다면? 그런 것들이 쌓이고 쌓여 구멍이 됩니다.

이런 실수는 오히려 수학적인 감각을 타고난 아이들에게서 많이 발생해요. 많은 아이들을 만나다 보면 도형 감각을 타고난 것 같은 아이들이 눈에 띄어요. 교구 도움 없이 그림만 보고도 도형 문제를 어려움 없이 푸는 아이를 보면 '저 아이의 부모님은 참 편하겠다.'라는 생각이 듭니다. 그와 동시에 '우리 아이는 도형 감각이 없구나.', '나를 닮아서 도형을 잘하지 못하는 건가?'라는 생각으로 이어지고요.

자, 과연 그 아이들이 계속 도형 문제를 쉽게 잘 풀 수 있을까요? 타고난 도형 감각을 가진 아이는 개념을 활용하여 꼼꼼히 따지고 분석하는 것을 귀찮아하는 경우가 많습니다. 그렇게 하지 않아도 답이 보이기 때문이에요. 그런데 이런 식으로 계속 학습하면, 더욱 복잡한 문제가 나오는 중고등학교에서 어려움을 겪게 됩니다. 이 시기의 문제는 직관만으로 해결할 수 없기 때문이지요. 제대로 된 확인의 중요성을 아시겠지요?

엄마표 수학은 아이를 알아 가는 과정입니다. 즉 일방적으로 엄마가 아이를 가르치는 것이 아니라 아이가 뭘 알고 뭘 모르는지 정확하게 파악하는 것이 엄마표 수학의 포인트입니다. 아이가 제대로 알고 맞았는지, 얼렁뚱땅 맞았는지, 아는데 틀렸는지, 모르고 틀렸는지 알아야 합니다. 집요해야 해요. 특히나 아이가 제대로 이해하지 못하는 것 같을 때는 더더욱 엄마의 관심과 집중이 필요합니다.

아이가 개념을 제대로 알고 있는지, 어떻게 문제를 풀었는지 확인하려면, 아이와 부모가 대화를 나누어야 해요. 왜 그 답이 나왔는지 이유를 찾아내고 설명할 줄 알아야 합니다. 이런 대화를 거듭하다 보면 아이의 수학 실력뿐만 아니라 추론 능력과 의사소통 능력도 쑥쑥 자랍니다.

문제를 만들어 보세요

달콤수학 프로젝트에서는 대부분의 문제를 아이 스스로 만들어 보도록 합니다. 문제를 만들기 위해서는 우선 문제를 제대로 이해하고 있어야 하죠. 아이는 문제를 만들다가 뭔가 이상한 점을 발견하게 되고, 고치기 위해 노력합니다. 문제를 만들며 경험한 시행착오를 통해 아이는 자신의 수학적 개념을 명료하게 다지게 되지요.

유아도 얼마든지 문제 만들기를 할 수 있어요. 하지만 유아는 아직 경험이 없기 때문에 시작이 어려울 수 있습니다. 그래서 처음엔 엄마가 어떻게 하는지 보여 주고, 그 이후에 엄마와 하는 모든 활동에 대해 "이번엔 네가 만들어 볼까?"라고만 하면 됩니다. 이때 아이의 반응은 두 가지로 갈립니다. 흥미롭게 받아들이며 "좋아요!", "어렵게 낼 거예요."라고 대답하는 아이. "하기 싫어요.", "몰라요."라고 하는 아이. 긍정적으로 대답한다면 좋겠지만, 아이가 못 하겠다고 대답했다고 해서 좌절할 필요는 없습니다. 이럴 때는 "어디가 어렵니?", "어려운 부분은 엄마가 도와줄 수 있어."라고 하며, 아이가 이해하지 못한 부분을 물어보면서 아이가 자신만의 문제를 만들도록 유도하면 됩니다.

적절한 발문으로 추론을 도와요

아이와 대화를 이어 가기 위해서는 발문이 필요합니다. 개념이나 문제에 맞춰 힌트를 살짝 주는 것이 발문의 기본이자 정석이에요. 하지만 막상 발문을 하려고 하면, 어떤 질문을 해야 좋을지 생각이 잘 나지 않을 때가 있지요. 그럴 때 일반적으로 쓸 수 있는 발문들을 제시합니다. 크게 적어서 잘 보이는 곳에 붙여 두세요.

폭넓게 쓸 수 있는 발문

- "왜 그렇게 생각했어?"
- "어떻게 그런 생각을 했어?"
- "다른 방법은 없을까?"
- "아, 그래서 그렇게 한 거야? 그럼 이거는?"
- "혹시 ~라면 어땠을 것 같아?"
- "다음은 어떻게 될 것 같아?"
- "~하지 않으면 어떻게 될까?"
- "순서대로 이야기해 줄래?"
- "다른 점이 뭘까?"

지금까지 유아수학을 잘 이끌어 가기 위한 핵심 기술에 대해 알아보았어요. 다음 장으로 넘어가면 엄마표 유아수학을 위한 구체적인 도구들과 로드맵을 만날 수 있어요. 그리고 2부에 나와 있는 대로 아이와 수학 활동

을 재미있게 진행하다 보면 목표들이 하나하나 따라올 거예요.

단, 조급한 마음은 절대 갖지 마세요. 아이가 겨우 몇 달간 수학 활동을 했다고 해서 눈에 띄게 놀라운 변화가 일어나는 경우는 드물어요. 변화하는 속도는 중요하지 않습니다. 내 아이에게 작은 변화가 하나씩 일어나고 있다는 사실, 그리고 그 변화를 엄마와 아이가 함께 만들어 나가고 있다는 사실이 무엇보다 중요함을 잊지 마세요.

우리 아이, 이럴 땐 어떻게 해야 하나요

아이들의 성격은 참으로 다양해서 흥미롭습니다. 학습을 할 때도 아이의 성격에 따라 반응도 각양각색이에요. 형제자매인데도 한 아이는 문제를 틀리면 눈에 그렁그렁 눈물부터 맺히는데, 다른 아이는 "아 이런, 틀렸네! 다음에는 맞혀야지!" 하고 쿨하게 넘어가 버리지요. 한 아이는 "내가 이걸 누구보다 빠르게, 남들과는 다르게 맞혀 버리겠어!" 하고 의지를 불태우는데, 그 옆의 다른 아이는 "이걸 왜 해야 하는데요?"라며 맥 빠지는 질문을 던집니다.

아이마다 성향이 다르니 가르치는 방법 또한 달라야 하지만, 사실 아이의 성향에 맞는 지도법을 익히기란 어렵습니다. 특히나 내가 잘 알고 있다고 생각했던 아이가 예상과는 다른 반응을 보이면 더 당황스럽죠. 의지에 불타던 아이가 갑자기 수학을 하지 않으려 하고, 원래 느긋했던 아이가 교구 앞에서 갑자기 안절부절 못하면 어떻게 해야 할지 눈앞이 캄캄해집니다.

부모의 역할은 아이가 보이는 반응에 유연하게 대응하는 것입니다. 지금부터 아이의 성향에 따른 지도 방법을 알려 드리겠습니다.

지기 싫고, 틀리기도 싫은 완벽주의 성향의 아이

Q. 교구 놀이는 참 잘하고 재미있어해요. 그런데 보드게임을 좋아하면서도 갑자기 하기 싫어하거나 지는 상황을 참기 힘들어해요. 문제집을 풀 때는 틀린 문제에 표시를 하지 못하게 하기도 하고요. 괜히 수학 정서만 나빠지는 건 아닌지 걱정이 돼요. 어떻게 도와줄 수 있을까요?

아이의 마음부터 인정을 해 주세요. 잘하고 싶고, 이기고 싶고, 부모한테 칭찬받고 싶은 마음이 강한 아이거든요. 지기 싫어하는 성향의 아이는 경쟁을 두려워하는 나머지 승패가 갈리는 보드게임을 싫어할 수 있어요. 이런 경우, 경쟁하지 않고 혼자 해결하는 1인용 보드게임을 이용해 보세요. 주어진 미션을 하나하나 성취하면서 작은 성공의 경험을 쌓을 수 있습니다. 하지만 언제까지나 경쟁을 피할 수만은 없으니, 조금씩 부모님과 대결하는 게임을 하며 지는 것에 대한 면역력을 천천히 길러 주는 것이 좋지요.

틀리는 것을 두려워하는 아이는 문제집 푸는 것을 싫어하는 경우가 많으므로, 지면 활동을 줄이고 교구 활동을 늘려 주는 것이 좋아요. 교구 활동은 문제집처럼 정답과 오답의 구분이 명확하지 않고, 아이가 시행착오를 겪어도 그 과정을 틀렸다고 생각하지 않는다는 점에서 완벽주의 성향의 아이들이 부담감을 줄일 수 있어요.

또 다른 방법은 완벽주의 성향의 주변인이 허술한 모습을 보여 주는 것입니다. 예를 들어 엄마가 완벽주의라면 "아, 엄마도 이거 틀렸네?", "답이 생각이 안 나는데 어떡하지?", "흠, 엄마가 이번에 틀리긴 했는데, 다음엔 잘하겠지!" 하며 틀리거나 실수하는 모습들을 아이에게 보여 주는 거죠.

정신과 의사들은 일상에서도 다소 허술한 모습을 아이에게 보이라고 조언해요. 예를 들어 핸드폰을 두고 외출했다가 다시 가지러 들어와서는 "아, 덕분에 걷기운동했다!"라고 말하며 실수를 재미있는 에피소드로 만드는 거죠. 이런 부모의 모습을 본 아이는 스스로 완벽주의의 부담감을 덜 수 있게 된답니다.

또한 아이의 자존심을 달래 주려면 문제에 O나 X를 표시하는 대신 스티커를 붙이거나, 아이가 보지 않는 노트에 따로 오답 리스트를 정리하는 것도 좋습니다. 우리 아이가 자주 틀리는 문제를 엄마가 기억하기 쉬운 방식으로 정리하는 거죠.

완벽주의 성향을 가지고 있으면 실패에 쉽게 좌절하고, 좌절이 잦아지면 수학을 잘하지 못한다는 무력감에 사로잡히기 쉬워요. 심한 경우 아예 수학을 놓아 버리기도 합니다. 저는 중고등수학 강사 시절에 이런 경우를 자주 접했답니다. 이런 아이들은 수업도 숙제도 그럭저럭 하긴 하지만 문제를 끝까지 풀려고 고민하지 않고, 질문을 하며 적극적으로 공부하지도 않는 무기력한 모습을 보입니다. 반면 부모는 일주일에 한 번씩 상담 전화를 할 정도로 아이 교육에 관심이 많고 적극적인 경우가 많아요. 완벽주의 부모에게 시달린 아이들은 최악의 경우에는 컨닝을 하거나 성적표를 조작해서 부모에게 보여준 경우도 있었어요.

이런 불상사를 막으려면 반드시 기억해 주세요.

첫째, 완벽주의 아이에게 맞는 방식으로 수학 공부하기.

둘째, 장기적으로 완벽주의의 부담감 덜게 하기.

고집이 센 아이

Q. 아이가 좋아하는 뽀로로 캐릭터로 가르기와 모으기를 하는데, 전혀 이해를 하지 못하는 건지 '에디와 루피에게서 사탕을 뺏고 싶지 않다', '뽀로로는 어디 있냐?'라면서 활동과 관련 없는 이야기만 늘어놓아요. 그래서 진행이 안 되고 있어요.

아이가 좋아하는 뽀로로 캐릭터를 이용해 흥미를 유발하여 수학 학습을 유도하는 좋은 방법이었는데 생각대로 되지 않으니 참 답답하죠? 보통 아이들은 부모의 말을 따르기 마련인데, 이렇게 자기 생각이 확고한 아이들이 있어요. 사실 저는 이런 자기 주관이 나쁘다고 보지 않아요. 그렇지만 생각해 봐야겠죠. 왜 아이가 고집을 부릴까요? '에디와 루피'라는 감정이입을 할 대상과 상황을 만들었기 때문이에요. 둘 다 아이가 아끼는 캐릭터니 사탕을 뺏고 싶지 않은 건 어떻게 보면 당연합니다.

그럴 때는 아이가 고집을 부릴 만한 상황을 벗어나 방법을 달리해 보세요. 예를 들어 사탕을 나누어 줘야 하는 대상을 바꿔 보세요. "자, 태희가 사탕 6개를 뽀로로와 크롱에게 나누어 주려고 해. 빈 접시에 사탕을 놓아 보자. 이쪽 접시에는 2개를 놓았어. 그럼 저쪽 접시에는 몇 개를 놓을 수 있을까?" 이렇게 하는 것도 가르기입니다. 혹은 캐릭터 이야기는 넣어 두고 화제를 전환합니다. 연결 모형 6개를 준비하여 엄마 손으로 연결 모형을 나누어 줍니다. "큐브 6개를 엄마가 몇 개와 몇 개로 나누었을까?" 하고 묻는 거죠. 이것도 가르기입니다.

아이의 반응을 봐 가면서 다양한 방법을 시도해 보세요. 아이의 상태와 감정에 그때그때 적절히 대응하는 것, 이것이 엄마표 수학의 핵심입니다.

갑자기 도망가는 아이

Q. 엄마표 수학을 하다 보면 애가 자꾸 도망가요. 분명 대답도 잘하고 같이 교구 가지고 잘 놀다가 뜬금없이 "몰라." 한 마디를 남기고 도망가 버려요. 대체 왜 이러는 걸까요?

간단히 말해서 아이에게 학습 내용이 어려운 겁니다. 저와 수업하는 아이들도 그래요. 갑자기 "그런데요, 저거 뭐예요?" 하고 뜬금없는 질문을 던져요. 부모가 아니라 선생님이랑 수업하고 있으니까 도망은 못 가고 딴소리를 하는 거거든요. 저는 그걸 일종의 신호로 여깁니다. '아, 이 아이가 생각의 한계에 다다랐구나.' 하고요. 즉 아이가 학습 중에 도망가려 한다 싶을 때는 부모가 아이에게 무리한 요구를 하고 있다고 생각하면 됩니다.

그럼 무리한 요구란 무엇일까요? 예를 들어 볼게요. 엄마와 아이가 칠교 놀이를 하고 있습니다. 아이가 하나를 해냈어요. 엄마는 물개박수를 치며 아이를 칭찬합니다. 잘하는 김에 하나를 더 시켜 봅니다. 아이가 해낸 게 우연인지 진짜 실력인지 궁금하기도 하고요.

어떻게 될까요? 아이는 바로 주눅이 들어 버립니다. '나 이미 칭찬받았는데? 힘들게 해냈는데?' 하고 생각하며 속상해 할 거예요. 그리고 아까 엄마가 한 칭찬의 효과도 떨어지죠. 어쩐지 다 재미없는 것 같아요.

초등학생이 되면 아이가 싫다고 해도 어느 정도까지는 끌고 갈 수 있지만, 유아는 아직 아닙니다. 유아수학의 목표 중 하나가 아이의 수학 정서를 탄탄하게 만드는 것이라고 언급했었지요. 수학을 자연스럽고 재미있게 배우는 것을 목표로 한다면, 아이의 반응을 면밀히 관찰해 보세요. 아이가 의욕적이고 승부욕이 있으면 눈이 반짝일 겁니다. 그렇지 않고 아이가 시큰둥한 반응을 보인다면 속도를 조절해 주세요. 만약 계속 밀어붙이면 아이는 도망가 버릴 거예요.

무조건 공부가 싫다는 아이

Q. 조금씩 매일 규칙적으로 공부하는 걸 중요하게 생각합니다. 그래서 수학 공부를 하면 놀 수 있게 해 준다고 조건을 걸고 공부를 시키거든요. 그런데 요즘엔 이것도 잘 안 먹히는 것 같아요.

이제 5세, 혹은 7세가 된 아이를 앉혀 놓고 "자, 지금부터 수학 공부하자. 30분 동안 이거 해야 돼."라고 말하며 문제집을 펼친다고 상상해 보세요. 앞으로의 길이 보입니다. 수학이 싫어지는 길이요. 수학 정서가 좋지 않은 아이라면 부모가 워크북을 꺼내는 순간 바로 도망갈지도 몰라요. 공부하기 싫어하는 아이가 따로 있는 게 아니라, 모든 아이들이 그래요.

거꾸로 접근하세요. 공부하면 놀게 하는 게 아니라, 논 다음에 공부하는 거예요.

워크북이나 교구를 바로 꺼내지 말고, 그전에 아이가 하고 싶은 놀이를 충분히 하는 겁니다. 단, '놀아 주는' 것이 아니라 같이 놀아야 해요. 충분히 놀고 나서, 엄마와 수학 활동을 하는 겁니다. "엄마는 카드놀이 하고 싶어. 지금까지 네가 원하는 거 했으니까 이번에는 엄마랑 카드놀이 하자." 이런 식으로 말하면 좋아요. 이때 절대로 "이제 공부하자!"라는 말은 하지 마세요. 그저 수학으로 즐겁게 노는 겁니다.

5

보고 만지는 수학에 필요한
특별한 도구들

　지금까지 우리는 유아수학의 목표와 부모가 갖춰야 할 생각들에 대해 알아보았어요. 이제 아이와 엄마표 수학을 시작해야 할 차례예요.

　1부 6장에서는 유아수학의 전체 로드맵을 소개합니다. 그리고 2부에서는 실질적으로 가정에서 할 수 있는 수학 활동을 영역별·수준별로 구체적으로 제시합니다.

　앗, 잠시만요. 그 전에 준비를 좀 해야 해요. 유아수학을 하려면 도구들이 필요합니다. 특히 2부에서 소개하는 활동을 진행할 때 사용할 필수 교구와 기타 도구를 갖추어야 해요. 그리고 우리 아이의 상황에 따라 추가로 필요한 것들이 있어요. 우리 아이와의 소중한 시간을 위해 필요한 도구를 알아볼까요?

5장을 읽기 전에, 먼저 집에 있는 수학 관련 교구와 문제집의 목록을 만들어 주세요. 그 다음 읽어 나가면 조금 더 쉽게 정리할 수 있을 거예요.

교구

유아 시기의 아이들은 추상적인 사고가 아직 발달하지 않았기 때문에 머릿속으로 수학이 그려지지 않습니다. 다시 말해 실체가 없는 것을 상상하기 힘들지요. 그래서 이 시기에는 구체물을 조작해 보면서 수학 개념을 이해하는 과정이 중요해요. 바로 경험의 형성입니다. 경험이 있는 아이들은 추후 문제집에 있는 그림을 보고 머릿속에 쉽게 그려 볼 수 있어요. 연령이 높아도 경험이 없다면 구체물을 주는 것이 좋지만, 유아 시기에 비해 효과가 떨어질 수밖에 없어요. 즉 제때 경험해야 초등학생이 되었을 때 경험을 바탕으로 원리 이해를 할 수 있답니다. 그래서 역설적이지만, 교구 활동의 목표는 교구 없이 문제를 푸는 것이라 할 수 있어요.

이러한 교구 경험은 특히 도형 영역에서 중요합니다. 초등학교 저학년 때는 대부분의 아이들이 수와 연산에 집중합니다. 그러다 빠르면 초등 2학년 때 처음 나오는 칠교 문제를 접하며 도형 영역에 어려움을 느끼기 시작하지요. 3학년부터는 감각보다 개념으로서 도형에 접근합니다. 선분, 직선, 반직선의 개념을 시작으로 삼각형과 사각형에 대해 자세히 다루게 되지요. 이때 당황하지 않으려면 유아 시기에 교구를 직접 보고 만지며 도형 감각을 길러야 합니다.

물론 보고 만지는 경험은 주변에서 쉽게 구할 수 있는 물건들로도 얼마든지 할 수 있어요. 하지만 저는 그와 별개로 몇 가지 교구는 꼭 들일 것을 추천합니다. 왜냐하면 교구는 불필요한 속성을 제거했거든요. 예를 들면 원기둥 교구 대신 음료수 캔을 사용할 수는 있지만, 캔에 그려져 있는 그림, 캔 뚜껑, 입체감이 있는 원둘레의 모서리들이 원기둥의 모양을 인지하는 데 방해가 될 수 있어요. 즉 사탕이나 캔과 같은 구체물로는 재미나고 친숙하게 수학 놀이를 할 수 있고, 교구는 학습 목표에 맞게 정확한 개념 이해와 학습에 도움을 줍니다.

교구 선택과 활용도 기술입니다

집에 있는 교구는 아이가 싫증이 난 것 같고 너무 익숙한 것 같아서 고민하던 어느 날, SNS에서 꽤 괜찮아 보이는 교구 공동구매를 발견했어요. 아이가 웃으면서 교구를 가지고 노는 모습을 보다가 댓글로 달린 지난 공구자들의 후기까지 읽으면 마음이 동해요. '아, 이건 사야 해. 사다 놓으면 뭐라도 되겠지!' 하는 마음으로 교구를 사면, 김장행입니다. 묵혀 놓고 안 쓰게 된다는 뜻이죠. 이 악순환을 이제는 끊어야 합니다.

SNS 속 그 아이의 모습은 잊으시기 바랍니다. 저것은 광고일 뿐, 현실이 아닙니다. 광고가 아닌 친구 딸의 모습이더라도 눈을 감아야 해요. 그 아이와 우리 아이는 다릅니다. 누가 잘하는지 못하는지 비교하는 행위도 의미 없겠죠? 아이의 환경, 성격, 성향, 학습에 대한 정서와 태도 모두 다릅니다. 그동안의 경험도 다를 것이고 친구 딸은 그 교구 외에 다른 활동을 추가로 하고 있을지도 모릅니다. 여러분이 골라야 할 교구는 오직 우리 아이에게 필요하고 적절한 교구입니다.

좋은 교구에 대한 이해가 필요해요

비싸고, 화려하고, 화면 속 아이가 잘하는 것 같고, 다양한 학습 효과가 있다고 해서 좋은 교구가 아닙니다.

우선 교구는 단순한 것이 좋습니다. 시중에는 도형 학습을 위한 교구에 수와 연산, 측정 등 다른 영역이 섞여 있는 교구가 많지만, 실제로는 도형 학습에 집중한 교구가 훨씬 좋아요. 소리 혹은 빛이 나는 형태는 가급적 피하세요.

또한 구성이 간단하여 아이가 쉽게 사용할 수 있어야 해요. 그래야 지속적으로 활용할 수 있고 다음 단계로 사고가 이어질 수 있습니다. 구성은 단순하지만 다양하게 변형할 수 있는 것이 좋습니다. 예를 들면 다양한 결과물을 만들 수 있는 7조각의 칠교가 하나의 그림을 만드는 100피스짜리 퍼즐보다 효과가 더 좋습니다.

마지막으로, 교구의 사용법이 자세하게 안내되어 있거나 교구 활용을 위한 워크북이 동봉된 것을 선택합니다. 그래야 부모가 지도하기도 좋고 지속적으로 잘 사용할 수 있거든요.

지금 우리 아이에게 필요한 교구가 맞는지 확인하세요

괜찮은 교구를 찾았다면, 이제 교구가 내세우는 학습 목표가 무엇인지 짚어 볼 차례입니다. 예를 들어 평면도형도 입체도형도 아니고 뭉뚱그려 도형 학습을 위한 만병통치약처럼 홍보하는 교구는 더 꼼꼼하게 확인해야 합니다. 교구로 얻을 수 있는 학습 효과와 학습 목표 등을 자세히 살펴보세요. 좋아 보여서 샀더니 원래 갖고 있는 것과 학습 목표가 겹치면 곤란하겠죠. 도형 감각에 좋다고 해서 샀는데 구체적으로 어떤 도형 감각에 도움이 되는지도 모르고 샀다면 돈을 낭비하는 셈일 테고요.

처음에는 엄마 주도가 아닌 아이 주도로

고심 끝에 구매한 교구가 집에 왔습니다. 이때가 가장 주의할 시기입니다. 보통은 처음 교구를 구입하고 엄마가 가이드를 보고 계획을 세워 이렇게 저렇게 해 보자고 아이에게 제안하는데, 아이들은 바로 알아차립니다. '엄마가 공부를 시키고 싶어 하는구나.' 라고요. 재미있어 보였던 교구조차 흥미를 잃게 됩니다.

처음에는 교구를 슬쩍 보여 주고, 잘 보이는 곳에 전시합니다. 아이 혼자 자발적으로 탐색할 시간을 충분히 주는 겁니다. 원래 교구의 목적이 아닐지라도 필요한 시간입니다. 예를 들어 소마큐브로 모양을 만들지 않고, 쌓기 놀이를 하거나 인형을 가지고 와서 침대를 만들어 준다고 해도 지켜봐 주세요. 아이가 스스로 만든 것을 자랑하면 같이 살펴보고 칭찬해 주고요. 아이에게 의미 없는 시간은 없습니다. 쌓으면서 조각을 돌려 보고 뒤집어 보며 교구와 친숙해지고 알아가는 이 시간이 충분하지 않으면 엄마가 계획한 활동에 집중하기 어렵습니다. 엄마는 계획된 활동을 하고 싶은데 아이는 자유롭게 탐색하고 싶을 테니까요.

아이가 자발적으로 교구를 탐색하는 시간 동안 부모는 교구를 공부하고 있으면 됩니다. 시작은 교구에 딸려 온 가이드를 살펴보는 정도면 충분합니다.

아주 약간 어려운 문제를 해결할 때 성장합니다

새로운 것에 흥미를 가졌던 아이들도 며칠이 지나면 재미없다며 시들해지는 이유는 어렵거나 더 이상 확장하지 못해 재미가 없어졌기 때문입니다. 아이는 더 놀고 싶지만 노는 방법을 모릅니다. 이렇게 탐색이 끝난 시점이 바로 계획된 노출이 시작되는 순간입니다. 엄마가 미리 공부하고 준비했던 활동을 진행하면 됩니다.

이때 중요한 것은 단계별 제시입니다. 처음에는 쉬운 것부터 시작해 적절하게 난도를 올려야 한다는 이야기이지요. 그렇다면 난도를 어떻게 올려야 할까요? 단계를 제대로 설정하려면 먼저 아이의 수준을 알아야 합니다. 그 수준에서 아주 약간만 난도를 높이면 됩니다. 이렇게 아이 혼자서는 어렵지만 도움을 조금 받으면 해결할 수 있는 영역을 근접발달영역이라고 했던 것 생각나시죠.

유아를 위한 문제집이나 워크북을 보면 아이 발달 단계를 고려하지 않은 문제들이 종종 보입니다. 앞 단계를 건너뛰고 어려운 단계부터 묻는 경우도 많지요. 예를 들어 이제 막 쌓기나무를 처음 접한 유아에게 쌓기나무를 앞에서 본 모양을 그려 보라는 문제가 주어지는 거죠. 초등학교 고학년 때에 나오는 수준의 문제를요. 이는 이제 막 한글을 시작하는 아이에게 창의적으로 문장을 써 보라고 하는 것과 같습니다. 이런 문제를 접한 아이는 당연히 수학이 어렵고 두렵기까지 하겠죠. 반면, 조금 어렵지만 머리를 써서 해결하면 그 자체가 재미있어요. 그리고 재미있으면 시키지 않아도 더 많은 활동을 하지요. 그렇게 실력이 쌓이면 자신감이 생깁니다. 그 자신감으로 또 다른 문제를 해결할 수 있는 용기를 갖게 되죠. 그것이 진짜 실력이 되는 것입니다. 그러니 아이의 근접발달영역 안에서 수학 문제 해결에 도움을 줄 수 있는 활동을 준비하는 것이 매우 중요합니다.

꼭 들여야 하는 필수 교구

필수 교구의 종류

교구	영역
수 카드	수와 연산
연결 모형	수와 연산
수 배열판	수와 연산
칠교	도형
쌓기나무	도형
입체도형 모형	도형

이 책으로 엄마표 유아수학을 하기 위해 필요한 교구를 소개합니다. 2부에 이 교구들을 사용한 활동이 나오기 때문에 준비해야 해요.

이 책뿐 아니라 유아 시기에 다양하게 사용되는 필수 교구이기 때문에, 잘 보이는 곳에 두고 아이가 언제든지 꺼내서 갖고 놀 수 있게 해 주세요.

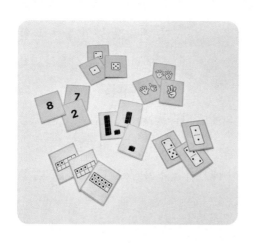

수 카드

아이가 가장 처음 접하는 교구입니다. 종합 교구 프로그램에 들어 있는 경우도 있는데, 갖춰야 하는 수 카드의 종류가 많습니다.

이 모든 수 카드가 다 필요하냐고요? 네, 필요합니다. 4장에서 언급했던 숫자 5의 의미를 기억하나요? 사탕 5개, 손가락 5개, 자동차 5대, 친구 5명, 5층, 5일, 번호 5번 등 다양합니다. 그렇기 때문에 하나의 수를 다양한 방법으로 표현한 수 카드는 수 개념을 익히는 데 좋아요. 2부에서 수 카드로 정말 다양한 놀이를 할 거예요. 기대해도 좋습니다.

2부에서 수 카드가 필요한 활동에는 다운로드를 할 수 있는 QR코드가 있습니다. 다운받아 프린트하여 잘라 사용하세요. 초등 입학 전, 혹은 그 이후까지도 사용되니 코팅을 해도 좋습니다.

연결 모형

서로 연결할 수 있는 큐브입니다(아이에게 이야기할 때는 '큐브'라고 지칭해도 좋습니다). 2부에서 모으기와 가르기, 자릿값 등의 활동을 할 때 연결 모형을 사용하도록 안내합니다.

수 세기를 위해서는 연결 모형 외에도 바둑돌이나 보석칩과 같은 모양과 크기가 동일한 수십 개의 교구들도 필요합니다. 저는 바둑돌을 선호하는데, 구하기도 쉽고 만지는 느낌이 매끄럽고 소리도 좋아서 아이들도 좋아합니다.

수 배열판

수가 규칙적으로 배열된 판을 말합니다. 보통 초등학교에서 접하는 수 배열판은 한 줄에 10개 단위로 100까지 나와 있습니다. 그런데 이것만으로 수를 익히면 아이들이 100 이후의 숫자를 헷갈려합니다. 그중에서도 가장 많이 헷갈리는 게 102하고 120이라서, 저는 100판보다는 120판을 추천합니다.

아이들이 연산을 어려워하는 이유는 수에 대한 이해 없이 바로 덧셈과 뺄셈을 시작하기 때문입니다. 이 부분을 채워 주는 것이 바로 수 배열판이에요. 수 배열판을 통해서 3보다 4 큰 수를 세어서 찾으면 7, 그보다 4 큰 수는 11, 이런 식으로 수와 수의 관계를 시각적으로 채워 줄 수 있어요. 수학의 기본인 십진법을 직관적으로 보여 주기 때문에 자릿값을 배우는 데도 매우 효과적입니다. 빠르면 6세, 늦어도 7세부터는 수 배열판 활동을 하도록 권장합니다.

수 배열판은 보드게임의 게임판으로 활용할 수도 있어요. 보드게임을 하기 위한 여러 가지 도구도 준비해 주세요. 주사위나 말 같은 것들이요. 처음에는 숫자 찾기로 시작하고, 주사위를 던져서 나온 수만큼 자기 말을 이동하거나 룰렛을 돌려 보석이나 숫자 칩을 올려놓기 등 수 배열판 하나로 다양한 게임을 할 수 있죠. 익숙해지면 아이들과 게임의 룰을 함께 만들어 활동하는 것이 가장 좋습니다.

수 배열판 교구를 구매하도 되지만, 간단히 컴퓨터를 이용해서 만들어도 좋습니다. 적당한 크기에 숫자만 명확하게 잘 보이면 학습하는 데 지장이 없습니다. 책의 209쪽, '수 배열판 탐색'에 QR코드를 삽입했으니 다운받아 사용해도 좋아요.

칠교

독자 여러분이 가장 많이 들어 본 교구가 칠교가 아닐까요? 가장 먼저 준비하는 수학 교구 중 하나로 알려져 있어요. 이미 가지고 있는 경우가 많

을 거예요.

칠교는 하나의 정사각형을 삼각형 5개와 사각형 2개, 총 7개의 조각으로 잘라서 만든 퍼즐입니다. 우리 조상들도 즐기던 놀이죠. 칠교 조각을 활용하면 천 가지 이상의 다른 모양을 만들 수 있습니다. 사물, 사람, 동물 등 다양한 모양을 만들 수 있기 때문에 창의력 발달에도 도움을 줍니다. 무엇보다 삼각형과 사각형 조각으로 새로운 모양을 만들면서 자연스럽게 도형의 원리를 이해할 수 있답니다. 도형끼리 결합해 새로운 도형이 만들어지는 과정에서 도형의 부분과 전체를 경험하게 되는데, 이것은 아이가 도형의 개념과 성질을 학습하며 도형 감각을 기르는 데 도움이 됩니다.

초등학교 2학년부터 칠교에 관한 문제들이 등장하기 시작합니다. 또한 각종 문제집, 경시대회, 사고력 수학 문제집에서 칠교와 관련한 문제가 출제되는데, 문제의 난도가 교과서에서 다루는 수준 이상입니다. 그러다 보니 2학년 때 처음 칠교를 접한 아이들은 대부분 어려워하거나 포기하게 됩니다. 따라서 칠교는 유아 시기부터 접하게 하는 것이 좋습니다. 직접 만져 보고 조작해 봐야 지면상의 문제를 어렵지 않게 해결할 수 있습니다.

칠교를 처음 접할 때는 색이 알록달록한 색깔 칠교가 좋습니다. 조각과 조각이 잘 구별되면 한결 쉬우니까요. 다만 여유가 허락된다면 단색으로 구성된 칠교도 있으면 좋습니다. 다양한 색깔의 칠교로 했던 활동을 동일한 색의 칠교로 또 해 보는 거죠. 색깔 힌트 없이 모양 그 자체로 판단하는 경험입니다. 이는 필수는 아니에요. 아이의 수준에 따라 조절해 주세요. 또한 모양이 흐트러지지 않도록 살짝 무게감 있는 것이 좋습니다.

이 책에서는 부모와 함께하는 칠교 활동을 소개하고 있으므로, 칠교는 같은 것으로 두 벌을 마련하길 권합니다.

쌓기나무

모든 모서리의 길이가 같은 정육면체 교구입니다. 쌓기나무는 보이지 않는 부분을 상상하게 하는 교구이기 때문에 공간 감각을 키우는 데 굉장히 좋습니다. 비단 수학을 할 때뿐만 아니라 일상을 살아가면서 맞이하는 많은 순간들에 도움이 되는 감각이라고 이야기하고 싶어요.

한편 이런 질문을 하는 분들도 많습니다. "쌓기나무는 초등학교 2학년 때 나오는데 벌써 시키나요?"

네, 유아가 충분히 할 수 있습니다. 2학년 때 간단한 쌓기나무 문제가 교과서에 등장합니다. 그런데 이때 처음 쌓기나무를 접하거나 유아 시기의 경험이 부족한 아이들은 허둥지둥하더라고요.

게다가 6학년에 나오는 쌓기나무 문제는 상당히 어렵습니다. 쌓기나무 개수를 세는 문제는 입체도형의 부피 개념과 연결됩니다. 또한 앞, 옆, 위에서 본 모양을 그리는 문제는 입체도형의 겉넓이 개념과 연결되고요. 당연히 교구 없이 평면에 그려진 그림만 보고 해결해야 합니다. 여기에 최대공약수나 최소공배수 그리고 입체도형의 구조 등 여러 개념들이 결합하여 문제가 출제되죠. 이때 유아 시기에 쌓기나무 경험을 한 아이와 하지 않은 아이는 매우 큰 차이가 납니다. 쌓기나무 경험이 있으면 보이지 않는 부분을 쉽게 파악한 후, 남는 시간 동안 문제를 해결하기 위한 생각을 할 수가 있거든요. 반면 쌓기나무 경험이 없으면 그게 잘 되지 않아 힘들어하고요.

그리고 생각해 보면, 유아 때부터 쌓기나무나 교구 등의 경험을 하지 않았던 우리 부모 세대보다 어렸을 때부터 교구를 갖고 논 우리 아이들이 훨씬 칠교와 쌓기나무를 잘하잖아요. 이것만 봐도 유아 시기의 교구 경험이 얼마나 중요한지 알 수 있습니다.

그렇다면 어떤 쌓기나무를 골라야 할까요? 우선 소재에 따라 구분할 수 있어요. 원목이 있고 자석이 있는데 각각 장단점이 있습니다.

자석 쌓기나무는 처음 쌓기나무 활동을 시작하는 아이에게 권합니다. 왜냐하면 소근육이 발달하지 않은 아이들이 원목 쌓기나무를 쌓으면 쉽게 무너져 내리는 경우가 있는데, 이때 스트레스를 많이 받기 때문이에요. 자기가 잘못했다는 좌절감도 들고요. 반면 자석은 무너질 일이 거의 없고, 위치에 맞게 착착 붙으니 붙이는 재미도 있습니다.

7세 정도 되면 자석 쌓기나무를 원목 쌓기나무로 교체해 줍니다. 왜냐하면 자력을 이용하면 실제로 쌓을 수 없는 모양도 만들 수 있어서, 자석 쌓기나무를 계속 진행하면 쌓기에 대한 왜곡된 개념이 잡힐 수 있기 때문입니다. 따라서 아이의 소근육이 발달하고 자석 쌓기나무 경험도 충분하다 싶으면 원목 쌓기나무로 바꿔 줍니다.

한편 색깔이 다양한 것과 색깔이 한 가지인 것이 있는데, 어떤 걸 선택할지는 아이의 수준에 따라 결정할 일입니다. 처음에는 색깔이 동일한 것보다 다양한 것이 더 쉬워요. 색깔을 힌트 삼아 보고 따라 쌓으면 되니까요. 하지만 조금씩 난도를 높여야겠죠. 아이가 잘 따라온다면 단색으로 바꿔서 같은 활동을 해 주세요.

이런 방법도 좋아요. 아이가 색깔이 있는 자석 쌓기나무를 사용하다가, 7세가 되면 원목 쌓기나무로 교체해요. 쌓기나무에서 보이지 않는 부분들을 추측하는 데 아직 조금 서툰 것 같다면 색깔이 다양한 원목 쌓기나무로 교체하고, 어려워하지 않는다면 단색 원목 쌓기나무로 교체하면 됩니다.

입체도형 모형

입체도형을 이해하기 위해서는 기본 입체도형(사각뿔, 삼각뿔, 원뿔, 원기둥, 사각기둥, 삼각기둥, 구 등)을 경험해야 합니다.

이때 주변 사물들로 입체도형 모형을 대체하는 경우가 많은데, 저는 별로 권하지 않습니다. 앞에서도 이야기했지만 입체도형의 모양에만 집중할 수 있는 교구가 개념을 익히는 데 훨씬 더 효과적이거든요.

시중에서 구입할 수 있는 간단한 입체도형 모형으로 준비합니다. 혹은 가베 등의 종합 교구 프로그램에 들어 있는 정도면 충분해요. 입체도형 모형은 초등학교를 졸업할 때까지 쭉 갖고 있으면 좋습니다. 5학년 때 전개도나 겨냥도를 그리거나 입체도형의 부피와 겉넓이를 배울 때도 사용할 수 있습니다.

가지고 있으면 좋은 교구

다음의 교구들은 유아 시기 필수 교구에 속하지는 않습니다. 필수 교구로 활동을 하다가 생기는 다양한 문제(아이가 지루해함, 하기 싫어함, 교구에 질림 등)를 해결하는 용도로, 혹은 배운 내용을 확장할 때 쓸 수 있습니다. 즉 부모의 적절한 판단 하에 구입 여부를 결정하면 됩니다. 장단점과 활용법, 구입 요령 등을 간단히 짚어 보겠습니다.

펜토미노(도형)

고대 로마 때부터 했던 놀이로, 칠교의 서양 버전이라고 보면 됩니다. 크기가 전부 같은 정사각형을 여러 개 이어 붙여서 만든 도형을 폴리오미노라고 하는데, 이어 붙인 개수에 따라 이름이 결정돼요. 정사각형 3개는 트리오미노, 정사각형 4개는 테트로미노(테트리스 게임에서 사용되죠), 정사각형 5개는 펜토미노입니다. 펜토미노는 정사각형 5개를 연결해 만든

12개의 도형이 하나의 세트예요.

펜토미노를 교구로 사용하는 이유는, 12개의 펜토미노 조각을 하나씩 모두 사용하여 직사각형을 만들 수 있기 때문이에요. 한 벌의 펜토미노를 구성하는 정사각형의 개수를 모두 세어 보면 $5 \times 12 = 60$(개)거든요. 이를 이용해서 3×20, 4×15, 5×12, 6×10 모양의 직사각형을 만들 수 있습니다. 따라서 펜토미노를 통해 3학년이나 되어서야 배우는 정사각형과 직사각형의 개념, 길이와 넓이의 개념을 손과 눈으로 경험할 수 있지요. 4학년 평면도형의 이동 단원에서 밀기·돌리기·뒤집기를 배우는데, 펜토미노로 다양한 모양을 만들어 본 친구들은 큰 어려움을 느끼지 않습니다.

학습에 더욱 도움이 되는 펜토미노는 조각을 이루는 정사각형이 표시된 것이에요. 초등학교 때 가로와 세로의 길이가 모두 1cm인 정사각형의 넓이를 1cm²라고 배워요. 펜토미노는 정사각형 5개로 되어 있고요. 즉 펜토미노를 가지고 활동하다 보면, 펜토미노 조각끼리 결합한 모양의 넓이는 5의 배수라는 것을 무의식중에 인식할 수 있어요.

펜토미노 역시 두 벌을 준비해서 부모와 게임으로 활동하면 더 효과적입니다. 같은 조각 찾기, 같은 모양 2개로 대칭인 모양 만들기, 주어진 조각으로 다양한 모양 만들기 등 여러 가지 활동이 가능합니다.

퀴즈네어 막대
(수와 연산)

초등 교과서에 등장하기에 많이들 문의하는 교구입니다. 서로 다른 색깔의 막대의 길이로 서로 다른 수를 직관적으로 보여 주는 교구로, 수의 크기 비교를 하는 데 사용해요. 필수 교구로 넣지 않은 이유는 연결 모형으로도 같은 활동을 할 수 있기 때문입니다(연결 모형은 서로 연결할 수 있기 때문입니다). 또한 학교에서 경험할 수 있기도 하고요. 하지만 아이가 교구 모양을 보고 흥미를 가지면 한번 경험하는 것도 괜찮습니다.

소마큐브(도형)

쌓기나무 3개, 4개를 붙여서 만든 일곱 가지 모양의 블록으로 하는 입체퍼즐이죠. 서로 다른 입체 모양을 조합해 새로운 모양을 만들어야 하기 때문에 쌓기나무 활동에 비해 기하학적인 사고력이 더 필요합니다. 소마큐브 7조각으로 3×3×3 모양의 큰 정육면체를 만들 수 있으며, 돌리거나 뒤집어서 같은 경우

를 제외하면 모두 240가지 방법이 존재합니다. 앞에서도 이야기했지만 간단한 구성으로 다양한 경우의 수가 나올 수 있는 것이 좋은 교구입니다.

퍼즐을 맞추는 과정에서 무너지는 경우가 많으므로 자석 소마큐브를 추천합니다. 또한 엄마와 함께하는 활동이 많으므로 두 벌을 준비합니다. 대칭 활동에도 유용하게 사용될 것입니다.

소마큐브가 쌓기나무를 대체할 수는 없습니다. 하지만 시간 가는 줄 모르고 빠져들 만큼 재미있다는 것이 장점입니다. 쌓기나무 활동에 비해 어려울 수 있지만 퍼즐을 맞추며 느끼는 몰입, 성취를 통한 재미를 느낄 수 있습니다. 교구 활동을 지루해 할 때 슬쩍 건네어 보세요.

지오보드(도형)

기하(geometry)와 판자(board)의 합성어입니다. 판자 위에 일정한 간격으로 못을 박은 교구로, 실이나 고무줄 등을 걸어 자유롭게 원하는 모양을 만들 수 있습니다. 유아 시기 아이들은 엄격하게 도형의 변의 개수와 길이를 재기보다는 마음대로 실을 거는 활동을 더 좋아합니다. 자유롭게 탐색할 수 있는 시간을 충분히 주세요.

이 교구는 초등학교 2학년 교과서에 처음 등장합니다. 그때 경험해도 괜찮지만, 도형 감각이 있고 진도가 빠르다면 유아 시기부터 시작해도 좋아요.

패턴블록(도형)

초등수학에 나오는 교구입니다. 정삼각형, 정사각형, 평행사변형, 사다리꼴, 마름모, 정육각형 6개의 도형이 모두 다른 고유의 색을 지니고 있으며, 각 변의 길이가 모두 같은 것이 특징입니다(사다리꼴의 가장 긴 변 제외). 패턴블록을 통해 패턴, 도형의 넓이, 각, 분수까지 이해할 수 있습니다.

정육각형은 정삼각형 6개, 평행사변형 3개, 사다리꼴 2개로 만들 수 있는데, 이는 곧 넓이의 개념을 깨닫는 경험이 됩니다. 여러 가지 조각으로 한 가지 모양을 만든 후, 같은 모양을 다른 조각들로 만들어 보도록 해 주세요. 패턴블록 각의 성질을 이용해 쪽매맞춤과 같은 예술 작품을 만들 수도 있어요.

종합 교구 프로그램

다양한 종류의 교구를 한데 모은 종합 세트입니다. 수와 연산, 도형과 측정, 변화와 관계, 자료와 가능성 등 수학의 모든 영역을 포함합니다.

교구 맛보기용으로 적합해 단품 교구에 대한 정보가 부족할 때 사면 좋습니다. 대부분의 종합 교구 프로그램은 기초적인 교구를 많이 포함하고 있습니다. 처음 교구를 사는 4세 이하의 부모 입장에서는 각 교구를 따로

사기보다 종합 교구 프로그램을 하나 사고, 여기에 없는 다른 교구들만 따로 사는 것이 경제적일 수 있어요. 단, 아이에게 필요 없는 것까지 사야 한다는 단점이 있지요. 특히 아이가 6세 이상인 경우, 종합 교구 프로그램과 기존에 갖고 있는 교구가 중복될 가능성도 매우 크고요. 그러므로 상황에 따라 구매를 결정하면 됩니다.

우선 가장 유명한 가베는 4~5세 정도의 유아에게 추천합니다. 연령이 올라갈수록 가격도 비싸지는데, 사실 6세 이후에는 수학 교구 단품만 갖추어도 무리가 없습니다. 특히 유아라면 다양한 교구를 경험하는 것이 도움이 되기 때문에 가베에만 의존하는 것은 별로 권하지 않습니다.

플레이팩토 키즈의 경우, 저렴하여 가성비가 좋습니다. 팩토를 만든 회사답게 매우 체계적으로 정리되어 있어서, 가르치는 부모 입장에서 활동을 쉽게 진행할 수 있지요. 유치원에서 많이 다루므로, 유치원에서 이미 사용하고 있는지 먼저 확인하고 구입 여부를 결정하는 것이 좋습니다.

몬스터매스는 아이들이 재미있어 한다는 것이 가장 큰 강점입니다. 단, 도형만 다루고 다른 영역은 다루지 않으므로 다소 아쉬움이 있어요.

오르다 매쓰파워빌더스와 만지는 수학은 둘 다 체계적이고 유용하다는 평가를 듣고 있지만, 가격이 다소 부담스러운 편입니다.

연산 문제집

연산 문제집은 5~6세부터 시작해서, 연령이 올라감에 따라 비중을 조금씩 늘립니다. 많은 아이가 연산 문제집을 좋아하지 않지만, 그럼에도 연산 문제집은 해야 한다고 말씀드려요. 연산을 잘하려면 빠른 속도와 정확성이 필요합니다. 이를 기르기 위해서는 충분한 연습이 필요하죠. 꾸준히 연습하여 임계치가 채워졌을 때 다음 단계로 넘어갈 수 있거든요. 보드게임이나 퀴즈 등의 활동으로는 분명 한계가 있기도 하고요.

연산 문제집이 필요한 이유가 또 있습니다. 단순히 답을 내기만 해야 한다면 암산으로도 충분하겠지만, 문제 하나를 다양한 방법으로 푸는 연습도 필요하거든요. 이를 연산 문제집이 일정 부분 도와줍니다.

시중에 연산 문제집이 아주 많기 때문에 아이의 연령과 성취도 수준을 잘 고려하여 선택해야 합니다. 대표적인 연산 문제집들의 특징을 설명하고, 선택 요령을 알려 드리겠습니다.

연산 문제집을 대하는 올바른 태도

첫째, 연산 문제집은 유아수학의 '서브'입니다.

6장에서 로드맵을 짤 때 자세히 언급하겠지만, 유아수학의 메인은 일상에서의 다양한 경험과 활동이에요. 아이는 문제집이 아닌 보고 만지는 경험과 활동을 통해 수학 개념을 익히게 됩니다. 연산 문제집은 이러한 보고 만지는 활동을 통해 아이가 수학 개념을 제대로 익혔는지 확인하고 정리하는 '수학 활동의 서브' 역할이라 할 수 있어요. 즉, 아이가 혼자 문제집을 푸는 시간보다, 부모와 함께 수와 연산에 관련된 다양한 보고 만지는 활동을 하는 시간이 더 많아야 한다는 뜻이지요.

둘째, 아이가 연산 문제집을 잘 풀지 못하면, 다시 구체물을 사용해야 해요.

연산 문제집에서 아이의 오답이 많으면 부모는 불안해진 나머지 아이에게 문제집을 더 많이 풀게 해야 한다고 생각하게 될 거예요. 하지만 이는 옳은 방법이 아닙니다. 이럴 경우에는 문제집 대신 구체물로 연산을 경험하게 하세요.

예를 들어 '5 가르기' 문제에서 아이가 어려움을 느낀다고 생각해 봅시다. 이럴 때는 구체물을 이용해 아이가 문제를 해결할 수 있게 도와주세요. 문제집의 문제를 구체물로 바꾸어 주기만 하면 된답니다. 아이에게 사

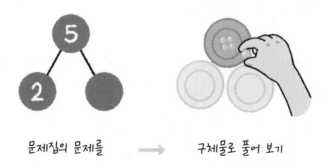

문제집의 문제를 ⟶ 구체물로 풀어 보기

탕이나 연결 모형 5개를 주고, 직접 손으로 가르기를 연습해 보도록 하는 거예요. 이렇게 연산 문제집은 보고 만지는 활동의 가이드북처럼 생각하며 사용하면 됩니다. 유아 시기에는 직접 눈으로 보고 손으로 만지면서 하는 활동이, 문제집 10장을 푸는 것보다 훨씬 더 효과적이랍니다.

셋째, 연산 문제집을 연산 속도를 올리기 위한 수단으로만 생각하면 안 됩니다.

초등학교 저학년까지는 수학 원리 이해와 정확도가 가장 중요해요. 즉, 얼마나 문제를 빨리 풀었는지를 평가하기보다는 원리를 제대로 이해했는지, 올바른 과정을 거쳐 문제를 해결했는지, 다양한 방법으로 문제를 해결할 수 있는지 등을 중심으로 아이의 연산 실력을 판단해야 하죠. 속도는 그 다음 문제랍니다.

그러나 안타깝게도 많은 부모들이 아이의 진도와 문제 푸는 속도에만 초점을 맞추고 있어요. 막연히 연산을 잘했으면 하는 마음에 아이에게 단순하게 반복되는 형태의 드릴형 연산 학습지를 시키게 되고, 결국 아이는 수학을 지루하다고 생각하며 흥미를 잃게 되는 경우가 매우 많아요. 참 안타까운 일이지요.

이 책에서는 원리 이해를 돕는 연산 문제집과 정확도를 높이는 데에 좋은 연산 문제집을 나누어 소개하고 있어요. 아이에게 필요한 부분이 무엇인지 고민해 보고, 다음에 이어지는 내용을 참고하여 아이에게 맞는 적절한 연산 문제집을 선택해 보세요.

연산 문제집의 종류

시중에 나와 있는 연산 문제집은 크게 두 종류로 나눌 수 있어요. 드릴 연산 문제집과 원리 연산 문제집이지요. 제가 수업에서 자주 사용하고 추천하는 문제집을 예로 보여 드릴게요. 아래의 그래프와 108쪽의 표는 문제집의 특징과 권장 연령을 기준으로 문제집을 분류한 것이에요.

한편 연산을 못해서가 아니라 문제 상황을 이해하지 못해 계속 질문을 하거나 어려워한다면 아이의 수준에 맞지 않는 문제집이라는 뜻이므로 다른 것으로 바꿔 주어야 해요. 연산 문제집은 연산이 능숙해지기 위한 연습용이기 때문에, 혼자 풀 수 있는 난이도를 선택하는 것이 좋습니다.

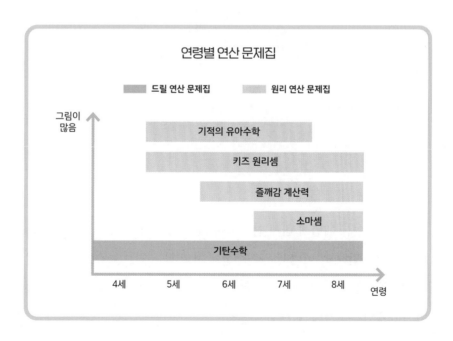

추천 연산 문제집

유형	문제집	특징
원리	기적의 유아수학	• 수 세기 부분이 잘 구성되어 있어요. 추천 연산 문제집을 처음 시작하는 아이
원리	키즈 원리셈	• 단계별 문제의 양과 난이도가 적절해요. • 초등 연산까지 연결하기 좋아요. 추천 연산 문제집을 처음 시작하는 아이
원리	즐깨감 계산력	• 원리와 개념을 다양한 방법으로 경험할 수 있어요. 추천 딱딱한 드릴 연산 문제집을 좋아하지 않는 아이
원리	소마셈	• 수 세기보다는 연산에 집중되어 있어요. • 다양한 방법으로 연습할 수 있도록 구성되어 있어요. • 유아보다는 초등 과정이 더 촘촘해요. 추천 수 세기가 어느 정도 능숙해진 후 본격적 연산을 시작하는 아이
드릴	기탄수학	• 각 단계별로 세분화되어 있어요. • 문제 양이 많아요. 추천 반복해서 문제를 풀 필요가 있는 아이

드릴 연산 문제집

한 가지 연산 개념에 대해 같은 유형의 문제가 아주 많이 나오는 형태의 문제집을 말해요. 이미 많은 아이들이 하고 있는 연산 학습지도 드릴 연산 문제집이라 할 수 있어요. 시중에 나와 있는 문제집 중에는 《기탄수학》이 대표적인 드릴 연산 문제집이에요.

드릴 연산 문제집은 각 연산 단계별로 촘촘하게 구성되어 있고, 문제의 양도 많아요. 그래서 연산 개념을 이해한 아이들이 문제를 잘 풀 수 있을 때까지, 드릴 연산 문제집으로 반복 연습을 하면 좋습니다. 단, 문제의 양이 많으니 당연히 시간도 많이 걸리겠지요. 첫 단계부터 차례로 드릴 연산 문제집을 풀기 시작한다면, 아이는 물론이고 부모 또한 금세 지루함을 느끼고 지치게 된답니다.

그러므로 이런 드릴 연산 문제집의 모든 단계를 다 끝내겠다는 목표는 세우지 않는 것이 좋아요. 원리 연산 문제집을 진행하면서, 아이가 좀 더 연습해야 한다고 생각되는 부분만 선택하여 진행하는 편이 더 좋습니다.

예를 들어 볼까요? 많은 아이가 받아내림이 있는 (십몇)-(몇)을 어려워해요. 아이가 원리는 이해한 것 같지만, 문제집을 풀었을 때 속도가 늦고 정답률이 떨어지는 경우가 많지요. 이럴 때, 드릴 연산 문제집에서 해당 부

 연산 문제집 똑똑하게 활용하기

연산 문제집의 치명적인 단점인 '아이를 질리게 만드는 방대한 양'을 보완하는 방법을 소개합니다. 바로 '문제집 반만 풀기'입니다.

문제집을 펼쳐 왼쪽만 풀게 하고, 왼쪽을 다 맞았을 경우 오른쪽은 안 풀어도 되지만 만약 왼쪽에서 한 문제라도 틀리면 오른쪽을 풀어야 한다고 하세요. 그러면 아이는 문제를 더 풀기 싫어서라도 왼쪽을 집중해서 풀겠죠? 적은 양으로 확실한 원리 이해와 숙달이라는 두 마리 토끼를 다 잡을 수 있습니다. 물론 왼쪽 오른쪽으로 나누어도 되고, 위 아래로 나누어도 됩니다. 어떻게 나누든 아이에게 '다 풀어야 한다'라는 부담감을 줄여 주는 동시에 '이걸 다 못 맞히면 또 풀어야 한다'라는 적당한 긴장감만 주면 됩니다.

분만 골라서 아이의 부족한 부분을 보충시켜 줄 수 있답니다.

사실 드릴 연산 문제집은 연산의 정확도와 속도라는 두 마리 토끼를 잡기 위해 만들어진 문제집이에요. 초등학교 3학년 이상의 아이들에게는 추천하지만, 유아에게는 권하지 않는 편이에요. 보조 교재로만 활용하세요.

원리 연산 문제집

말 그대로 연산의 원리를 쉽게 이해할 수 있도록 구성되어 있는 문제집이에요. 예를 들어, 6+7과 같은 덧셈을 어떻게 하는지 생각해 볼까요?

방법 1	방법 2	방법 3
6+7=6+4+3	6+7=3+3+7	6+7=1+5+5+2
=10+3	=3+10	=1+10+2
=13	=13	=13

이처럼 원리 연산 문제집은 연산을 하는 다양한 방법을 소개하고, 효율적으로 연산을 하기 위해 어떤 전략을 짜야 하는지를 알려 준답니다.

지금의 교과과정에서는 단순히 답을 잘 구하는 것만으로는 부족합니다. 어떤 과정을 거쳐 답을 구했는지를 설명할 수 있어야 하죠. 또한 한 가지 방법이 아니라, 여러 가지 방법으로 문제를 해결할 수 있어야 해요. 이런 변화에 맞춰 나오게 된 문제집이 바로 원리 연산 문제집입니다. 시중에서 구할 수 있는 원리 연산 문제집으로는 《기적의 유아수학》, 《키즈 원리셈》, 《즐깨감 계산력》, 《소마셈》 등이 있습니다.

그렇다면 우리 아이에게 맞는 문제집은 어떻게 고르면 좋을까요?

처음 연산 문제집을 시작하는 5세 정도의 아이라면, 저는 '수 세기' 파트를 눈여겨보라고 조언합니다. 유아 연산 문제집은 수 세기부터 출발해야 합니다. 누구나 할 수 있고 너무나 간단해 보이는 수 세기도, 더 정확하고 효과적으로 할 수 있는 순서와 방법이 있어요. 이를 익히는 것이 바로 연산의 시작이랍니다. 따라서 저는 유아 연산 문제집을 판단할 때 '수 세기'를 가장 중요하게 생각해요. 이 문제집에서 '수'가 차지하는 비중이 얼마나 큰지, 수를 세는 방법을 얼마나 다양하게 보여 주고 있는지를 확인합니다. 즉, 수 세기를 풍부하고 다양하게 구성하고 있는 문제집이 유아에게 좋은 문제집이지요.

수 세기 파트가 잘 구성되어 있는 문제집으로는 《기적의 유아수학》과 《키즈 원리셈》이 있습니다. 문제의 양도 적당하고 부담 없이 진행할 수 있도록 구성되어 있어, 처음 연산 문제집을 시작하는 아이에게 추천합니다.

6세 이상부터는 목차를 보고 문제집을 선택하는 것이 좋습니다. 예를 들어 《즐깨감 계산력》과 《키즈 원리셈》을 비교해 볼게요. 두 문제집의 목차를 비교하면, 《키즈 원리셈》이 《즐깨감 계산력》보다 목차가 더 많아요. 더 세세하게 구성되어 있다는 뜻이랍니다. 따라서 연산 문제를 많이 풀어 봐야 할 아이에게는 《키즈 원리셈》이 더 적합하지요. 반면 이미 연산을 잘하는 아이에게는 《즐깨감 계산력》을 권합니다. 문제 양이 적당해 시간을 절약할 수 있거든요. 잘하는 아이에게 같은 유형의 문제를 많이 풀게 할 필요는 없으니까요.

연산에 익숙하고 이미 연산 문제집을 풀어본 적 있는 6세 이상의 아이에게 추천할 만한 연산 문제집이 《즐깨감 계산력》과 《소마셈》입니다. 《즐깨감 계산력》에는 개념과 원리 이해를 돕는 다양한 방법이 제시되어 있어요. 문제의 양이 많은 편은 아니라 빠르게 진도를 나갈 수 있지만, 많은 연습이 필요한 아이에게는 문제 양이 부족할 수 있어요. 이때, 같은 교재를 한 번 더 풀어 보게 하는 것도 좋은 방법이랍니다. 《소마셈》은 유아 과정보다 초등 과정이 좀 더 촘촘하고 탄탄하게 구성되어 있으므로, 유아 때 원리 연산 문제집을 충분히 풀어 보았고 초등 과정 학습을 시작하려는 아이에게 추천합니다.

한편 《사고셈》과 《상위권 연산 960》은 108쪽의 표에는 없지만, 많은 분들이 궁금해하는 문제집이에요. 이 문제집들은 다소 어렵긴 하지만, 생각을 요구하는 문제들로 구성되어 있어서 아이의 사고를 깨우기에 좋아요. 사고력 수학을 경험해 본 아이 혹은 연산이 빠른 아이에게 추천합니다.

 교과 연산 문제집이란?

말 그대로 교과서와 연계된 문제집으로, 학교 교과 과정에 맞춰 구성되어 있답니다. 《교과연산》, 《팩토 단계수》 등이 여기에 해당하지요. 이론 부분은 물론이고 응용 부분도 잘 구성되어 있어서 진도를 차근차근 나가기에 최적이에요. 그래서 많은 학부모들이 관심을 갖고 궁금해하는 문제집이기도 해요. 특히 유아에게 연산 예습용으로 교과 연산 문제집을 풀게 해도 되는지를 많이 궁금해하죠.

저는 유아가 교과 연산 문제집까지 풀 필요는 없다고 생각해요. 교과 연산 문제집은 학교 진도에 맞춰 진행하거나(현행), 이미 배운 것을 점검하고 모자라는 부분을 보충하기에(후행) 적합하므로, 교과 연산 문제집으로는 유아가 연산을 숙달하기 어렵답니다. 아이가 초등학교에 입학한 뒤에 풀 것을 추천합니다.

사고력 수학 문제집

수학 문제라는 단어를 들었을 때 어떤 문제가 떠오르나요? 아마 대부분의 사람들이 연산 문제나 학교에서 배운 개념이나 원리를 알고 있는지 확인하는 문제를 떠올릴 거예요. 그렇다면 사고력 수학 문제는 어떨까요? 사고력 수학에서는 개념을 알고 있는지를 직접적으로 물어보지 않아요. 아이가 배운 개념과 원리를 바탕으로 생각하고 응용할 수 있는지를 확인한답니다.

사고력 수학 문제는 일반적인 문제와 어떻게 다를까요?

유아를 대상으로 한 사고력 수학 문제집은 다양한 주제와 소재로 아이들의 흥미를 유발해요. 숨은그림찾기나 미로 찾기 등, 어른이 보기에는 "이게 수학 문제가 맞아?" 하고 고개를 갸우뚱하게 만드는 문제들로 구성되어 있지요. 하지만 모두 수학적 사고력을 요하는 문제들이랍니다. 재미있는 퀴즈나 놀이처럼 보이는 문제들을 풀면서, 아이들은 수학을 재미있다고 생각하고 자신감을 갖게 되죠. 수학 실력 향상은 물론이고요.

사고력 수학이 처음 도입되었을 때는, 성적이 최상위권인 아이들이 경시대회 준비를 위해 다니는 사고력 수학 학원에서만 좋은 문제들을 풀 수 있었답니다. 그런 최상위권 아이들을 따라 상위권 아이들도 사고력 수학을 접하기 시작했고, 이어 중상위권, 중위권 아이들에게 점차 퍼져 나가며 사고력 수학이 대중화되었지요. 예전에는 주로 학원에서 접할 수 있었지만, 지금은 집에서도 충분히 사고력 수학을 학습할 수 있게 되었답니다. 이런 상황을 반영하여, 요즘 시중에 나오는 문제집에는 학부모들이 가장 어려워하는 발문을 잘할 수 있도록, 친절한 설명을 더한 가이드북이 함께 구성되어 있습니다.

사고력 수학 문제집을 풀어야만 수학적 사고력이 커지나요?

우리가 수학을 공부하면서 얻고자 하는 것이 무엇일까요? 수학 문제를 풀면서 논리적으로 생각하는 경험을 쌓고, 이를 통해 수학적으로 생각하는 힘을 키우는 것이 수학의 가장 중요한 목표입니다. 이것을 바로 수학적 사고력이라고 부르지요.

수학적 사고력은 사고력 수학 문제집으로만 키울 수 있는 능력은 아니에요. 수학적으로 생각할 기회와 경험을 많이 쌓으면 자연스레 생긴답니다. 연산을 하면서도, 교구를 가지고 활동하면서도 생겨요. 보드게임을 하거나 수학동화를 읽으면서도 수학적 사고력을 키울 수 있고요.

다만 유아 사고력 수학 문제집은 아이가 알고 있는 수학 개념이 적은 상태에서도 수학적으로 생각할 기회를 끊임없이 제공하면서, 아이가 체계적으로 수학 경험을 쌓을 수 있도록 도와줍니다. 또한 재미있는 주제와 소재로 아이의 흥미를 유발하며, 다른 문제집에서는 보기 힘든 독특한 문제들로 아이의 두뇌를 자극하지요.

그냥 사고력 수학 학원에
보내면 어떻게 될까요?

보통 유명한 사고력 수학 학원은 출판사와 연결되어 있습니다. 예를 들면 타임교육이라는 교육회사 아래에 소마 사고력 수학 학원, 플레이팩토 공부방, 팩토 공부방이 있고, 출판부가 있어서 팩토, 팩토슐레, 팩토몬스터, 소마셈 등의 문제집이 나옵니다. 세부 내용은 다르지만 같은 회사에서 출판했기에 비슷한 느낌이 들 수 있습니다.

이렇게 전문 교육을 받은 선생님이 진행하던 사고력 수학을 비전문가인 부모가 집에서 시킨다고 생각해 보세요. 상상만 해도 피곤하다고 느껴

교육 회사의 학원 브랜드 및 출판 현황

창의와 탐구	
와이즈만 학원 와이키즈 학원	즐깨감 시리즈

시매쓰	
시매쓰 학원	1031 시리즈

타임교육	
소마 사고력 수학 학원 플레이팩토 공부방 | 팩토 공부방	팩토 | 팩토슐레 팩토몬스터 | 소마셈

지지 않나요? 그래서 '편하게 학원을 보내면 되지 않을까?' 하는 생각이 들기 마련입니다.

어떤 목표와 기대로 아이를 사고력 수학 학원에 보내는지에 따라 만족도가 크게 달라질 수 있어요. 결론부터 말씀드리자면, 사고력 수학 학원에 보내면서 더 이상 사고력 수학에 대한 걱정을 하지 않아도 된다는 기대를 한다면 실망할 가능성이 큽니다.

보통 유아 사고력 수학 학원은 일주일에 한 번, 60~90분씩 수업이 진행됩니다. 한 달에 네 번인 셈이죠. 선생님 1명과 4~6명, 많게는 8명의 또래 아이들이 함께 수업을 해요. 같은 반 아이들의 수학 실력이 비슷하면 다행이지만, 유아는 실력 편차가 큰 경우가 많아요. 만약 여러분의 아이가 반에서 가장 실력이 뛰어나다면 다른 친구들이 문제를 해결할 때까지 기다려야 하기 때문에 아쉽고, 실력이 뒤처진다면 학원에서 시간만 때우다 올 가능성이 높아 더 아쉽지요. 또한 유아 시기의 아이들은 각자 뛰어난 수학 영역이 서로 다른 경우도 많아요. 수와 연산에 대한 이해와 습득이 빠르지만 도형 부분이 취약한 아이가 있고, 반대로 도형은 빠르지만 수와 연산에서 힘들어하는 아이들이 있지요. 학원에서는 이렇게 서로 다른 아이들이 한 반에 모여 있을 확률이 매우 높다는 점을 감안해야 해요.

그렇기 때문에 학원 등록을 결정하기에 앞서 우리 아이의 성향을 가장 먼저 생각해야 해요. 한 반에 아이들 여럿이 함께 수업을 하는 학원의 특성상, 적극적이고 자신의 의견을 잘 표현할 줄 아는 아이일수록 좋은 효과를 얻을 수 있답니다.

아이를 사고력 수학 학원에 보내기로 결정했다면, 너무 많은 것을 기대하지 마세요. 선생님, 친구들과 함께 재미있게 수학 활동을 하고 오기를 바라는 정도의 기대감이면 충분해요.

가장 중요한 사실! 학원에 보낸다고 해서 엄마표 수학을 놓아 버려선 절대 안 됩니다. 더 세심하게 바라봐야 해요. 학원에서 학습하는 내용이 무엇인지, 어떤 방식으로 학습하는지, 사용하는 교재는 무엇인지를 제대로 파악하고, 아이가 어려워하거나 부족한 부분을 찾아 도와줘야 해요. 특히 사고력 수학 학원에서는 연산을 책임져 주지 않기 때문에 집에서 꾸준하게 연산 활동을 해야 하고요.

아이가 무엇을 알고 무엇을 모르는지, 무엇을 좋아하고 무엇을 싫어하는지, 어떤 환경에서 잘 집중하는지 등, 아이에 대해 가장 잘 아는 사람은 바로 부모입니다. 학원에서 90분 동안 진행하는 활동을, 집에서는 집중력을 발휘해서 단 10분 만에 끝낼 수도 있지요. 그러니 하루에 한 번, 10분씩이라도 아이와 함께 수학 활동을 해 주세요. 방법은 제가 알려 드릴게요.

우리 아이에게 맞는 사고력 수학 문제집

사고력 수학 문제집을 고를 때는 우선 연령을 고려해야 해요. 여기서 말하는 연령은 아이의 생일에 따른 나이가 아니라, 아이의 발달 수준으로 파악합니다. 아이가 문제를 조금 어려워하지만 풀어낼 수 있다면, 아이의 수준에 맞는 문제집이라 할 수 있어요. 그 다음으로 각 문제집의 특징을 파악해서 아이에게 맞는 문제집을 선택하면 됩니다.

단, 연산 능력 향상을 목적으로 사고력 수학 문제집을 선택해서는 안 됩니다. 사고력 수학 문제집에도 수와 연산 영역이 있어요. 하지만 기본 연산 문제집에 비해 원리 이해보다는 응용 문제들이 많기 때문에 적합하지 않아요.

아래 그래프는 시중에서 많이 사용하는 사고력 수학 문제집을 연령과 구성별로 정리한 것입니다. 그래프 속 '꿀쌤 추천 연령'은 문제집에 표기된 연령과 살짝 차이가 나죠? 실제로 많은 아이들에게 각 문제집을 풀어 보게 하고, 아이들을 지도하면서 쌓은 데이터를 바탕으로 정리한 연령이랍니

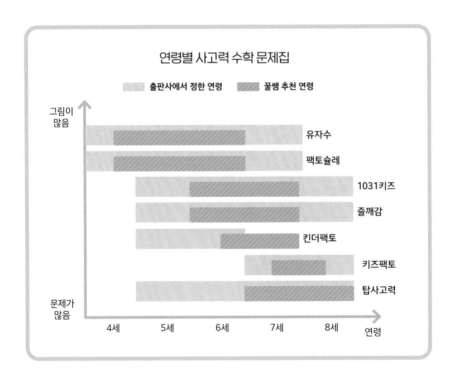

추천 사고력 수학 문제집

문제집	특징
유자수	• 쓰고 지우기 편한 종이 재질, 여러 번 사용 가능한 스티커를 사용해 활동을 다양하게 할 수 있어요. • 부록을 미리 자르지 않아도 되어 편리해요. **추천** 사고력 수학을 처음 시작하는 아이
팩토슐레	• 한 바닥에 활동 하나로 구성되어 있어요. 문제집이라기보다는 활동북 성격이 강해 재미있게 진행할 수 있어요. **추천** 사고력 수학을 처음 시작하는 아이
1031키즈	• 알록달록한 디자인에, 활동판, 주사위 도안들이 포함되어 여러 가지 게임을 할 수 있어요. **추천** 활동이 많이 포함된 문제집을 원하는 경우
즐깨감	• 그림이 많아 쉬워 보이지만, 보기와 달리 생각을 요하는 창의 사고력 문제가 많아요. **추천** 다양한 유형의 사고력 문제를 접하고 싶은 경우
킨더팩토	• 다른 사고력 문제집에 비해 교과 연계 비중이 커요. **추천** 한글을 읽을 수 있는 아이
키즈팩토	• 문제를 읽고 해석해서 해결해야 하는, 본격적인 사고력 문제로 구성되어 있어요. • 다양한 유형과 적당한 난이도로 완성도가 높아요. **추천** 《킨더팩토》를 완료한 아이 　　　 초등 1학년이지만 처음 사고력 수학을 하는 아이
탑사고력 수학	• 그림, 색감 등 문제집 구성과 편집이 여유로워 언뜻 보면 쉬워 보이나 문제의 난도가 높은 편이에요. **추천** 사고력 수학 문제를 푼 뒤, 같은 단계에서 심화 문제에 도전하고 싶은 경우

다. 평균적인 아이들을 기준으로 작성했으니 감안하고 봐 주세요.

사고력 수학을 시작하는 아이

유자수

사고력 수학을 처음 시작하려는 아이에게 추천합니다. 종이 질이 좋아 쓰고 지우기 편하고, 붙였다 뗄 수 있는 스티커로 한 가지 활동을 반복해서 진행할 수 있도록 구성되어 있어요. 아이의 수준에 맞게 난이도를 즉석에서 조절해 새로운 문제를 만들어 줄 수 있는 것도 장점입니다. 난이도는 평이한 수준으로 어렵지 않게 진행할 수 있어, 사고력 수학 문제집을 처음 접하는 아이에게 적합하답니다.

팩토슐레

문제집 한 바닥에 하나의 활동으로 구성되어 있어, 하루에 1~2개씩 계획을 세워 진행하기 좋아요. 문제집이라기보다 활동북에 가까운 스타일이라 아이가 재미있게 할 수 있어요. 1~3단계로 구성되어 있으며, 빠르면 4세부터 1단계를 시작해도 됩니다. 단, 2단계부터는 난도가 훌쩍 높아집니다. 2단계에서는 1부터 50까지의 수를, 3단계에서는 1부터 100까지의 수를 다룹니다. 아이가 가장 어려워하는 영역의 수준을 생각해 단계를 선택해야 부담 없이 진행할 수 있답니다.

아이들이 좋아할 만한 캐릭터가 등장하고 그림이 화려하기 때문에, 아이들은 《팩토슐레》를 수학책이 아니라 엄마와 함께하는 놀이책이라고 여기고 좋아하지요. 단, 활동 전에 활동북을 미리 오려 두는 등의 사전 준비가 필요합니다.

보고 만지는 수학과 지면 학습의 징검다리가 필요한 아이

1031키즈

재미있는 소재를 사용한 문제들이 돋보이는 문제집이에요. 하나의 활동을 마무리한 후, 다시 문제를 풀며 연습할 수 있게 구성되어 있어요. 소재가 다양한 만큼 활동 양은 물론이고 문제도 풍부해서 차근차근 진도를 나가기 좋습니다. 단, 부모가 사전에 준비해야 할 것이 많아 약간 번거로울 수도 있지요. 아이가 본격적으로 지면 학습을 시작하기 전에, 《1031키즈》와 같이 많은 활동으로 구성된 문제집을 먼저 진행하면, 아이가 지면 학습에 거부감을 느끼지 않을 거예요.

즐깨감

문제집 한 페이지 당 한두 문제로 구성되어 있고, 그림이 많아서 아이들이 거부감 없이 할 수 있어요. 몹시 쉬워 보이지만 보기와 다르게 생각과 응용력을 요하는 창의 사고력 문제가 많아요. 특히 《즐깨감 논리 수학 퍼즐》은 난도가 높지만 문제의 퀄리티가 좋아, 수학을 좋아하는 아이들에게 추가로 권하는 문제집이랍니다. 《즐깨감》은 문제 수에 비해 생각할 내용이 많은 만큼, 한꺼번에 여러 장을 푸는 것보다 하루에 한두 문제를 제대로 풀 것을 목표로 삼아 진행해 보세요. 다른 문제집을 풀다가 아이에게 부족한 영역이 드러나면, 해당 영역의 《즐깨감》 문제집을 추가로 진행해 부족함을 보완하는 것도 좋아요.

초등 입학 전, 본격적인 사고력 수학을 하려는 아이

《킨더팩토》, 《키즈팩토》, 《탐사고력 수학》은 활동의 비중이 크게 줄어들어 본격적인 사고력 수학 문제집답게 구성되어 있어요. 수학 문제는 스스로 읽고 해석해서 스스로 문제를 해결해야 학습한 의미가 있지요. 그러므로 아이가 한글을 읽고 해석할 수 있을 때 시작할 것을 권합니다. 그럼 하나하나 살펴보겠습니다.

킨더팩토

'1 큰 수', '1 작은 수', '9까지의 수'와 같이, 언뜻 보면 쉽게 느껴지는 용어와 문제로 이루어져 있어서 단계를 건너뛰는 경우가 많아요. 하지만 엄연히 사고력 수학 문제집이므로 생각을 요하는 문제가 많은 편이에요. 보기보다 난도가 있답니다.

제가 《킨더팩토》를 6세 후반~7세 아이에게 추천하는 이유는 초등 교과와 연계된 내용이 많기 때문이에요. 아이가 학교에 입학하기 전에 1학년 1학기 교과 수학 문제집을 미리 진행하는 것보다, 교과 내용을 커버할 수 있는 사고력 수학 문제들로 구성된 《킨더팩토》를 진행하는 것이 더 효과적이랍니다. 아이가 7세이지만 아직 한글을 읽지 못한다고 마냥 기다릴 수는 없어요. 《즐깨감》 등 그림으로 문제를 유추할 수 있는 문제집을 먼저 진행하다가 한글을 익힌 뒤, 《킨더팩토》를 진행해야 해요. 만약 한글을 깨치지 못했다면, 부모가 아이에게 문제만 읽어 주는 방식으로 진행할 수도 있어요. 단, 이때 문제의 조건이나 구해야 하는 내용을 강조하지 않고 읽어 주어야 한다는 점을 잊지 마세요. 68쪽, '가급적 스스로 생각하도록 도와주세요'를 다시 읽고 참고하세요.

키즈팩토

《키즈팩토》는 팩토 시리즈 중에서 가장 잘 만들어진 사고력 수학 문제집이라 할 수 있어요. 적당한 난이도에 다양한 유형을 갖춰, 매우 뛰어난 완성도를 자랑하지요. 교과 수학 문제집보다 더 다양한 방법을 통해 생각하고 응용할 수 있기 때문에, 《키즈팩토》를 제대로 풀어낸 아이는 초등학교 1학년 교과 문제집 또한 어려움 없이 풀 수 있답니다.

《키즈팩토》를 할 때 주의해야 할 점은 적절한 시기에 제대로 해야 한다는 점이에요. 그러나 현실에서는 많은 부모들이 마음이 급한 나머지 너무 일찍 아이에게 《키즈팩토》를 풀게 하고, 결국 제대로 활용하지 못하게 되는 경우가 많아요. 《킨더팩토》 이후에 《키즈팩토》를 시작할 수 있도록 적절하게 계획을 세워야 합니다.

《키즈팩토》는 영역별로 원리편 A, B, C와 익힘책 개념인 탐구편 A, B, C로 구성되어 있어요. 어느 영역을 먼저 시작하는지는 중요하지 않지만, 원리편 A, B, C를 모두 끝낸 뒤 탐구편을 진행할 것을 추천합니다.

탑사고력 수학

팩토 시리즈에 비해 출간된 지 얼마 되지 않은 사고력 수학 문제집이에요. 그림과 편집 스타일이 예쁘고 빽빽하지 않아 쉬운 문제집으로 보일 수도 있지만, 비슷한 단계의 다른 사고력 수학 문제집과 비교했을 때 난도가 조금 더 높은 편이지요. 《즐깨감》이나 《킨더팩토》를 푼 뒤, 《키즈팩토》를 시작하기 전에 다양한 문제를 더 많이 풀어 보고 싶거나 난도가 높은 문제에 도전하고 싶어 하는 아이에게는 《탑사고력 수학》 K 단계를 추천합니다. 만약 《키즈팩토》를 풀면서 어려워하거나 다음 단계로 넘어가는 것에 부담을 느끼는 아이는 《탑사고력 수학》 P 단계를 푸는 것이 좋습니다.

처음으로 사고력 수학 문제집을 진행할 때 주의할 점

첫째, 한글을 완전히 습득하지 못했다면, 부모가 문제를 읽어 주세요. 단, 이 방식으로 오랜 기간 진행하지 않도록 합니다.

둘째, 처음은 아이가 좋아하는 영역이나 쉬운 영역부터 시작합니다. 보통 도형 영역으로 시작하는 것이 무난합니다.

셋째, 아이가 문제를 어려워하며 도움을 청할 경우, 문제를 풀어 주기보다는 힌트를 조금씩 주세요.

넷째, 사고력 수학은 정답을 맞히는 것보다 문제를 해결하는 과정이 중요합니다. 문제를 해결할 수 있는 모든 경우의 수를 다 구할 수 있도록 유도하는 한편, 서로 이야기하며 어떻게 풀었는지 과정을 확인하세요.

다섯째, 아이의 체력과 시간이 충분해야 합니다. 너무 많은 학원 수업이나 활동으로 아이가 지쳐 있으면, 사고력의 핵심인 '생각하고 고민하는' 행위 자체가 귀찮아지게 됩니다. 제가 가르치는 아이 중에는 제가 도움을 주려 해도 "선생님, 잠깐만요, 알 것 같아요."라면서 문제를 혼자 풀고자 하는 의욕이 넘치는 아이가 있었는데, 어느날인가부터 제게 의지하며 질문으로 해결하려 들기 시작하더군요. 어떻게 된 건가 상담했더니, 학원을 많이 다니게 되었다고 하더라고요. 바쁜 스케줄에 몸과 마음이 지쳐 문제 하나에도 깊게 생각할 여유가 없어진 거죠. 아이의 육체적·정신적 체력이 충분하도록 스케줄을 짜 주세요.

그 외에 필요한 엄마표 유아수학의 도구들

앞서 소개한 필수 도구만큼이나 중요한 도구를 소개합니다. 여기서 소개하는 수학동화, 종이접기, 보드게임 등을 하다 보면 아이의 수학적 사고력이 쑥쑥 자라는 것을 몸소 느끼게 될 거예요.

수학동화:
수학 용어 샤워시키기

'수학동화' 하면 어떤 이미지가 떠오르나요? '재미없다', '내용이 뻔하다',

'스토리가 매끄럽지 않다', '애들이 별로 좋아하지 않는 듯하다', 이런 부정적인 이미지가 떠오르진 않나요? 사실 다 어느 정도는 맞는 말이에요.

왜 수학동화는 어색할까요? 정해진 수학 주제에 맞춰 스토리를 만들어 내서일까요? 그럴 수도 있겠지만, 많은 사람이 수학동화를 어색하다고 느끼는 가장 큰 이유는 바로 일상적이고 익숙한 상황에서 익숙하지 않은 수학 용어가 사용되기 때문입니다.

우리가 평소 사용하는 일상 용어는 수학 용어와 조금, 아니 많이 달라요. 아이가 문제집을 풀 때 가만히 들여다보세요. '1보다 1 더 큰 수는?'이라는 문제가 나오면, 아이는 모른다고 합니다. '1에서 2만큼 점프한 수는?' 이 문제 역시 모른다고 할 거예요. 우리는 이러한 아이의 반응을 답답하다고 여길 것이 아니라 당연한 일임을 알아야 해요. 수학 용어는 일상에서 잘 사용하지 않아서 아이들에게는 어색하고 뜻도 이해하기 어렵지요. 일상에서 "엄마가 초콜릿 10개씩 3묶음, 낱개 2개를 사 왔어."라고 말하는 일은 없으니까요. 하지만 수학동화에서는 가능합니다. 그리고 그 점이 수학동화를 권장하는 이유입니다.

문제집에서 수학 용어를 처음 만나는 아이들은 "이게 무슨 말이야?"라며 고개를 갸웃거립니다. 결국 부모가 한참을 아이와 씨름하며 낯선 수학 용어의 뜻을 설명을 해 줘야 하죠. 이런 시행착오를 줄이려면 평소에 아이가 수학동화를 읽으면서 수학 용어를 접할 수 있게 해 줘야 해요. 이를 저는 '수학 용어 샤워'라고 표현합니다. 충분한 수학 용어 샤워 없이 엄마표 수학을 진행하기란 힘듭니다.

실제로 유아수학교육에서 수학 그림책을 활용하면 유아의 수학적 능력을 향상시키는 데 효과가 있다는 연구 결과가 많습니다. 또한 수학동화를 읽으면서 국어의 가장 큰 난제인 비문학 지문을 미리 경험한다고 생각해도 좋고요.

영역별로 추천하는 수학동화를 129~132쪽에 정리했으니 참고해 주세요.

수학동화를 제대로 읽는 법

수학동화는 여러 번 반복해서 읽어야 합니다. 우선 이야기에 먼저 빠져들어야 해요. 대부분의 수학동화가 우리 주변에서 일어나는 일을 소재로 사용하고 있어 아이들도 이해하기 쉬워요. 다만 한 번 읽었을 때에는 겨우 줄거리 정도만 기억에 남을 거예요.

두 번째로 읽을 때, 처음 읽었을 때 놓쳤던 상황이나 문장에 집중해 봅니다. 보통 수학동화에는 그림이나 어휘가 반복해서 나오기 때문에 각 이야기에서 무엇을 강조하고 있는지 쉽게 알 수 있어요. 그러므로 반복되는 부분에 집중해서 읽어야 합니다. 두 번째로 읽은 후에는 부모와 아이가 함께 이야기를 나눕니다. 이때 부모는 아이에게 동화에서 어떤 수학적 문제 상황이 나왔는지 물어봅니다. "세모, 네모 바퀴만 있는 수레에는 무슨 문제가 생겼어?"

몇 번 더 읽어서 줄거리와 용어에 익숙해지면, 활동을 해 봅니다. 동화 속 등장인물이 한 행동을 따라 해 보고, 어떤 행동을 계속 반복하고 있는지 이야기를 나누는 거죠. 혹은 동화에 나왔던 장면 중에서 한 페이지를 재구성해 보는 것도 도움이 됩니다. 예를 들어 세모나 네모 바퀴 말고 다른 모양으로 바퀴를 만들면 어떻게 될까 생각해 보는 거죠.

모든 동화를 수학동화로 만드는 발문의 힘

수학동화의 장점은, 부모님이 특별히 고민하지 않아도 아이의 수준에 맞는 수학 용어를 적절하게 노출해 줄 수 있다는 점입니다. 전집을 구매하면 더욱 체계적으로 다양한 영역의 수학 용어를 자연스럽게 체득하게 할 수 있겠지요.

사실 일반 동화도 얼마든지 수학동화처럼 활용할 수 있습니다. 스토리에 적절한 발문을 부모님이 만들어 주면 됩니다. 유명 동화《파도야 놀자》를 예로 들겠습니다. 글자 없이 그림만 있는 동화로, 파도를 무서워하던 소녀가 점차 마음을 열어가는 간단한 이야기를 생생한 그림으로 나타낸 것입니다. 이 동화를 보며 다음과 같은 발문을 할 수 있습니다.

"이 친구는 어떤 행동을 하고 있어?"

"친구 행동을 따라 해 볼까?"

"어떤 행동이 가장 재미있었어?"

아이는 부모의 발문을 듣고 고민하는 과정에서 생각하는 힘을 기르고, 말로 표현해 보는 훈련을 합니다.

여기에 '수학적으로 의미 있는' 발문을 추가해 볼게요. 다음은 규칙성 영역의 발문 예시입니다.

"모두 몇 가지 행동이 나오지?"

"두 가지만 골라서 반복해 볼까?"

이러한 발문과 함께 놀이를 해 본다면, 아이는 재미있게 규칙과 관련된 활동을 경험할 수 있겠지요.

수와 연산 영역에서도 마찬가지로 발문을 할 수 있어요.

"새는 모두 몇 마리니?"

"왼쪽 페이지의 새와, 오른쪽 페이지의 새를 합하면 모두 몇 마리일까?"

앞서 말씀드렸지만 이 발문들은 동화를 여러 번 읽은 후에 진행해야 합니다. 처음 읽을 때는 스토리에만 집중하도록 해 주세요.

추천 수학동화: 수와 연산

제목	내용
숫자가 사라졌어요 로렌 리디 글·그림 | 노은정 옮김 | 웅진주니어	어느 날 갑자기 숫자가 사라진다면? 상상력을 자극하는 흥미진진한 숫자 실종 사건을 다룹니다.
즐거운 이사 놀이 안노 미쓰마사 글·그림 | 박정선 옮김 | 비룡소	10명의 꼬마들이 왼쪽 집에서 오른쪽 집으로 이사 가며 생기는 변화를 재미있게 살펴보면, 수와 양의 감각을 기를 수 있습니다.
자꾸자꾸 초인종이 울리네 팻 허친즈 글·그림 | 신형건 옮김 | 보물창고	맛있는 간식을 먹으려 하는데, 계속 친구들이 와서 내가 먹는 양이 줄어듭니다. 나눗셈의 원리, 나눔의 기쁨에 대해 생각해 보게 돕습니다.
함께 세어 보아요 안노 미쓰마사 글·그림 | 마루벌	글자 없는 동화책. 그림으로 재미있게 숫자를 익힐 수 있습니다. 계절의 변화가 느껴지는 따뜻한 마을을 소재로 합니다.
아기문어 베이크의 계산 틴맨 글·그림 | 홍선호 감수 | 우리책	8개의 다리로 계산을 빠르고 정확하게 하는 아기 문어 이야기입니다. 연산을 재미있게 생각할 수 있습니다.

추천 수학동화: 도형

제목	내용
논리수학 안노 미쓰마사 글·그림 | 한림출판	다양한 문제를 통해 추리력, 관찰력, 사고력을 키울 수 있습니다. 도형 만들기, 비교, 확대와 축소 등 수학의 기본 개념을 이해한 후 논리적으로 문제를 풀 수 있도록 도와줍니다.
늑대가 들려주는 아기 돼지 삼형제 김선희 글 | 백선웅 그림 | 뭉치	아기 돼지 삼형제가 집을 짓는 과정을 통해 점, 선, 면의 개념과 세모, 네모, 원 모양의 도형에 대해 이해할 수 있습니다.
그림자 놀이 이수지 글·그림 | 비룡소	아이가 어둠 속에서 딸깍 불을 켜면 그림자 놀이가 시작됩니다. 그림자의 형태만 보고 어떤 사물이나 동물일지 상상해 보며 모양인지능력을 키웁니다.
앨리스의 도형 찾기 윤지연 글 | 박혜진 그림 | 을파소	호기심 많은 소녀 앨리스의 모험을 함께하며 선, 각, 평면도형의 개념에 대해 이해합니다.
점이 뭐야? 김성화·권수진 글 | 한성민 그림 | 만만한책방	크레파스로 그린 듯한 예쁜 그림의 동화입니다. 점, 선, 면, 각, 공간 등의 기본적인 수학 개념을 상상력 넘치는 방식으로 재미있게 설명합니다.

추천 수학동화: 측정

제목	내용
언제까지나 너를 사랑해 로버트 먼치 글 | 안토니 루이스 그림 | 북뱅크	엄마의 자식 사랑을 표현한 동화로 "너를 사랑해. 언제까지나."가 반복됩니다. 수학동화는 아니지만, '자란다'라는 시간의 흐름 개념을 알려 주기에 적합합니다.
딸꾹질 한 번에 1초 헤이즐 허친스 글 | 케이디 맥도널드 덴톤 그림 | 북뱅크	시간의 흐름에 따른 우리와 주변의 일상을 표현하여 시간에 대한 개념을 알려 줍니다.
자꾸자꾸 시계가 많아지네 팻 허친즈 글·그림 | 보물창고	시계 보는 법을 모르는 '히긴스 아저씨' 이야기. 재미있게 읽으며 시각과 시간에 대해 생각해 볼 수 있습니다.
손 큰 할머니의 만두 만들기 채인선 글 | 이억배 그림 | 재미마주	매 해 설날마다 만두를 빚는 할머니. 만두를 만드는 과정을 따라가다 보면 여러 측정을 간접적으로 경험합니다.
아기 사자의 신나는 하루 강태욱 글 | 김복태 그림 | 한국헤밍웨이	아기 사자가 하루 동안 있었던 일들을 떠올리며 잃어버린 목걸이를 찾는 이야기입니다. 시간의 흐름과 일의 순서를 자연스럽게 이해할 수 있습니다.
공사장의 일 년 니콜라스 해리슨 글 | 잉크링크 그림 | 여원미디어	1년 동안 학교 건물이 지어지는 과정을 보여 줍니다. 아이들이 좋아하는 장비들이 많이 나오고, 다양한 사건들이 흥미롭게 펼쳐집니다.
왜 내 것만 작아요? 박정선 글 | 박우희 그림 | 시공주니어	귀여운 곰돌이 캐릭터를 소재로 '크다/작다', '많다/적다' 등 여러 가지 비교 개념을 배울 수 있습니다.

추천 수학동화: 규칙성과 문제 해결

제목	내용
조각 이불 앤 조나스 글·그림 | 비룡소	소녀가 어릴 적 썼던 커튼, 이불, 잠옷 등이 규칙적으로 기워져 있습니다. 규칙이 주는 아름다움을 생각해 볼 수 있습니다.
꼬마 고슴도치 라야의 목걸이 틴맨 글·그림 | 우리책	꼬마 고슴도치 라야가 친구들과 함께 색깔 구슬을 주워 규칙 목걸이를 만들어 코끼리에게 선물하는 이야기입니다.
달코미 아저씨와 빵 만들기 대회 박정선 글 | 서현 그림 | 시공주니어	달코미 아저씨가 빵 만들기 대회에 출전해서 1등을 하는 이야기. 규칙에 대한 개념을 이해하게 돕습니다.
할까 말까? 김희남 글 | 윤정주 그림 | 한솔수북	일상생활에서 선택의 기로에 놓일 때가 많습니다. 어떤 선택을 했을 때 최선의 방법이 될지 생각해 보는 경우의 수에 대한 동화입니다.

종이접기로 하는 수학

작은 손으로 색종이를 꼭꼭 눌러 가며 종이접기에 몰두하는 아이의 모습이 예쁘기만 합니다. "엄마, 이거 꽃이에요." 아이는 활짝 웃으며 작은 손 위에 놓인 종이 꽃을 내밉니다. 네모난 종이가 앙증맞은 꽃으로 다시 태어나는 순간이죠. 아이와 엄마의 마음에도 예쁜 꽃이 피어납니다.

종이접기는 왜 할까요? 일반적으로는 손과 눈의 협응력, 소근육 발달,

창의력 발달 등에 좋다고 알려져 있지요. 하지만 수학 강사의 입장에서 종이접기를 추천하는 가장 중요한 이유는, 순서를 생각하고 구현하는 과정을 통해서 공간 시각화 능력이 향상되기 때문입니다. 공간 시각화 능력이란, 공간(평면 혹은 입체)에서 물체의 움직임으로 인한 변화를 상상하고 추론하는 능력이에요. 직접 구체물을 만져 보고, 상상하고, 상상한 대로 구현하는 과정을 통해서 향상됩니다. 종이접기는 이 모든 과정이 포함된, 아주 매력적인 활동이지요.

　종이접기 관련 문제는 교과서와 문제집에도 자주 등장합니다. 그 밖에 영재원 수업, 경시대회 문제에서도 볼 수 있지요. 저는 아이들이 문제집 속 문제로 처음 종이접기 도안을 만나게 되지 않길 바랍니다. 실제로 수업을 해 보면 어른이 보기엔 뻔한 화살표인데도 아이들은 어떤 방향으로 접어야 하는지, 접힌 부분이 어디인지 전혀 감을 잡지 못하는 경우가 많아요. 즉 많은 아이들이 어려워하기 때문에 심화 및 경시 문제로 종종 출제된답니다. 하지만 일상에서 종이접기를 즐기는 아이에게는 너무 쉬운 상식 문제일 따름입니다.

종이접기 진행하는 방법

　우선 유튜브 종이접기 채널은 시청하지 않도록 합니다. 영상을 보며 따라서 종이접기를 하면 공간 시각화 능력이 길러지지 않아요. 종이접기 책을 보고 따라서 만들어 봐야 합니다. 책 속 평면을 입체적 활동으로 구현하는 경험이 공간 시각화 능력 향상에 도움을 준답니다. 그뿐만 아니라 책의 도안을 통해 도형 파트에서 약속된 기호들, 즉 뒤집고 돌리는 형태의 기호들에 대해 배울 수 있습니다. (추후 문제집에서 도형 문제를 만났을 때 큰 도움이 되겠죠.)

그렇다면 어떤 종이접기 책을 사면 좋을까요? 당연히 아이 수준에 맞는 책을 선택해야 합니다. 보통 제목에 '첫 종이접기' 혹은 '처음으로 하는'이라는 문구가 붙어 있으면 무난합니다. 또한 아이가 좋아하는 소재가 많은 책을 고르세요. 강아지를 좋아한다면 강아지 종이접기, 팽이를 좋아한다면 팽이 종이접기가 많은 책이 좋겠죠. 이왕이면 서점에서 직접 책을 보세요. 깔끔하고 알아보기 쉽고 중간 과정이 잘 묘사된 책으로 선택합니다.

자, 그럼 아이와 종이접기를 해 볼까요? 먼저 아이가 책을 직접 보고 원하는 도안을 고르게 합니다. 이때 엄마가 미리 종이접기로 만든 실물을 여러 각도에서 보여 주는 것도 좋습니다. 평면의 종이가 입체로 어떻게 변할지 상상하고 구조화하는 과정, 다양한 각도에서 바라보는 경험이 공간 시각화 능력을 향상시킬 것입니다.

종이접기를 하다 보면 어느 순간 도안과 달라지는 경우가 생깁니다. 그럴 때는 처음부터 다시 시작하기보다는 어디에서 잘못된 것인지를 생각하며 도안을 거꾸로 따라가 보도록 합니다. 처음에는 함께 찾아보지만, 7세 이후에는 아이 스스로 잘못된 부분을 찾아 고칠 수 있도록 하는 것이 좋아요. 아이가 잘못된 부분을 고치는 것을 성공하면 "아, 이번에도 하나 배웠네. 처음부터 다시 했으면 아까울 뻔했다. 네가 잘 찾아 주어서 다행이야."라는 말로 칭찬합니다. 만약 아이가 잘하지 못해 결국 부모가 도와주더라도, 실패에 대한 부정적인 생각을 갖지 않도록 격려해 주세요. 시행착오 속에서 우리 아이들은 성장하기 마련이니까요.

성취감을 맛보게 하는
보드게임

저는 가족끼리 즐기는 보드게임을 적극 권유합니다. 백 번이고, 천 번이고 아이가 원한다면 계속해도 좋아요. 보드게임의 여러 가지 이점 때문입니다.

우선 기억력 발달에 좋습니다. 보드게임의 규칙을 외우고 점수를 계산하며 기억력이 발달합니다. 유아 보드게임은 규칙이 단순한 메모리게임이 많아서 더 효과적이지요. 가끔 초등 수업 쉬는 시간에 아이들과 메모리게임을 할 때가 있어요. 게임을 하다 보면 수학 점수와는 무관하게 메모리게임을 정말 잘하는 친구가 눈에 띄기도 해요. 너무 신기해서 비법을 물어보면, "아래쪽부터 위쪽으로 외웠어요.", "대표 색깔 2개를 기억하고 있었어요." 등 아이들마다 다른 대답을 내놓더라고요. 저마다의 전략이 있는 겁니다. 메모리게임을 많이 해 본 친구는 어떻게 기억하는 것이 더 좋은지 고민하고, 자기만의 전략을 만들어 갑니다. 이 능력은 수학뿐만 아니라 다른 과목을 공부할 때, 나아가 일상생활에서도 엄청난 힘을 발휘한답니다.

그뿐만 아니라 승부욕과 과제집착력을 기르는 데도 좋습니다. 문제를 풀다가 오답이 많아지면 자신감도 떨어지고 계속하고자 하는 의지 역시 사라집니다. 반면 보드게임에서는 오답이 없죠. 목표를 위한 과정일 뿐이니까요. 보드게임을 신나게 하며 아이가 승리의 경험을 맛볼 수 있게 해 주세요.

또한 아이에게 정해진 규칙을 지켜야 한다는 인식을 심어 줄 수 있어요. 규칙과 조건대로 움직여야 하는 보드게임은 유아에게 결코 쉽지 않습니다. 그러나 규칙을 지켜야 모두가 즐겁게 게임을 할 수 있다는 사실을 알게 될 거예요. 이렇게 정해진 규칙을 지켜야 한다고 인식하는 것에서부터 아이는 한 뼘 더 자랄 수 있답니다.

수학과는 관련이 없지만, 가족 관계를 위해서도 좋습니다. 비단 유아 때뿐만 아니라 학생은 물론이고 청소년기, 나아가 성인까지, 가족 모두가 함께할 수 있기 때문이죠. 독일의 경우 집에 보드게임 방이 있을 정도로 가족 보드게임 문화가 발달되어 있습니다. 어린아이와 할아버지, 할머니가 둘러앉아 보드게임에 집중하는 장면도 심심치 않게 볼 수 있습니다.

보드게임 고르는 팁

가장 먼저 권장 연령을 확인하세요. 재미있어 보인다는 이유로 권장 연령이 아이의 나이보다 높은 보드게임을 구입하는 경우가 있는데, 결국 먼지만 쌓입니다. 권장 연령을 무시하고 억지로 진행할 경우 아이에게 보드게임은 어려운 것이라는 인식이 생길 수 있으니, 반드시 연령대에 맞는 보드게임을 선택해 주세요.

수와 연산에 관한 보드게임보다는 색이나 모양 분류와 관련된 메모리 게임을 추천해요. 관찰력과 집중력을 키우는 데 도움이 된답니다. 규칙은 간단하지만 다양한 경우의 수가 나오는 것, 화려하고 복잡한 그림보다는 단순한 그림으로 구성된 것이 좋아요.

가끔 두뇌 발달에 좋다는 마크가 붙은 신제품이 눈에 띄기도 할 거예요. 그러나 학습적인 면을 너무 강조한 보드게임은 아이가 싫어할 확률이 높아요. 아이들은 부모가 학습을 위해서 보드게임을 샀다는 사실을 귀신 같이 눈치챈다는 사실을 기억해 주세요. 또한 규칙이 너무 복잡하면 부모도 규칙에 익숙하지 않아 원활하게 진행하기 힘들 수 있습니다. 부모에게 익숙하거나 어렵지 않은 보드게임을 선택해 위험부담을 낮춥니다.

마지막으로, 10개의 보드게임을 한 번씩 하는 것보다 1개의 보드게임을 열 번씩 플레이하는 편이 더 낫답니다. 규칙에 익숙해지고 경험이 쌓일 때마다 아이가 자신만의 승리 전략을 생각하게 됩니다.

보드게임을 아이에게 소개하는 방법

보드게임이 집에 왔습니다. 너무 재미있겠다는 기대감에 빨리 아이와 해 보고 싶겠지요. 그런데 보드게임을 섣불리 아이에게 들이밀면 되레 흥미가 떨어질 수도 있고, 혹은 규칙이 어렵다는 생각에 하기 싫어할 수도 있어요. 이런 일이 없으려면 보드게임을 아이에게 계획적으로 보여 줘야 해요. 보드게임 소개도 전략입니다.

❶ 먼저 보드게임 상자의 그림을 보고 아이와 대화를 나누어 보세요. 유아용 보드게임에는 게임의 주제와 관련된 특정 스토리가 있어요. 아이들이 마음껏 상상할 수 있도록 "어떤 그림이 있어?", "무슨 일이 있는 걸까?" 등의 질문을 던지며 생각을 유도하세요.

❷ 보드게임을 열기 전, 아이가 눈을 감게 합니다. 그리고 보드게임을 흔들어 소리를 들려줍니다. "어떤 소리가 들리지?", "무엇이 들어 있을까?" 등의 질문을 통해 기대감을 높여 주세요.

❸ 상자를 열어서 잠깐 보여 주고 다시 상자를 닫습니다. "나무 뒤에 있던 친구는 누구였지?" 등의 질문으로 아이의 주의력과 집중력을 환기합니다.

❹ 구성품을 꺼내며 상자에 있는 그림과 맞추어 보세요. 각 구성품이 왜 들어 있는지 생각하며 함께 이야기를 나눕니다. 유아 보드게임에는 상징적인 의미를 지니는 구성품이 많이 들어 있기에 이런 대화를 나눌 수 있답니다.

❺ 게임의 규칙을 하나씩 익혀요. 한꺼번에 모든 규칙을 적용하기보다는, 쉬운 규칙부터 하나씩 추가해 주세요. 길을 만드는 보드게임을 예로 들어 설명할게요. 직선 길, 십자 모양 길, ㄱ 자로 꺾인 길, 이렇게 세 종류의 길이 있습니다. 우선 아이가 길을 종류별로 분류하게 합니다. 길 카드 여러 장을 뒤집어 쌓은 더미를 만든 후 하나씩 가져와서 길을 연결해 봅니다. 이 과정을 통해 아이는 막힌 곳은 연결할 수 없다는 규칙을 인지할 수 있습니다. 여기에 더해 "어느 길로 가고 싶어?", "이 길로 가면 어떤 일이 일어날까?" 등 보드게임 속 스토리를 떠올리며 아이가 상상의 나래를 펼칠 수 있도록 돕습니다.

아이는 이러한 일련의 과정을 통해 보드게임의 구성과 스토리와 규칙 등을 이해할 수 있어요. 또한 마음대로 가지고 노는 장난감과 달리 정해진 규칙이 있다는 점을 알려 주며, 아이의 인지능력도 함께 기를 수 있습니다.

아이와 보드게임을 하는 방법

규칙을 다 익혔다면, 본격적으로 보드게임을 시작합니다. 유아는 아직 감정을 조절하는 능력이 미숙하기 때문에 지거나 질 것 같으면 화를 내거나 울게 됩니다. 울음을 꾹 참고 있는 5세 아이는 상상만 해도 짠하죠.

추천 보드게임

보드게임	발달 능력	추천연령
아기 돼지 삼형제	의사소통, 논리력, 문제해결	만 3세 이상
펭글루	분류, 색 인지, 기억력	만 4세 이상
보물의 섬, 카루바	전략사고력, 공간지각력, 문제해결	만 4세 이상
토끼 달리기 경주 게임	측정, 신체조절력, 변별력	만 4세 이상
쏙쏙 키재기 벌레	측정, 색 인지, 신체조절력	만 4세 이상
만칼라	논리력, 전략사고력, 문제해결	만 5세 이상
달팽이 경주	분류, 논리력, 전략사고력	만 5세 이상
가블리트 가블러즈	전략사고력, 기억력, 문제해결	만 5세 이상
스킵피티	전략사고력, 논리력, 문제해결	만 5세 이상
코잉스	공간지각력, 관찰력, 문제해결	만 5세 이상
컬러코드	분류, 관찰력, 논리력	만 5세 이상
픽미업	분류, 관찰력, 순발력	만 5세 이상
할리갈리	분류, 관찰력, 순발력	만 6세 이상
젬블로	전략사고력, 논리력	만 6세 이상
도블	분류, 관찰력, 순발력	만 6세 이상
세트	분류, 관찰력, 변별력	만 6세 이상
마법의 미로	의사소통, 기억력, 문제해결	만 6세 이상
뒤죽박죽 서커스	분류, 신체조절력	만 7세 이상
다빈치코드	추리력, 전략사고력	만 7세 이상
우노	분류, 관찰력, 순발력	만 7세 이상

아이는 아이답게 우는 겁니다. 그러니 화내거나 울음을 터뜨리는 모습에 안타까워하기보다는 '우리 아이가 성장하고 있구나. 이런 기회가 있어 다행이다.'라고 생각하며 격려해 주세요. 동시에 아이의 성장을 위해 엄마는 져서 속상한 감정을 조절하는 방법을 행동으로 보여 줘야 합니다. 이때 가능하면 티내지 않고 안타깝게 엄마가 게임에서 져 주세요. 그리고 나서 졌을 때 보이면 좋은 바람직한 태도를 보이고 말을 해 주는 거죠.

물론 매 게임 아이가 모두 이길 수 있도록 해야 하는 것은 아닙니다. 가끔은 좌절의 경험도 필요합니다. 아이가 지면, 엄마가 졌을 때 상황을 상기시킬 수 있도록 해 주세요.

아이가 감정을 다스린 후, 재도전하여 성공하는 성취감을 맛볼 수 있도록 해 주세요. 실패에 대한 회복탄력성을 기를 수 있을 겁니다.

엄마가 졌을 때 하면 좋은 말

- "서진이가 이겼네? 축하해. 아, 엄마도 더 잘할 수 있었는데 아쉽네."
- "속상하지만 재미있었어. 다음에는 다른 방법을 생각해 봐야겠다."
- "잘할 수 있는 방법을 알려 줘."
- "서진이처럼 규칙을 잘 지켜야겠네."
- "속상하지만 배웠네. 다음엔 더 잘할 수 있을 것 같아."

엄마가 이겼을 때 하면 좋은 말

- "엄마도 졌을 때 엄청 속상했는데 서진이도 속상하겠다. 그런데 울지도 않고 너무 기특하네."
- "서진이가 엄마 응원해 줘서 엄마가 이길 수 있었네. 고마워. 그래도 서진 이 실력은 정말 대단해."
- "여러 번 하니까 엄마도 실력이 느는 것 같네."
- "서진이랑 같이 게임해서 정말 재미있었어."

6

엄마표 유아수학의
로드맵은 이렇게 그립니다

자, 이제 마음의 준비가 되었나요? 5장 내용을 바탕으로 여러분은 교구 목록을 직접 작성하고, 우리 아이에게 필요한 교구와 문제집이 무엇인지 알게 되었을 거예요. 그렇지만 엄마표 수학을 시작하기에는 아직 막연하겠죠.

걱정 마세요. 6장에서는 엄마표 수학을 하려면 무엇을 어떻게 해야 하는지 알려 드릴게요. 지금부터 알려 드리는 내용들을 참고하여 '내 아이만을 위한 로드맵'을 만들어 보세요.

로드맵은 목표한 바를 달성하기 위한 구체적인 계획입니다. 로드맵을 제대로 짜서 성실하게 실천하면, 아이가 초등학생이 되었을 때 수학 때문에 고생하는 일은 없을 거예요.

우리가 만들어야 하는 로드맵의 목표는 크게 두 가지로 정리할 수 있습니다. 첫째, 아이가 초등학교에 입학하기 전에 수학을 제대로 경험하게 할 것. 둘째, 초등학생이 되어서도 수학을 재미있어 하고 잘하는 아이로 만들 것.

이 두 가지 목표를 조금 더 구체적인 수학 진도로 표현하자면, 아이가 초등학교에 입학하기 전에 1학년 과정에서 출제되는 심화 문제나 사고력 문제를 풀 수 있는 수준이라 할 수 있어요. 그렇다면 왜 입학 전에 1학년 과정을 학습하기를 권할까요? 이유는 간단합니다. 1학년 때 1학년 내용을 처음 접하면 어렵기 때문이에요. 1학년이 되어서 난생 처음 수학 원리와 개념을 배우게 되면, 개념을 익히느라 바쁜 나머지 응용 문제를 풀거나 연습을 할 시간이 절대적으로 부족하거든요. 반면, 해당 개념을 어느 정도 익힌 뒤라면 학교 수업 시간에 선생님의 가르침에 따라 정확하게 원리를 이해하고, 여유롭게 응용 문제를 풀 수 있어요. 또한 알고 있는 것을 재미있게 다시 배우니, 아이는 자신감이 생겨 수학 시간이 더 즐거워진답니다. 물론 로드맵을 제대로 만들면, 진도는 저절로 따라오게 되어 있어요.

자, 그럼 지금부터 로드맵을 만들어 볼까요? 로드맵을 만들기 위해서는 먼저 아이의 상태를 파악하고, 목표를 설정한 뒤, 이에 따른 구체적인 계획을 수립하는 과정이 필요합니다.

로드맵을 만드는 과정

아이의 상태 파악 → 목표 설정 → 구체적인 계획 수립

아이마다 상태가 다르기 때문에, 목표나 구체적인 실행 계획도 모두 다를 수밖에 없어요. 다음 내용을 잘 읽고, 우리 아이에게 딱 맞는 로드맵을 만들어 보세요.

로드맵의 구조 파악하기: 개념 익히기+능숙해지기

먼저 로드맵의 기본 틀부터 알아볼까요? '개념 익히기'와 '능숙해지기'를 병행하여 진행하는 것이 로드맵의 기본 틀입니다.

아이에게 처음으로 어떤 수학 개념을 이해시키기 위해 문제집부터 내밀어서는 안 돼요. 우선 '개념 익히기 활동'을 여러 번 하면서 수학 개념을 배운 다음, 문제집을 풀면서 개념을 활용함으로써 능숙해져야 하지요. 이 점을 잘 기억하고, '개념 익히기'와 '능숙해지기'를 잘 구성해 봅시다.

혹시 아이가 학원을 다니고 있고, 개념 익히기 활동은 학원에서 하는 것으로 충분하니 집에서는 문제집 풀이만 하면 된다고 생각할 수도 있어요.

로드맵의 기본 틀

개념 익히기	능숙해지기
보고 만지는 활동(2부) 수학동화 보드게임	개념 익히기 + 사고력 문제집, 연산 문제집

하지만 그걸로는 부족해요. 혹은 아이가 학원에 다니긴 하지만, 그 학원이 문제집 풀이를 전문으로 할 수도 있고요. 그렇게 되면 아이가 수학 개념을 제대로 배울 수 없습니다. 더군다나 문제집 위주의 학습은 아이의 수학 정서를 망치는 가장 큰 원인이랍니다. 유아 시기에는 '개념 익히기'는 보고 만지는 활동과 수학동화, 보드게임 위주의 개념 익히기 활동으로, '능숙해지기'는 개념 익히기 활동과 문제집 풀이로 해야 한다는 점을 잊으면 안 돼요.

이제 '개념 익히기 활동'과 문제집을 어느 정도로 해야 하는지 알아봅시다. 다음과 같은 비율이 가장 적절합니다. 아이의 연령이 어릴수록 개념 익히기 활동의 비율이 높고, 연령이 높을수록 문제집의 비율이 높아요.

5세 초반은 개념 익히기 활동이 수학 학습의 대부분을 차지하기 때문에 따로 그래프를 제시하지 않았어요. 6세 후반을 기준으로 이전에는 문제집보다 개념 익히기 활동의 비중이 훨씬 높고, 점차 문제집 비중을 늘려 간다고 생각하면 됩니다.

개념 익히기 활동과 문제집의 적절한 비중에 대해 이해했다면, 이번에

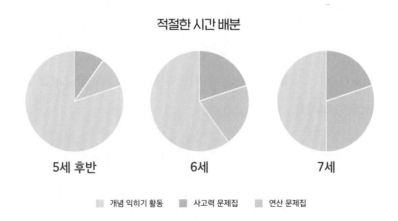

적절한 시간 배분

5세 후반　　　　6세　　　　7세

▨ 개념 익히기 활동　　▨ 사고력 문제집　　▨ 연산 문제집

는 다음 표를 참고하여 개념 익히기 활동과 문제집 풀이에 얼마나 시간을 할애하면 좋을지 확인해 보세요. 참고로 다음 표의 시간은 순수하게 활동이나 문제에 집중하는 시간입니다. 책을 펼치는 데만 10분이 걸릴 수도 있어요.

연령별 학습 시간

종류 \ 연령	5세	6세	7세
개념 익히기 활동	주4회 20분	주4회 25분	주4회 30분
연산 문제집	주2회 5분	주3회 10분	주3회 10분
사고력 문제집	주2회 5분	주2회 20분	주2회 30분

이 표는 앞서 제시한 개념 익히기와 문제집의 적정 비중에 따라 시간을 구성해 본 것입니다. 성취도나 학습 태도가 평균 수준인 아이를 기준으로 작성한 표이므로, 우리 아이에 맞게 비중과 시간을 조절해 주세요.

큰 틀을 짰다면, 이제 구체적인 학습 계획을 세울 차례예요. 지금부터 유아 시기의 아이가 풀기 좋은 문제집의 종류와 구체적인 로드맵에 대해 말씀드릴게요. 로드맵의 기본 틀과 연령별 학습 시간을 참고하면서 다음 내용을 읽어 보세요.

로드맵 짜기 1단계:
내 아이 들여다보기

아이가 개념 익히기 활동만 오랫동안 한 경우 효율성이 떨어질 수 있긴 하지만 아이에게 부작용이 나타나지는 않아요. 하지만 문제집은 다릅니다. 문제집 비중이 커지거나 잘못된 문제집 선택으로 인해 아이의 수학 정서가 흔들릴 수 있으므로 신중하게 선택해야 합니다. 주위에서 많이 추천하는 유명한 문제집이 우리 아이에게도 좋을까요? 온갖 정보를 검색해서 신중하게 고른 문제집이면 과연 우리 아이에게 잘 맞을까요? 문제집을 고르기 전에, 먼저 아이에 대한 이해가 있어야 합니다. 그래야 아이에게 꼭 맞는 문제집을 골라줄 수 있답니다.

다음 모식도는 우리 아이가 어떤 아이인지를 이해하기 위한 도구입니다. 아이의 학습 성향은 다음과 같이 '성취도'와 '학습 태도'를 기준으로 유형화할 수 있어요.

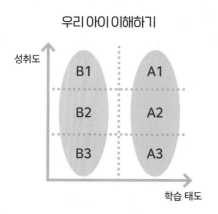

우리 아이 이해하기

물론 모든 아이들을 이 유형에 딱 끼워 맞출 수는 없어요. 쉽고 간단하게 이해할 수 있도록 아주 넓은 범위로 유형화한 모식도이기 때문이에요. 즉, 내 아이가 반드시 B1에 딱 해당하지 않고, B1과 B2의 경계 어딘가에 해당되기도 한답니다. 그러므로 이 모식도에 우리 아이를 무리해서 끼워 맞추려 하지 말고, 참고용으로만 사용해 주세요. 유연하게 생각해야 그에 맞는 로드맵을 만들 수 있으니까요.

모식도의 유형을 구체적으로 알아볼까요? 우선 세로축의 '성취도'를 쉽사리 판단하기엔 조심스러워요. 하지만 개념 익히기 활동을 하다 보면 내 아이가 보일 거예요. '아, 우리 아이는 수가 빠르구나.', '수는 빠른데 도형은 조금 느린 편인 것 같네.' 등의 판단이 가능하죠. 내 아이의 실제 연령을 기준으로 문제집을 풀려 보고 얼마나 수월하게 푸는지로 판단할 수도 있습니다.

한편 학습 태도란 '학습 전반에 대해서 아이가 가지는 태도'입니다. 학습하는 내용에 대한 태도부터 교습자(엄마표 수학에서는 부모)에 대한 태도까지, 학습을 둘러싼 모든 것에 대한 태도를 이야기하지요. 수학에 접근하고 수학 문제를 해결하는 과정에서의 태도인 수학적 태도는 학습 태도보다 조금 더 좁은 의미이니 구분하여 생각해 주세요.

학습 태도에는 엉덩이 힘과 같이 '눈에 보이는 태도'도 있지만, 문제를 꼼꼼하게 읽고 푸는 습관이나 끈기 있게 문제를 해결하는 등의 '내면의 태도'도 해당됩니다. 겉으로는 바른 자세로 앉아 있어도 머릿속이 산만해 잘 집중하지 못하는 아이는 B유형에 해당해요. 이런 아이는 자세히 관찰하지 않으면 A유형으로 분류되기도 하죠. 학원에서 흔히 일어나는 실수이기도 합니다. 하지만 부모는 바로 알 수 있어요. 아이를 가장 잘 아는 사람이니까요. 그러므로 우리 아이가 어느 유형에 해당하는지 잘 살펴보고, 냉정하게 평가해 보세요.

로드맵 짜기 2단계:
목표 세우기

우리의 최종 목표는 아이를 A1으로 보내는 것이겠지요. 하지만 여기서 제가 강조하고 싶은 것은 A1으로 가는 '경로'입니다. 결론부터 말하자면, 아이의 성취도보다 학습 태도 개선이 우선이에요. 즉 알파벳을 바꾸는 데 집중해야 하죠.

A유형에 속하는 아이들은 학습 태도가 좋은 반면 B유형은 학습 태도에 개선이 필요합니다. A유형에 해당하는 아이는 어렵지 않게 계획을 세울 수 있어요. 성취도를 올리면 되니까요.

반면 B유형에 해당하는 아이는 조금 다릅니다. 예를 들어 아이가 B2유형이라고 생각해 봅시다. 우선 아이의 최종 목표는 A1유형에 속하는 것이니, 많은 부모들이 성취도만을 중요시하여, 조금이라도 더 빠르게 B1유형으로 아이를 끌어올리는 일에 집중합니다.

하지만 B2유형의 아이는 학습 태도를 개선해 A2유형으로 간 뒤, A1유

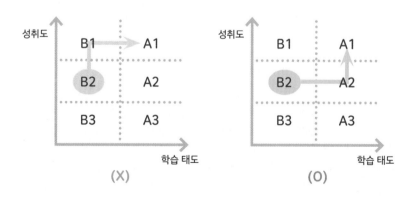

형으로 올라가야 탄탄하게 성장할 수 있어요. 그뿐만 아니라 A1유형에 도달하는 시간 또한 더 많이 절약할 수 있지요.

기억하세요. B유형에서 A유형으로 가는 것, 학습 태도 개선이 우선입니다.

아이의 유형에 따른 구체적인 지도 방향

유형	학습 방향
A1	• 최상위권 문제집을 풀어요. • 잘하는 영역은 심화(확장)를 진행해요.
A2	• 문제집의 난도를 점차 높여 최상위권 문제집에 도전해요. • 부족한 부분을 찾아 메워 주세요.
A3	• 연령보다 낮은 단계의 문제집을 선택해 꼼꼼히 하나씩 다져 나가요. * 엉덩이 힘이 좋으니, 로드맵 구성만 좋다면 성취도 향상은 따라오게 되어 있어요.
B1	• 재미있는 교구와 보드게임 등으로 수학 정서를 끌어올려요. • 드릴 연산 문제집보다는 사고력 수학 문제집을 조금씩 풀다가 서서히 분량을 늘립니다.
B2	• 재미있는 교구와 보드게임 등으로 수학 정서를 끌어올려요. • 색칠하기, 좋아하는 책 읽기, 게임 등 아이가 좋아하는 활동을 통해 한 자리에 오랫동안 앉아 있게 하여, 엉덩이 힘을 길러요.
B3	• 색칠하기, 좋아하는 책 읽기, 게임 등 아이가 좋아하는 활동을 통해 한 자리에 오랫동안 앉아 있게 하여, 엉덩이 힘을 길러요. • 재미있는 교구와 보드게임 등으로 수학 정서를 끌어올려요. • 아이의 연령보다 낮은 단계의 문제집을 선택해 수학 자신감을 키워 주세요.

로드맵 짜기 3단계:
문제집 이해하기

이제 각 유형별로 권장하는 학습 방향과 추천 문제집을 알아볼까요? 그 전에 다시 한 번 말씀드려야 할 점이 있어요. 이 내용은 어디까지나 '로드맵을 구성하기 위한' 문제집 설명이랍니다. 문제집 풀이보다는 개념 익히기 활동이 우선시되어야 해요. 사실 부모 입장에서는 개념 익히기 활동보다 문제집 풀이가 더 편하기 때문에, 자칫 문제집 풀이 위주로 학습이 이루어질 수도 있어요. 하지만 절대로 그렇게 로드맵을 짜서는 안 됩니다.

다음은 아이의 연령에 따른 추천 연산 문제집입니다. 이미 5장에서 보여 드린 그래프이지만, 아이의 유형을 고려해 다시 확인해 보세요.

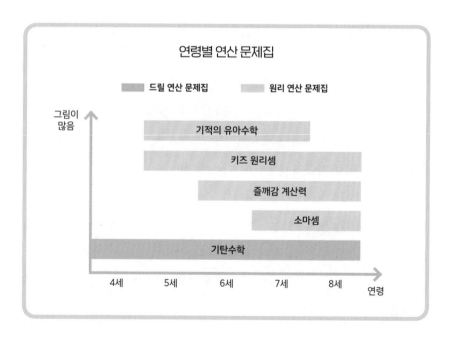

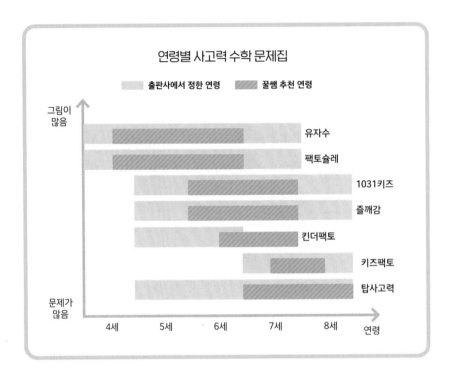

연령별 사고력 수학 문제집

■ 출판사에서 정한 연령 ■ 꿀쌤 추천 연령

한편 위의 그래프는 추천 사고력 문제집입니다. 이 역시 5장에서 보았죠.

그래프에서 가로축은 아이의 연령, 세로축은 아이의 수준을 의미합니다. 6세를 기준으로 추천 문제집의 종류가 크게 달라진다는 사실을 알 수 있어요. 그러므로 아이가 6세가 되었을 때 아이의 상황을 고려하여 문제집을 한 번 바꾸어 주는 편이 좋답니다.

한편 위로 올라갈수록 문제집이 시각적으로 화려해져 아이의 흥미가 높아지지만, 문제 수는 더 적어집니다. 내려갈수록 그림은 적은 반면 문제 수가 많고요. 이 점을 참고하여 아이의 유형에 따라 어떤 문제집이 좋은지 살펴봅시다.

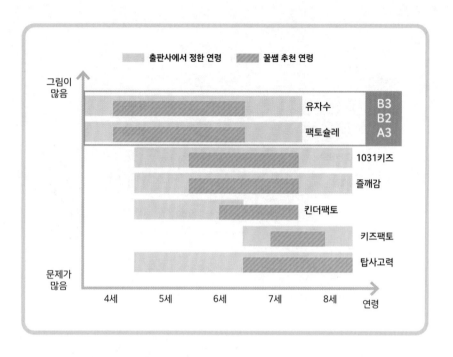

그래프의 가장 위쪽에 있는 문제집들은 성취도가 높지 않거나 학습 태도에 개선이 필요한 아이들, 또는 수학을 처음 시작하는 아이들인 B3, B2, A3유형에 적합해요. 유아 시기에 중요한 수학 정서를 긍정적으로 심어줄 수 있는 문제집으로, 아이가 흥미를 갖고 학습하기 좋답니다. 《유자수》와 《팩토슐레》가 여기에 해당해요.

다음, 154쪽 그래프를 봅시다. 중간 부분에 B2, B1, A2유형이라고 표시를 했어요. 아마 학습을 시작한 지 6개월 이상 지난 아이들이 여기에 해당할 거예요.

B2유형의 아이는 《1031키즈》나 《즐깨감》을 통해 수학에 흥미를 붙이며 서서히 A2유형으로 이동하게 됩니다. B1유형의 아이에게는 《즐깨감》

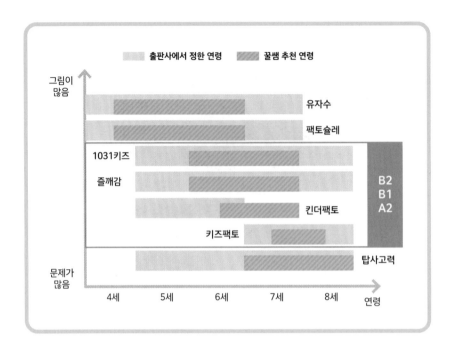

과 《킨더팩토》가 좋아요. B1유형에 속하는 아이들은 기본적으로 인지 능력이 좋은 편이기 때문에, 난도를 약간 높여 주면 도전의식을 가지고 수학에 재미를 붙일 수 있어요. 단, 너무 많이 진행할 경우 A유형으로 넘어가기 어려우니 적절하게 분량을 조절해 주어야 해요. A2유형에 권장하는 문제집은 《즐깨감》, 《킨더팩토》, 《키즈팩토》로, A1유형으로 도약하기 위한 단계랍니다.

다음 155쪽에 표시한 문제집들은 이미 상위권이거나 상위권으로 진입하려는 실력을 갖추고, 학습 태도가 좋은 A2, A1유형의 아이들에게 추천합니다.

A2유형에 진입한 아이는 《즐깨감》과 《킨더팩토》를 하면서 실력을 쌓

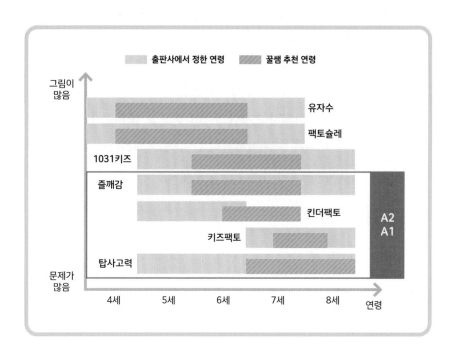

다가 《키즈팩토》나 《탐사고력》으로 넘어가면 좋아요. 성취도도 높고 학습 태도도 좋은 A1유형은 《키즈팩토》에서 바로 초등 사고력 문제집인 《1031 pre》, 《팩토1》로 넘어가도 좋습니다. 만약 아이가 로드맵을 잘 따라와 준 다면 미리 초등 과정을 준비해도 괜찮아요. 어쩌면 아이가 원하고 있을지 도 몰라요. A1유형의 아이들은 대체로 더 어려운 문제에 도전하고 싶어 하 거든요. 참고로 사고력 수학 문제집은 교과 수학 문제집과 다릅니다. 초등 과정으로 넘어간다고 해서 갑자기 선행이 시작되는 건 아니랍니다.

　다시금 강조하지만, 지금까지의 설명은 어디까지나 로드맵 구성을 위한 문제집 설명으로 엄마표 수학의 메인은 보고 만지는 활동이라는 점을 반드 시 기억해 주세요.

로드맵 짜기 4단계:
우리 아이 로드맵 작성

1단계에서 아이를 파악하고, 2단계에서 목표를 세웠으며, 3단계에서 문제집을 잘 고르는 법을 함께 알아봤어요. 이제 본격적으로 로드맵을 만들 차례입니다. 다음 단계에 따라 진행해 보세요.

1단계	우리 아이의 유형 파악하기
2단계	목표 세우기
3단계	문제집 선택하기
4단계	로드맵 표를 그리고 항목 채우기

로드맵 표는 다음과 같이 그려 주면 됩니다.

목표	
연령	
사고력	
연산	

두 친구의 사례로 로드맵을 만들어 볼까요? 예시를 참고하여 우리 아이에게 맞는 로드맵을 만들어 보세요.

6세 세윤이

세윤이는 활발한 6세 아이예요. 지금까지 학습을 거의 시키지 않았지만, 문제집을 풀게 하면 생각보다 정답율이 높게 나옵니다. 조금만 하면 잘할 것 같은데, 엉덩이 힘이 부족해서 가만히 앉아 학습하는 것을 너무 싫어합니다. 실수도 잦은 편이에요.
이런 경우 어떻게 해야 할까요?

세윤이는 전형적인 B2유형에 해당하는 아이입니다. 아마 세윤이와 같은 B2유형의 아이들이 상당히 많을 거예요. 앞서 말씀드렸듯이, B2유형의 아이는 먼저 학습 태도를 바로잡아 주어야 해요. 그래서 로드맵에서는 1차 목표를 '태도 잡아 주기(B2→A2)', 2차 목표를 '성취도 높이기(A2→A1)'로 잡았어요.

1단계	우리 아이의 유형 파악하기	B2
2단계	목표 세우기	B2 → A2 → A1
3단계	문제집 선택하기	
4단계	로드맵 표를 그리고 항목 채우기	

그리고 다음과 같이 로드맵 표를 채워 보았습니다.

목표	(1차) B2 → A2	(2차) A2 → A1
연령	6세	7세
사고력	팩토슐레	즐깨감	키즈팩토
연산	키즈 원리셈	소마셈

먼저 세윤이가 재미있어 할 만한 문제집을 골라 보았어요. 《팩토슐레》와 《즐깨감》은 둘 다 그림이 많은 편이지만, 《팩토슐레》가 활동이 더 많고, 아이들이 《즐깨감》에 비해 더 쉽다고 느낀답니다. 그래서 세윤이는 《팩토슐레》부터 시작하는 것으로 구성해 보았어요.

만약, 세윤이와 같은 상황이지만 아이가 6세 극초반이거나 기초를 더 탄탄히 다져야 할 경우에는 《팩토슐레》 레벨1과 레벨 2를 진행한 후, 《즐깨감》을 시작하면 됩니다. 그 후 《즐깨감》 6세 기본을 진행한 후 7세 기본을 선택하세요. 아이가 《즐깨감》 6세 기본에서 문제를 많이 틀리는 영역이 있다면, 해당 영역만 따로 준비해서 부족한 부분을 채워 줍니다. 예를 들어 6세 기본에서 측정 영역을 어려워한다면, 7세 기본을 시작하기 전에 《즐깨감》 6세 측정 영역 문제집을 통해 부족한 부분을 보충하는 것이죠. 이렇게 재미있고 어렵지 않은 문제집으로 아이가 수학에 흥미를 갖게 되면, 엉덩이 힘 또한 조금씩 붙게 된답니다. 그렇게 1차 목표인 학습 태도를 잡아 주고 나서, 문제집을 《키즈팩토》로 바꾸면 됩니다.

1차 목표에 예상보다 빠르게 도달하면 2차 목표를 좀 더 빠르게 시작해도 좋아요. 반대로 1차 목표 달성이 더디다면 더 천천히 진행해야 하지요. 중요한 것은 계획한 대로 아이가 따라오는지 계속 관찰하면서 진행하는 것이랍니다.

또 다른 아이의 예를 들어 볼게요.

 5세 준석이

준석이는 엉덩이 힘이 좋아서 오랜 시간 잘 앉아 있어요. 그런데 많이 느려요. 문제 푸는 데도 오래 걸리고, 활동할 때에도 느리더라고요. 정답률도 높진 않습니다. 어떻게 관리해 주어야 할까요?

준석이는 A3유형에 해당하는 아이입니다. A3유형에 속하는 아이들은 다른 아이들이 한 번에 이해하는 내용을 두세 번 반복해야 이해할 수 있답니다. 성취도가 높지 않은 편이라 걱정하는 부모님들이 많지만, 사실 A유형에 속한다는 것만으로도 굉장히 큰 장점을 갖고 있다고 생각하면 됩니다. 실제로 A3유형에 속한 아이가 초등학생이 되었을 즈음에는 A1유형으로 올라가 있는 경우도 많아요. 가능성이 무궁무진한 준석이를 위해 다음과 같은 목표를 세워 보았습니다.

1단계	우리 아이의 유형 파악하기	A3
2단계	목표 세우기	A3 → A2 → A1
3단계	문제집 선택하기	
4단계	로드맵 표를 그리고 항목 채우기	

그리고 목표 설정에 맞게 로드맵 표를 채워 보았습니다.

목표	(1차) A3 → A2	(2차) A2 → A1	(3차) A1 유지	
연령	5세	6세	7세	
사고력	유자수	킨더팩토	키즈팩토	탐사고력
연산	기적의 유아수학	키즈 원리셈	소마셈	

준석이는 아직 어리기 때문에 쉽고 그림이 많은 《유자수》로 학습을 시작하기를 권합니다. 《유자수》는 스티커가 많고, 부모와 함께 활동하며 문제집을 푸는 방식이기 때문에, 아이들이 쉽다고 생각하며 매우 좋아한답니다. 또한 부모가 문제를 만들어 주면서 난이도를 조절할 수 있으므로, 아이의 수준에 맞는 학습을 진행할 수 있어요. 우선 아이와 《유자수》 만3세 교재를 즐겁게 진행합니다. 만약 예정보다 빠르게 《유자수》를 마무리했다면, 《킨더팩토》 전에 《팩토슐레》 레벨 1을 진행해도 좋아요. 5세에는 천천히 진행하다가, 6세가 되면 차츰 속도를 올려도 됩니다.

사실 이 로드맵에는 부모의 욕심을 살짝 넣어 보았답니다. 그러므로 이 로드맵대로 되지 않는다고 해서 걱정할 필요는 없어요. 유아 시기 3년 동안 2차 목표인 A2에서 A1로의 도약을 성공하는 것만으로도 아주 훌륭하답니다. 조급해하지 말고 천천히 진행하되, 만약 아이가 의욕을 보이고 잘 따라와 준다면 《탐사고력》까지 진행해도 괜찮습니다.

이때, 부모님들이 유심히 관찰해야 할 부분이 있어요. 아이가 '하기 싫지만, 티를 내지 않는' 스타일이 아닌지를 확인해야 해요. A3유형의 아이들은 마음속으로는 하기 싫어서 스트레스가 쌓이는데, 표현을 하지 못하는 경우가 많거든요. 이 부분을 잘 체크하면서 아이에 맞게 속도를 조절하며 진행해 주세요.

"문제집 하나를 1년이나 해야 하나요? 너무 오랫동안 한 종류만 하는 건 아닌가요?" 하고 고개를 갸웃하는 분들이 있을 수도 있어요. 하지만 유아는 초등학생과는 달리 문제집만으로 수학 학습을 하지 않아요. 거듭 말씀드리지만, 보고 만지는 활동이 훨씬 더 중요합니다. 아이가 잘한다고 진도를 계속 나가고 있다면, 잠시 멈추고 한번 생각해 보세요. 아이가 잘 달릴 수 있다고 해서 무조건 달려야 하는 걸까요? 아이에게 중요한 것은 문제집을 많이 풀고 진도를 쭉쭉 나가는 것이 아닌, 바로 다양한 수학적 경험입니다. 실제로도 문제집 진도가 빠르고, 종류별로 많은 문제집을 푼 아이보다, 각 단계에 필요한 개념 활동을 많이 하면서 문제집으로 보충을 한 아이가 훨씬 수학을 좋아하고 잘한답니다.

다시 본론으로 돌아와서, 이제 좀 더 구체적으로 로드맵을 정리해 보려해요. 162쪽의 시간표를 보세요. 여기에 아이와의 수학 활동 시간표를 작성해 보세요. 즉, 개념 익히기 활동과 문제집 풀이를 언제 얼마나 할지 적어 보는 거예요. 162쪽의 시간표는 준석이의 시간표이니 참고해 보세요.

참고로 이 시간표에는 활동을 하는 시간과 요일만 적는 게 좋아요. '월요일에는 무조건 수와 연산에 관련된 개념 익히기 활동을 해야지!'라고 적어 두어도, 그대로 진행하지 못할 수도 있어요. 그대로 되지 못할 가능성이

시간\요일	월	화	수	목	금	토	일
16:00~16:10 (하원 후)	연산 문제집	사고력 문제집		연산 문제집	사고력 문제집		
20:00~20:20 (저녁식사 후)	개념 활동	개념 활동		개념 활동	개념 활동		

더 크고, 그러면 안 되기도 합니다. 아이가 전날에 수와 연산을 하다가 지친 기색이 보였다면 이를 환기하기 위해 오늘은 재미나게 물을 따르는 측정 활동을 하는 식으로 유연하게 대처해야 해요. 활동을 하는 시간만 정확하게 정해 두면 충분합니다.

로드맵을 짜고 진행할 때의 마음가짐

첫째, 너무 큰 부담을 갖지 마세요. 계획은 계획일 뿐, 그대로 되지 않을 수도 있어요. 지금 여러분이 만든 로드맵은 하루의 계획이 아니라 자그마치 1~3년을 위한 계획이에요. 얼마든지 새로운 변수가 생길 수 있죠. 어쩌면 처음 로드맵대로 완벽하게 진행되는 것이 오히려 이상한 일일 수도 있어요. 그러니 계획대로 진행되지 않는다고 해서 스트레스를 받지 마세요. 계획은 수정하면 된답니다. 물론 습관적으로 계획을 미루거나 실천하지 않는 태도는 경계해야 하지만, 생각지 못한 변수에 대해서는 편하게 생각하도록 합시다. 우리 아이들은 아직 어리다는 사실도 기억해야겠죠?

둘째, 아이의 상태를 계속 살펴 주세요. 아이의 현 상태나 감정, 체력 등을 관찰해야 합니다. 어떤 활동을 하는데 잘 따라오지 않으려 할 때는 아이를 달래기도 하고 때로는 엄격하게 대하는 등 상황에 따라 강약 조절을 해야 합니다. 가장 중요하게 생각해야 할 부분은 아이의 상태임을 기억해 주세요.

셋째, 꾸준함의 힘을 길러 주세요. 사교육은 정해진 시각에 규칙적으로 학습을 진행하고, 변수가 생기면 보충을 할 수 있지요. 이 점이 제가 생각하는 사교육의 가장 큰 장점입니다. 반면 엄마표 수학은 그렇지 않아요. 여행을 갈 때, 문제집을 챙겨가는 부모가 있는가 하면, 아이가 하기 싫어하면 "그래, 하지 말자!"하고 쿨하게 건너뛰는 부모도 있습니다. 부모의 성향에 따라 다른 상황이 펼쳐지지만, 저는 수학 활동만큼은 부모 본인의 성향을 내려놓고 꾸준하게 진행하라고 말씀드리고 싶어요.

그리고 아이가 마주한 문제를 포기하지 않고 스스로의 힘으로 해결하는 꾸준함도 몸에 익힐 수 있도록 도와주세요. 문제를 해결했다는 성취감이 계속해서 쌓이면 아이는 수학을 좋아하게 될 테니까요.

꾸준함이 힘든 당신과 아이를 위해

아이와의 수학 활동을 꾸준히 진행하기 힘들어하는 부모들이 많아요. "아이가 힘들어하는 모습을 보니 저도 힘들더라고요.", "전 원래 계획을 세워 꾸준히 하는 걸 잘 못해요." 꾸준하게 엄마표 수학을 하지 못하는 이유도 각양각색입니다. 하지만, 달라져야 해요. 이런저런 핑계를 대지 말고, 아이를 위해서 달라져야 합니다. "제가 아이를 붙잡고 꾸준히 엄마표 수학을 할 수 있을까요?"라고 스스로를 의심하시는 분들께, 저는 이렇게 조언합니다.

"수학 학원에 등록했다고 생각해 보세요."

자, 지금부터 학습할 요일과 시간을 정하고, 수강료도 책정해 보세요. 생활비에서 일정 금액을 엄마표 수학 수강료로 떼어 놓는 거예요. 수강료는 엄마와 아이 둘만의 시간을 위해 사용하고요. 그리고 정한 시간에는 아이와 함께 엄마표 수학을 진행합니다. 만약 피치 못할 사정이 생겨 그 시간에 진행하지 못했다면, 보충 수업 일정을 잡아 주세요. 진짜 학원에서 하는 것처럼요. 체계를 잡아 하루, 이틀 진행하다 보면, 어느새 꾸준하게, 그리고 즐겁게 엄마표 수학을 진행하고 있는 모습을 발견할 수 있을 거예요. 두둑한 수강료로 아이와 즐기는 달콤한 간식이나 즐거운 놀이 시간을 꾸리는 건 덤이겠죠?

자, 이제부터 아이와
보고 만지는 수학을 하러 가 볼까요?
사랑과 정성만 준비하세요!

2부

실전! 수 감각, 도형 감각, 사고력을 키우는

보고 만지는
수학 활동들

보고 만지는 활동은 이렇게 진행합니다

1부에서 우리는 엄마표 유아수학에 대해 알아보고, 우리 아이에게 맞는 로드맵도 작성해 보았어요.

자, 그럼 이제부터 본격적으로 엄마표 유아수학을 진행해 볼까요? 우리가 아이와 함께할 주요 수학 활동은 문제집 풀이가 아닌, 2부에서 소개하는 '보고 만지는' 활동입니다. 이 활동을 잘 진행해야 엄마표 유아수학의 목표를 달성할 수 있지요.

그런데 책에 소개된 것들을 모두 할 수 있을지 걱정되는 분들이 많을 거예요. 걱정하지 마세요. 이 활동들은 초등 입학 전, 혹은 그 후까지 몇 년에 걸쳐서 하는 것들입니다. 하나씩 차근차근 따라가면 되죠. 활동 전, 다음의 가이드라인을 읽으면 2부의 내용을 이해하는 데 도움이 될 거예요.

수학의 다섯 영역을 고루 진행합니다

우리는 1부에서 달콤수학 프로젝트의 다섯 영역을 살펴봤어요. 엄마표 유

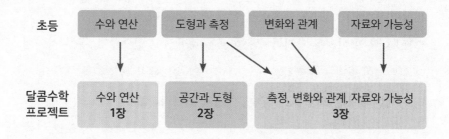

초등	수와 연산	도형과 측정	변화와 관계	자료와 가능성

| **달콤수학 프로젝트** | 수와 연산
1장 | 공간과 도형
2장 | 측정, 변화와 관계, 자료와 가능성
3장 |

아수학의 목표는 이 다섯 영역을 고루 챙기는 것입니다.

초등수학의 네 영역을 제가 다섯 영역으로 나누고, 이걸 다시 3개의 장으로 나누었어요. 활동하는 방식에서 다소간 차이가 있기 때문이기도 하고, 해야 하는 분량의 차이 때문이기도 합니다. 각 장마다 어떤 차이가 있는지 간단히 짚어 볼게요.

1장 수와 연산

유아수학의 기초가 되는 수와 연산은 엄마와 가장 많이 활동해야 하는 영역이에요. 책에 제시된 순서대로 진행하되, 진도나 속도에 구애받지 않도록 합니다. 또한 결과보다 과정이 정확한지 확인해야 해요. 답이 맞으면 '아, 잘 아는구나.' 하고 넘어가기 쉬우니까요.

더 자세한 내용은 174쪽 '1장 활동, 어떻게 진행하나요?'를 참고하세요.

2장 공간과 도형

공간과 방향, 입체도형, 평면도형의 세 파트로 구성되어 있습니다. 공간과 방향→입체도형→평면도형 순서로 진행하되, 입체도형 활동을 어느 정도 진행했다 싶으면 평면도형 활동을 함께 해도 됩니다. 이 책에서는 초등학교 1학년 이후의 어려운 과정까지 포함해서 소개하고 있으므로, 유아 시기에 다 완성해야 한다는 부담감은 버리고 아이의 속도에 맞춰 진행해 주세요.

더 자세한 내용은 245쪽 '2장 활동, 어떻게 진행하나요?'를 참고하세요.

3장 측정, 변화와 관계, 자료와 가능성

세 영역이 하나의 장으로 묶여 있어요. 다른 장에 비해 양이 적고 단계별로 나가야 하는 진도가 명확하지 않아 건너뛰기 쉬운 파트입니다. 초등 입학 전까지 이 책에 나와 있는 활동을 한 번씩 경험해 보는 것을 목표로 하여 진행해 주세요.

여기서 중요한 점은 '경험한다'입니다. 초등 입학 전에 3장의 활동을 전부 완벽하게 해내서 체크리스트를 채워야 한다는 뜻이 절대 아니니 편안한 마음으로 진행해 주세요.

더 자세한 내용은 293쪽 '3장 활동, 어떻게 진행하나요?'를 참고하세요.

적절한 학습 시간을 확인하세요

종류 \ 연령	5세	6세	7세
개념 익히기 활동	주4회 20분	주4회 25분	주4회 30분
연산 문제집	주2회 5분	주3회 10분	주3회 10분
사고력 문제집	주2회 5분	주2회 20분	주2회 30분

이 표, 기억나시나요? 6장에서 로드맵을 짜면서 확인한 권장 학습 시간이에요. 윗줄의 보고 만지는 개념 익히기 활동, 즉 2부에서 소개하는 활동을 표에서 제시하는 시간에 맞게 진행하면 됩니다. 일주일에 4회, 연령에 따라 20분에서 30분 사이입니다.

그렇다면 각 장별로 얼마나 시간을 써야 할까요? 활동에 쓰는 전체 시간을 100이라고 놓고 비율로 표현하면 다음과 같습니다.

1장	2장	3장
50%	30%	20%

수와 연산이 가장 비율이 크고, 공간과 도형이 그 다음입니다. 상대적으로 측정, 변화와 관계, 자료와 가능성은 비율이 적죠. 이 비율을 생각하며 아이와 활동을 진행하면 됩니다.

활동과 연계되는 초등수
학 교과서 단원입니다. 아
이가 초등학생이 되고 나
서, 이 단원을 어려워한다
면 이 활동을 다시 진행합
니다.

활동 주제이자 목표입니다.

활동의 의미, 중요한 수학
적 개념, 진행할 때 주의
사항 등을 설명합니다. 활
동을 진행하기 전에 꼼꼼
히 읽어 보세요.

연산 기호 인지하기

1학년 1학기
3. 덧셈과 뺄셈

자, 이제 아이에게 덧셈 및 뺄셈 기호를 알려 줄 차례입니다. 아이가 상
황 속에서 덧셈과 뺄셈을 제법 이해했다 해도, 연산 기호를 이용하는 것은
다른 문제입니다. 유아 시기의 아이들은 덧셈 기호를 연산의 도구라고 생
각하지 않습니다. 숫자는 알지만 기호는 처음 접하기 때문입니다. 이 시기
의 아이들은 덧셈 기호를 병원, 교회, 리모컨의 버튼으로 더 친숙하게 인지
하고 있어요. 그러므로 아이에게 덧셈 기호를 보여 주고 "써 봐." 하고 강요
하는 것보다는 무언가를 더하거나 합칠 때 사용하는 것이라고 알려 주는
정도로 접근하는 것이 좋습니다.

기호 카드

연산 기호 인지

준비물 기호 카드, 아이가 좋아하는 구체물
(사탕)

❶ 엄마가 덧셈이나 뺄셈 문제를 만듭니다.
ex) "레온맛 사탕 2개랑, 딸기맛 사탕 4개
가 있네. 모두 몇 개지?"

❷ 아이는 이야기를 듣고 올바른 덧셈 카드 혹
은 뺄셈 카드를 골라 봅니다.

❸ 결과값에 대해 이야기를 나눕니다.

레온맛,
딸기맛 사탕이
모두 몇 개?

아, 더해야
하는구나!

구체적인 활동 방법입니다.
• 오른쪽 상단의 QR코드를 찍어 준비물을 다운받으세요.
• 하나의 활동 주제 안에 여러 개의 활동이 있기도 해요.
• 사진 속 말풍선은 활동 중 대화를 하는 데 도움이 되니 참고하세요.

172

엄마의 발문

활동ing 이 기호(+)를 이용해서 이야기를 만들어 보자.
→ 엄마가 사탕 2개를 주셨는데 아빠가 4개를 더 주셨어요. 모두 몇 개일까요? (첨가)
→ 신발기 바구니에 2켤레, 신발장에 3켤레가 있어요. 모두 몇 켤레일까요? (합병)

생각UP 이 기호(-)를 이용해서 이야기를 만들어 보자.
→ 만두 5개 중에 2개를 먹었어요. 만두가 몇 개 남았을까요? (제거)
→ 나는 사탕 7개, 오빠는 3개를 갖고 있어요. 오빠는 나보다 몇 개가 더 많을까요? (비교)

이 활동은 아이와 부모가 대화를 나누듯 자연스럽게 진행해야 합니다. 이 활동에 익숙해지면 아이에게도 문제를 만들어 보게 하세요. 또한 뺄셈을 할 때는 아이들이 제거의 상황만 말하기 마련입니다. 그러므로 "초콜릿이랑 사탕 중에 무엇이 더 많아?" 등의 질문으로 비교의 상황을 표현할 수 있도록 도와주세요.

Check! 연산 기호 인지하기

☑ 1단계 연산 기호의 뜻을 안다.

☐ 2단계 연산 상황에 맞는 연산 기호를 제시할 수 있다.

☐ 3단계 연산 기호를 활용해 직접 문제를 만들 수 있다.

좋은 발문이 좋은 활동을 이끕니다. 아이 대답의 예시는 참고용입니다. 발문에 대한 정답은 없음을 기억하세요.
• 활동ing: 활동을 하면서 던지는 질문입니다.
• 생각UP: 아이의 생각을 확장하는 발문입니다.

계획한 활동들을 아이가 잘 해냈는지 점검하는 기준입니다.
• 실력 체크가 아닙니다. 아이의 성취도를 확인하는 용도로 가볍게 생각하세요.
• 마지막 단계에 체크하면 이 활동을 마무리합니다.
• 마지막 단계를 체크한 시점에서 한 달이나 두 달 뒤, 아이가 예상치 못한 때에 다시 활동을 진행하세요. 그때도 잘하면 정말 제대로 알게 된 것입니다.

수와 연산

1장 활동, 어떻게 진행하나요?

　1장, 수와 연산은 수학을 공부하기 위해 습득해야 할 가장 기본적인 영역입니다. 따라서 유아수학에서 수와 연산은 아주 큰 비중을 차지합니다. 이 책도 2부의 절반이 수와 연산으로 채워져 있어요.

　수와 연산이 되지 않으면 다음 단계로 진행이 안 되고, 우리나라 교육과정 상 현실적으로 어느 정도 연산에 속도감은 익혀야 하니, 엄마들의 마음은 조급할 수밖에 없어요. 그래서 제가 유아수학 프로젝트를 진행할 때 가장 많이 받는 질문이 바로 수와 연산에 관한 거예요. "선생님, 아이가 아직도 3+5를 손가락으로 푸는데 어떻게 하죠?" 이런 질문들이요. 특히 7세 아이를 둔 부모님들은 굉장히 조급해합니다.

하지만 여러 번 언급했다시피, 유아 시기의 수와 연산은 '얼마나 빠르냐'가 그다지 중요하지 않습니다. 수에 포함된 여러 가지 의미와 쓰임을 이해하고, 연산의 다양한 전략을 알고 직접 활용하는 게 더 중요해요. 연산 진도보다 중요한 건 '사고력'이라는 사실을 잊지 마세요. 이 점을 염두에 두고, 수와 연산 활동을 진행하는 방법을 같이 살펴봅시다.

책에 제시된 순서대로 진행하세요

1장은 앞에서부터 순서대로 진행하는 것이 중요합니다. 수와 연산은 앞의 개념을 이해해야 뒤의 개념을 이해할 수 있기 때문이에요.

예를 들어 아이가 수를 세기 시작하면 엄마들이 대부분 수 세기의 다양한 전략을 배우는 단계는 건너뛰고 바로 덧셈과 뺄셈으로 넘어가려고 해요. 그러나 수를 세는 것과 수 개념이 있다는 것은 전혀 다른 차원의 문제예요. 수를 제대로 알고, 수의 순서를 알고, 수와 양의 일치가 되고, 여러 가지 전략을 이용해 수를 유연하게 셀 줄 알아야 비로소 기초 연산인 '모으기와 가르기'를 할 수 있어요. '아니, 수 세기가 뭐가 어렵다고 이렇게 많은 것을 해야 하는 거지? 그냥 넘어가면 될 것 같은데…'라고 가볍게 생각하지 마시고, 모든 활동을 아이와 함께 차근차근 경험해 보세요.

생각보다 많이
반복해야 합니다

어떤 개념을 익히기 위해서는 반복이 필요해요. 그 경험이 여러 번 쌓여야 그 개념이 '내 것'이 되지요. 얼마나 반복해야 하는지를 묻는 질문에 저는, "정말 많이 반복하셔야 합니다."라고 말씀드립니다. 경험상 '여기까지면 되겠지.'라고 생각한 지점에서 추가로 10~20번을 더 연습해야 아이가 이해하더라고요.

물론 어떤 개념이 '내 것'이 되기까지 걸리는 시간은 아이마다 달라요. 어떤 아이는 80번을 연습하면 되기도 하고, 어떤 아이는 100번 이상을 연습해야 할 수도 있어요. 그러므로 다른 아이는 신경 쓰지 말고, 우리 아이가 알 때까지 반복해 주면 됩니다. 또한 아이가 잘하는 것처럼 보인다고 해서 다음 과정을 건너뛰거나, 대충 하고 다음 단계로 넘어가면 안 됩니다.

조금씩 난도를 올리며
진행하세요

많이 반복하라는 것이, 하나의 활동을 '완벽하게' 할 줄 알아야 다음 활동으로 넘어갈 수 있다는 뜻은 아니에요.

핵심은 '반복과 확장'입니다. 반복하면서 확장하라는 뜻이에요. 그래서 수와 연산은 아이가 알 때까지 반복하되, 난도를 높여 가면서 반복하게 구성되어 있습니다.

　난도를 어떻게 높이는지는 1부에서 설명했죠? '약간 어렵지만 도움을 받으면 아이가 알아챌 수 있는 근접발달영역'까지 넓히는 겁니다. 예를 들어 수 세기의 경우, 5까지 완벽하게 안 다음에 6부터 10까지 하는 게 아니라, 5까지 어느 정도 더듬더듬 셀 수 있으면 6으로 확장하면서 1부터 6까지, 또 1부터 7까지, 그러면서 10까지 이어 갈 수 있게 도와주는 거죠.

시간을 두고 이전에
배운 내용을 확인하세요

　구체적으로는 이렇게 하세요. 하나의 활동을 아이가 잘하면, 일단 다음 단계의 활동으로 넘어갑니다. 최소 2주에서 많게는 두 달까지 기다린 뒤, 아이가 예상치 못한 때에 잘하던 활동을 변함없이 잘할 수 있는지 확인해 보는 거예요. 그래도 잘하면 정말 제대로 알고 있다고 확신할 수 있죠.

　유아수학에서는 아이가 개념을 제대로 알고 있는지 확인하는 일이 가장 중요합니다. 아이가 왜 그 답이 나오는지 이유를 찾아내고 설명할 수 있으면, 아이가 제대로 개념을 이해했음을 알 수 있지요. 그런데 아이가 자신의 생각을 논리적으로 조리 있게 말하기란 힘드니, 아이의 언어 실력 안에서 최대한 표현할 수 있게 도와주세요. 그 방법은 활동을 소개할 때 구체적으로 설명하겠지만, 72쪽 '특별한 확인의 기술이 필요합니다'를 수시로 읽으며 그 내용을 기억해 두는 것이 좋습니다.

긍정적인 수학 정서가
망가지지 않게 주의하세요

아이와 엄마표 수학을 할 때 가장 힘든 부분이 부모의 감정 컨트롤이에요. 집중하지 않고 딴짓을 하거나 몇 번이고 반복해도 이해하지 못하는 아이를 보면 갑자기 화가 치밀어 오르기도 하죠. 그리고 부모와 아이가 가장 많이 어긋나고 부딪치는 부분이 바로 수와 연산입니다. 가장 양이 많기도 하고 가장 중요하기도 하니, 가장 많이 부딪치는 것도 당연하죠.

이럴 땐 아이의 입장에서 생각해 봐야 합니다. 유아 입장에서 수와 연산은 결코 쉽지 않다는 점을 기억하세요. 한 자리 수의 덧셈과 뺄셈은 초등학교 1학년 교과서에 나옵니다. 이는 1학년이 되어야 그 부분을 쉽게 이해할 수 있다는 뜻인데, 우리 아이들은 유아 때 그걸 도전하는 거잖아요. 1학년 아이들에 비해서는 오래 걸릴 수 있다는 가정하에 진행해야 합니다.

잘 따라오지 못한다고 아이를 다그쳐 봐야 실력은 늘지 않고 수학에 대한 흥미를 잃을 뿐입니다. 그러니 아이의 입장에서 상황을 이해하고, 다양한 방법을 동원해 아이의 흥미를 끌어내고 용기를 북돋아 주세요.

활동 지도 # 수 세기 : 수와 연산의 첫걸음

작은 수의 즉지

즉지 연습 1단계
즉지 연습 2단계

일대일 대응 연습하기

일대일 대응하며 수 세기

수의 크기 비교하기

수의 크기 비교: 도트 카드
수의 크기 비교: 수 카드

숫자와 양 연결하기

손가락과 숫자 대응
도트와 숫자 대응

두 자리 수: 묶음, 낱개, 자릿값

10개씩 묶음 활동
10개씩 묶음과 낱개 활동
자릿값 익히기

수직선으로 수 개념 잡기

수직선 활동 1단계: 수 찾기
수직선 활동 2단계:
큰 수, 작은 수 찾기

수 배열판으로 수의 규칙 발견하기

수 배열판 탐색
수 배열판 덧셈 뺄셈

수 세기: 수와 연산의 첫걸음

"우리 식구는 모두 몇 명이야?", "다섯 명!"

"미끄럼틀에 줄을 섰을 때 네 순서는 몇 번째야?", "세 번째!"

"우리 집 몇 호지?", "우리 집은 팔백오 호!"

이렇게 곧잘 대답하는 아이를 보면 '이제 우리 아이가 수는 제법 알고 있구나!' 하는 생각이 듭니다. 하지만 우리 아이에게 진짜 수에 대한 개념이 생긴 것인지는 확인해 봐야 합니다. 그 방법이 무엇일까요?

한편 아이가 "오 명!", "삼 번째!", "팔영오 호!"라고 말한다면 이제 수 개념을 바로잡아 줘야겠다고 다짐했을 겁니다. 그렇다면 수 세기는 어떻게 시작해야 할까요? 어른의 입장에서는 너무나도 간단하고 당연한 수 세기를 아이에게 가르치려니 막막하고 부담스러울 거예요.

우선 수가 담고 있는 다양한 의미를 아이에게 모두 가르쳐 줘야 한다는 부담이 있습니다. 앞에서 말한 예시를 수의 성격에 따라 분류해 볼까요? 5명의 5는 양을 나타내는 집합수, 3번째의 3은 순서를 나타내는 순서수, 805호의 805는 대상을 구별하기 위한 명칭인 이름수입니다. 하지만 아이에게 이런 개념은 너무나 복잡하고 어려워요.

사정은 독자 여러분도 마찬가지입니다. 이것들을 오랫동안 봐 와서 자동적으로 개념을 알고 구분할 따름이지, 막상 '5명의 5가 무엇을 의미하죠?'라고 물으면 말문이 막힙니다. 아이는 더더욱 헷갈릴 수밖에 없죠.

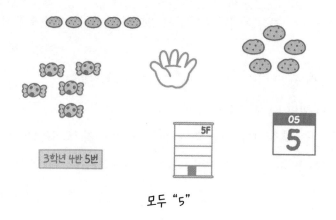

모두 "5"

　수 세기의 또 다른 고민은, 수의 이름과 형태가 하나가 아니라는 점입니다. 영유아기에는 숫자보다는 수 세기 위주로 노출하기 때문에 5세 이하의 아이들은 하나, 둘, 셋에 더 익숙합니다. 그러다 이 아이들에게 숫자를 알려 줘야 한다는 생각이 들면 또 막막해집니다. 일, 이, 삼, 사는 어떻게 알려 줘야 하지? 혹시 하나, 둘, 셋, 넷과 헷갈리지 않을까? 무엇부터 어떻게 해야 할까요?

　수 세기의 시작은 일상 속 수 탐구입니다.

　가볍게 생각하세요. 아이에게 처음 수를 가르칠 때는 너무 조급해하기보다는 수를 일상에서 지속적으로 사용하면서 자연스럽게 체득하도록 유도하면 됩니다. 독자 여러분도 그렇게 수를 배웠어요.

　아이가 수를 다양하게 경험하게 하려면 어떻게 해야 할까요? 아주 간단해요. 일상 속에서 엄마와 이야기를 자주 하면 됩니다. 아이 손을 잡고 길을 걷다가 수가 들어간 말을 툭 던지는 겁니다.

　"이 옷을 고치려면 단추 3개(세 개)가 필요해."

"엄마가 문이 열리는 시간에 맞춰서 마트에 갔더니 3번째(세 번째)로 도착했어."

"저기 3번(삼 번) 버스를 타면 아빠 회사까지 가는데!"

"민서네 집이 101(백일)동이었지?"

만약 "너는 몇 살이야?"라는 엄마의 질문에 아이가 "오 살이요!"라고 하더라도 괜찮습니다. 언성을 높이거나 틀린 내용을 지적하지 말고 그저 "그래, 다섯 살이야."라고 대답해 주면 됩니다. 아이는 일상에서 반복되는 경험을 통해, 상황에 따라 수를 다르게 읽어야 한다는 것을 자연스럽게 익힐 수 있습니다.

아이는 엄마와의 대화를 통해 수 개념을 확장시킬 수 있어야 합니다. 그래서 엄마의 질문이 매우 중요하지요. 아이에게 이런 질문을 해 보세요.

"유치원에서 너희 반 아이들은 모두 몇 명이야?"

"저 건물은 몇 층일까?"

"지금부터 이 게임을 몇 번 할까?"

아이는 질문에 대한 답을 생각하면서 자연스레 수 개념을 정리하게 됩니다.

그 다음 과제. 일, 이, 삼, 사…(한자어)를 먼저 알려 줘야 할까요, 아니면 하나, 둘, 셋, 넷…(고유어)을 먼저 알려 줘야 할까요? 결론부터 말하면 '둘을 동시에'입니다. 보통은 '하나, 둘, 셋, …열'을 먼저 세고 수의 규칙을 이해하게 되면서 '일, 이, 삼, …십'을 연습하는 것이 효과적이지만 저는 동시에 노출하는 것을 권합니다. 엄마 입장에서도 각각의 쓰임을 구별해서 아이에게 적절한 질문을 던지는 건 쉽지 않거든요. 단순히 수를 셀 수 있는 상황만 제시하는 것만으로도 충분합니다.

아이와 간단한 수 놀이를 하는 것도 도움이 됩니다. 예를 들면 다음과 같은 '수 말하기 놀이'가 있어요. 엄마가 "4(사)!"라고 말하면 아이가 4 다음 수인 "5(오)!"라고 대답합니다. 아이가 "넷!"이라고 말하면 엄마가 "다섯!"이라고 대답합니다. 간단하지만 수의 순서와 수 읽기를 동시에 연습할 수 있어요.

이처럼 아이와 일상생활과 놀이 속에서 수를 발견하고 탐구하며 끝없이 대화하세요. 이런 경험을 한 아이와 문제집으로 숫자만 연습한 아이는 확실히 다르다는 걸 나중에 느낄 겁니다. 당장은 크게 차이가 나지 않을 수 있죠. 하지만 수많은 아이들을 가르쳐 본 경험에 따르면, 언젠가 반드시 차이가 나게 되어 있습니다. 수업을 진행하다 보면 '어, 이걸 이렇게 빨리 이해한다고?' 하고 저를 놀라게 하는 아이들은 제가 강조한 일상 속 경험이 풍부하더라고요.

수 세기 활동을 할 때 주의해야 할 점 두 가지가 있어요. 첫째, 비교하지 않기. '옆집 아이는 두 자리 수를 센다는데, 우리 아이는 언제 다 가르치지?' 하는 고민은 내려놓고, 우리 아이의 발달과 속도에 집중하길 바랍니다. 둘째, 혼내지 않기. 아이가 수를 잘못 셌을 때도 "틀렸어!" 하고 지적하거나 혼내지 않습니다. 그저 부모가 제대로 세는 걸 다시 한 번 보여 주면 그만입니다.

수 세기를 효과적으로 하는 방법 세 가지

첫째, 센 것과 세지 않은 것을 구분하여 수를 셉니다.

둘째, 마지막 숫자를 크게 말하여 강조합니다. 마지막에 센 수가 전체 양이라는 것을 알려 줍니다.

셋째, 가급적 하나부터 열까지 순서대로(순창) 세고 나면 거꾸로도(역창) 세어 주세요. 예를 들어 과자를 줄 때 "1, 2, …10!" 하고 한 번 센 다음에 받아 가게 하고, 그 다음으로는 "과자가 10개 남았어, 9개 남았어, 8개 남았어…." 하고 거꾸로 세면서 하나씩 통에 넣어 보게 합니다. 이처럼 아이가 싫증 내지 않는 범위에서 다양한 활동들을 경험해야 수 세기를 자연스럽게 할 수 있어요.

작은 수의 즉지

1학년 1학기
1. 9까지의 수

아이들마다 발달이 다르지만, 빠른 아이들은 5세에 1에서 100까지, 7세에는 1,000까지를 말로 세기도 합니다. 하지만 아이가 수를 말하고 읽는다고 해서 그냥 넘어가면 안 됩니다. 실제로 수를 세지 않고 노래 부르듯 수를 외워서 말하는 경우가 많기 때문이죠. 그러므로 아이가 어떻게 수를 세고 있는지 확인해야 합니다. 또한 수 세기에 익숙해지도록 수 세기의 다양한 방법을 알려 주어 전략적으로 수를 셀 수 있도록 도와주어야 해요.

수 세기의 방법 중 '즉지'라는 것이 있어요. 직산이라고도 부르는데, 하나하나 수를 헤아리지 않고 '딱 보고' 몇 개인지 아는 것입니다. 보드게임을 할 때 어른들은 주사위를 굴려서 나온 점 4개를 하나, 둘, 셋, 넷 하고 세지 않고도 보자마자 알아차리잖아요. 이렇게 하나씩 세지 않더라도 그 대상의 개수를 바로 인식하는 것, 이것을 '즉지' 혹은 '즉지하기'라고 합니다.

"10까지 세는 것도 잘 안 되는데, 어떻게 그걸 한눈에 알아요?"라고 질문하는 부모들이 많아요. 하지만 아이의 수 감각을 예리하게 키우기 위해서 즉지 연습은 필수입니다. 작은 수의 즉지부터 시작하여 반드시 연습을 시켜 주세요. 특히나 5 이하의 수는 빠르고 정확하게 즉지해서 말할 수 있어야 해요.

즉지 연습 1단계는 비교적 작은 수를 세는 아이들이 주사위로 하는 연습입니다.

즉지 연습 1단계

준비물 **주사위 1개**

❶ 아이가 주사위를 직접 던지게 합니다.

❷ 엄마가 질문합니다. "주사위 점이 몇 개야?"

❸ 아이는 직관적으로 점의 개수를 이야기합니다.

❹ 아이와 함께 점의 수를 세어 확인해 봅니다.

주사위 점이 몇 개야?

😊 **엄마의 발문**

생각UP **주사위는 어떻게 생겼어?**

　　　∶ 상자 모양이에요. ∶ 네모가 6개 있네요. ∶ 까만 점이 콕콕 박혀 있어요.

생각UP **주사위를 굴릴 때마다 달라지는 게 있네. 그게 뭘까?**

　　　∶ 점의 개수가 달라져요! 점이 많아졌다 적어졌다 하네요.

활동ing **주사위 점의 개수를 세어 볼까?**

4세나 5세 초반은 4~5개의 즉지가 어려울 시기이기 때문에 다양한 소재로 연습을 시켜야 합니다. 주사위뿐만 아니라 집에 있는 작은 물건을 이용해서도 연습하게 해 주세요. 참고로 즉지 연습에는 큰 구체물보다 작은 구체물이 더 좋으니 보석 칩이나 작은 사탕 등을 추천합니다.

한편 즉지 연습 2단계는 수학적 과정이 필요한 활동입니다. 예를 들어 주사위를 던져 5와 3이 나오면, 5와 3을 각각 즉지하고 합해야 하는 고도의 과정이지요. 모으기 연습도 함께 할 수 있는 활동이라 꼭 해 보기를 권장합니다.

즉지 연습 2단계

준비물 **주사위 2개**

❶ 아이가 주사위를 직접 던지게 합니다.
❷ 엄마가 질문합니다. "주사위 점이 몇 개야?"
❸ 아이는 직관적으로 점의 개수를 이야기합니다.
❹ 아이와 함께 점의 수를 세어 확인해 봅니다.

주사위 점이 몇 개야?

 엄마의 발문

생각UP 점의 개수를 빠르고 정확하게 알기 위해서 어떻게 했어?
: 점을 하나씩 세었어요 : 점의 개수를 더했어요

주사위 2개를 던졌을 때 나오는 두 수의 합이 얼마인지 알면 됩니다. 주사위 2개를 던졌을 때 6과 2가 나오면 '8'을 곧장 인지하는 거죠. 생각보다 많은 연습과 시간이 필요한 활동이니 인내심을 가지고 꾸준히 합니다.

Check! 작은 수의 즉지

☑ **1단계** 주사위 1개로 점 3~4개 즉지가 가능하다.

☐ **2단계** 주사위 1개로 점 5~6개 즉지가 가능하다.

☐ **3단계** 주사위 2개로 점 8개까지 즉지가 가능하다.

☐ **4단계** 주사위 2개로 점 12개까지 즉지가 가능하다.

일대일 대응 연습하기

초등 연계 1학년 1학기 1. 9까지의 수

본격적으로 수 세기를 진행할 때 부모가 기억해야 할 첫 번째 수 세기의 원리는 '일대일 대응'입니다. 물체 하나에 수를 하나씩 대응시키는 원리를 말해요. 하나, 둘, 셋, 넷, 다섯, 여섯, 일곱까지 세었을 때 개수가 모두 7개라고 아는 것이지요.

일대일 대응이 되는지 확인하기 위해서는 이렇게 질문해 보면 됩니다. "엄마한테 블록 6개만 줄래?" 이때 많은 아이들이 하나를 빼먹거나 한번 세었던 블록을 다시 세기도 하는데, 이는 수를 세지 못한다기보다는 일대일 대응 연습이 되어 있지 않기 때문에 일어나는 상황입니다.

우리 아이는 일대일 대응이 잘되고 있을까 확인하는 동시에 일대일 대응을 효과적으로 학습할 수 있는 활동, '일대일 대응하며 수 세기'를 소개합니다.

일대일 대응하며 수 세기

준비물 **사탕 한 움큼**

❶ 사탕 한 움큼을 테이블에 놓습니다. 아이가 셀 수 있을 정도의 수량으로 준비합니다.

❷ 아이에게 사탕의 수를 세게 합니다. 센 것과 세지 않은 것을 구분할 수 있도록 센 것을 옆으로 옮기게 합니다.

❸ 모두 몇 개인지 물어봅니다.

> 센 건
> 왼쪽으로 보내야지.

😊 **엄마의 발문**

 이미 센 사탕을 또 세거나 빼먹지 않고 정확히 세려면 어떻게 해야 할까?

　　: 센 것을 옆으로 밀어 놔요.
　　: 한 줄로 놓고 하나씩 세어요.

이 활동의 핵심 첫 번째, 센 것과 세지 않은 것을 구분하는 것입니다. 이 일대일 대응 활동을 문제집이나 학습지에 적용한다면, 연필이나 스티커로 센 것을 표시하는 방법을 알려 주면 되겠죠.

핵심 두 번째, 마지막에 센 수가 물건의 총합이라는 사실입니다. 아이들이 가장 헷갈려하는 부분이죠. 4~5세 아이들에게 수를 세라고 하면 "하나, 둘, 셋, 넷, 다섯, 여섯, 일곱!" 이렇게 잘 세다가도, "이게 모두 몇 개야?" 하고 물으면 "몰라!" 하고 대답하곤 합니다. 그러니 마지막에 센 수가 전체의 양이라는 사실을 엄마가 직접 알려 줘야 합니다. "하나, 둘, 셋, 넷, 다섯, 여섯, 일고옵! 7개!" 이렇게 마지막 수를 강조해서 말하면 돼요. 더불어 물건이 놓여 있는 순서가 바뀌어도 개수는 변하지 않는다는 사실도 알게 해야 합니다.

이 활동을 일상 속 놀이로 적용할 때는 조금 더 자연스러운 질문을 던져 보세요. "여기 있는 간식이 몇 개인지 세어 볼래?"와 같은 질문은 공부하는 듯한 느낌이 듭니다. 그것보다는 "이거 다 먹을 거야? 몇 개 먹을 거야? 이 중에서 1개만 엄마한테 줄래?"가 좋겠죠.

일상생활 속에서는 아이의 수를 확장하기도 쉬워요. 예를 들어 아이가 5까지는 아는데 6을 모른다고 하면, 이렇게 해 보는 거죠. "엄마한테 사탕 5개만 줄래?"라고 하며 5개를 가지고 오게 해요. 그 다음에 "이번에는 사탕 6개 줘."라고 요청합니다. 그러면 아이가 "6개가 뭐예요?"라고 물을 테니 "5개보다 1개만 더 갖고 오면 돼."라고 이야기합니다.

수 세기의 중요성에 비해 실제로 초등학생들의 수 세기 경험은 굉장히 적습니다. 아이가 10이나 20 단위의 수를 아는 순간 엄마는 연산할 준비가 됐다는 착각 때문에 수 세기를 멈추고, 셈을 가르치는 데 집중하기 때문이죠.

하지만 아이는 수를 마스터한 것이 아니에요. 일대일 대응에 실수가 잦을 수도 있고, 수와 양을 일치시키기 어려워할 수도 있으며, 거꾸로 세기를 어려워할 수도 있어요. 10이나 20까지 셀 수 있다고 해서 멈추지 말고, 그 이상의 수까지도 능숙하게 세는 연습을 해야 합니다. 그러기 위해서는 보고 만지는 경험이 정말 많이 필요하지요.

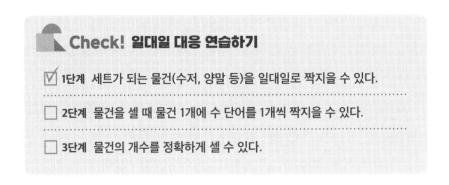

◤ **Check! 일대일 대응 연습하기**

☑ **1단계** 세트가 되는 물건(수저, 양말 등)을 일대일로 짝지을 수 있다.

☐ **2단계** 물건을 셀 때 물건 1개에 수 단어를 1개씩 짝지을 수 있다.

☐ **3단계** 물건의 개수를 정확하게 셀 수 있다.

숫자와 양 연결하기

물건의 수는 잘 세는데 이를 '숫자'와 연결하기 어려워하는 아이들이 많습니다. 예를 들어 사탕 6개를 세고 "여섯 개!"라고 말할 수 있지만, 수 카드 '6'을 고르는 건 어려워할 수 있지요.

왜 그럴까요? 숫자는 상징적인 기호이기 때문입니다. 아이에게 이 기호는 암호 같은 존재입니다. 바로 해석이 어려우니 구체물과 수의 간극을 반구체물로 연결하는 과정이 필요합니다. 아이가 직접 만지며 셀 수 없는 도트나 그림을 이용하여 수를 세는 연습을 해야 하죠. 따라서 사탕 4개를 세어 보았다면, 바로 숫자 4를 잇기보다는 동그라미를 그리거나 스티커를 붙인 후 '4'라고 써 보도록 해 주세요. 추상적인 개념을 현실적인 수 감각으로 연계하는 과정이 중요합니다.

이제 수량과 숫자를 대응하는 연습, 즉 숫자 대응을 하는 방법으로 수 카드를 활용해 보겠습니다.

구체물	반구체물	숫자
🍬🍬🍬🍬	⋮⋮	4

'숫자 대응'이란 5라는 숫자가 사물 5개의 개수를 의미한다는 사실을 아는 것입니다. 제대로 된 용어는 '숫자 표상'이라고 하는데, 말이 어려우니 숫자 대응이라고 하겠습니다.

아이가 알고 있는 수의 범위만큼 수 카드를 준비합니다. 이때 '알고 있다'의 기준은 '조금 어려워하는 정도'입니다. 능숙해지면 수의 범위를 조금씩 넓혀 가며 진행하면 되겠죠? 예를 들어 아이가 5까지는 잘 세는데 6부터는 너무 어려워하면 수 카드를 6까지 준비하여 진행하세요.

아이가 적어도 10까지 수를 셀 수 있어야 숫자 대응을 시도할 수 있어요. 아이가 이제 겨우 5를 세고 있는데, 사탕 5개와 숫자 5를 대응시키려고 하면 아이도 엄마도 진이 빠지거든요.

수 카드

손가락과 숫자 대응

준비물 수 카드

❶ 수 카드들을 섞습니다.

❷ 엄마가 손가락으로 임의의 수를 만들고 질문합니다. "엄마가 펼친 손가락 수랑 똑같은 카드를 찾아볼까?"

❸ 아이가 같은 숫자에 해당하는 카드를 찾습니다.

엄마가 펼친 손가락 수랑 똑같은 카드를 찾아볼까?

 엄마의 발문

생각UP 손가락은 10개뿐이잖아. 그럼 10개가 넘는 것은 어떻게 표현해야 할까?

┊ 아빠한테 도와달라고 해요 ┊ 발가락도 써요 ┊ 돌멩이를 써요 ┊ 그림으로 그려요

이맘때 아이들이 가장 힘들어하는 것이 '거울상 숫자'입니다. 숫자 2와 5, 6과 9가 비슷하게 생겨서 서로 헷갈리거든요. 이때 엄마는 구분하는 요령을 가르쳐 주기보다, 어떻게 6과 9를 구별할 수 있는지 물어보세요. "숫자 6이랑 9가 되게 비슷하게 생겨서 너무 헷갈려. 어떻게 해야 쉽게 기억할 수 있을까?" 그리고 아이가 자신만의 답을 찾을 수 있도록 도와주세요. "6은 동그라미가 아래에 있고 9는 동그라미가 위에 있어요."와 같은 답을

주로 하겠지만, "9는 힘이 세서 돌을 번쩍 들고 있어요!"와 같이 생각지도
못한 답변을 듣는 재미도 있답니다.

손가락과 숫자 대응이 잘되면 도트와 숫자도 대응하는 연습을 합니다.

수 카드 　도트 카드

도트와 숫자 대응

준비물 수 카드, 도트 카드

❶ 1부터 10까지의 수 카드와 도트 카드를
분류하여 준비합니다.

❷ 엄마가 도트 카드 1장을 보여 주면, 아이는
그에 대응되는 수 카드를 고릅니다.

❸ 아이가 고른 수 카드가 맞는지, 도트 카드의
도트의 수를 세어 봅니다.

❹ 만약 틀렸다면 자연스럽게 말로 알려 주세요.
ex) 도트를 세어서 확인해 볼까?

어떤 카드가
맞을까?

　　😊 엄마의 발문

생각UP **도트 카드를 사용하면 수 카드보다 어떤 점이 좋을까?**
　　: 뭐가 많고 뭐가 적은지 쉽게 알아볼 수 있어요.

생각UP **수 카드를 사용하면 도트 카드보다 어떤 점이 좋을까?**
　　: 세어 보지 않아도 몇 개인지 알아요.

엄마의 발문에서 수 카드와 도트 카드를 비교하는데, 이때 정해진 답은
없습니다. 아직 숫자에 익숙하지 않은 친구는 도트 카드가 더 편할 수도 있

고, 숫자에 익숙한 친구는 수 카드가 더 편할 수도 있거든요. 아이마다 생각하는 바가 다르니, 아이가 자신의 생각을 이야기해 보도록 발문하세요. 아이는 생각하고 표현하는 힘을 기를 수 있고, 엄마는 아이의 수준을 점검할 수 있습니다.

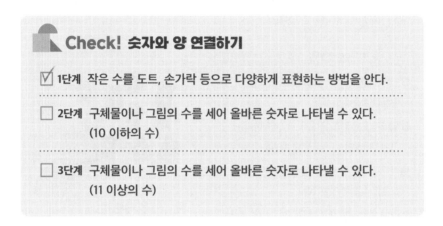

Check! 숫자와 양 연결하기

☑ 1단계 작은 수를 도트, 손가락 등으로 다양하게 표현하는 방법을 안다.

☐ 2단계 구체물이나 그림의 수를 세어 올바른 숫자로 나타낼 수 있다.
(10 이하의 수)

☐ 3단계 구체물이나 그림의 수를 세어 올바른 숫자로 나타낼 수 있다.
(11 이상의 수)

수의 크기 비교하기

1학년 1학기
3. 덧셈과 뺄셈

아이들이 능숙하게 수 세기와 숫자 대응을 할 수 있다면, 이제 수를 비교할 차례예요.

최종 목표는 두 숫자만 보고 수의 크기를 비교하는 것이지만, 이제 막 '네 개'가 '4'와 같다는 사실을 알기 시작한 아이들에게는 너무나 어려운 일이지요. 그러므로 먼저 구체물을 놓고 '양의 많고 적음'이 무엇인지 아는 연습부터 해야 합니다.

수를 비교하는 방법을 어떻게 알려 줘야 할까요? 두 가지 방법이 있습니다. '수 세기'와 '일대일 대응'입니다.

우선 수 세기의 방법은 다음과 같습니다. 초콜릿이나 사탕 등 아이가 좋아하는 것이라면 무엇이든 좋습니다. 두 집합을 수를 다르게 하여 놓게 하고 비교하게 합니다. "사탕은 하나, 둘, 셋, 3개. 초콜릿은 하나, 둘, 셋, 넷, 4개. 초콜릿이 더 많아요."라고 표현합니다. 4~5세 정도의 어린 아이들은 대부분 이렇게 비교를 합니다.

한편 일대일 대응은 말 그대로 두 종류의 간식이나 물건을 각각 모은 뒤, 하나씩 짝을 지어 주는 겁니다. 짝을 짓다 보면 한쪽이 남게 되니 다음과 같은 깨달음을 얻는 거죠. "얘하고 얘가 짝이고, 얘하고 얘가 짝이고, 얘하고 얘가 짝인데… 어? 하나가 남네? 그래서 이쪽이 더 많은 거구나!"

일대일 대응은 일상생활에서도 쉽게 경험하게 할 수 있어요. 식사를 준비할 때, 아이에게 "오늘은 네가 숟가락과 포크를 한번 놓아 볼래?" 하고 제안하는 겁니다. 네 식구의 숟가락과 포크를 놓을 때,

숟가락 4개와 포크 5개를 주면 아이가 자리마다 놓다가 '어? 포크가 하나 남네?' 하고 알게 됩니다. 그럴 때 "그럼 어느 쪽이 더 많은 거야?"라고 발문함으로써 자연스럽게 남는 쪽이 더 많다는 것을 인지할 수 있도록 하세요.

다음은 도트 카드와 수 카드를 활용해 수의 크기를 비교하는 활동들입니다.

도트 카드

수의 크기 비교: 도트 카드

준비물 도트 카드(1~10)

❶ 1부터 10까지의 도트 카드를 섞은 후 엄마와 아이가 각각 5장씩 나누어 가집니다.

❷ 엄마와 아이가 "하나 둘 셋!" 하고 외치며 동시에 카드를 1장씩 냅니다.

5는 3보다 큽니다. 카드를 주세요!

❸ 누구의 카드가 큰 수인지를 서로 확인한 후, 수가 더 큰 카드를 가진 사람이 "○는 □보다 큽니다. 카드를 주세요!"라고 말하고 낸 카드를 둘 다 갖습니다.

❹ ❶~❸을 정해진 횟수만큼 반복합니다. 카드를 더 많이 가진 사람이 승리합니다.

👩 엄마의 발문

활동ing 왜 5가 3보다 크다고 생각해?

생각UP 3이 5가 되려면 얼마가 더 필요할까?

생각UP 5보다 작은 것에는 무엇이 있어?

생각UP 3보다 크고 15보다 작은 것에는 무엇이 있어?

수의 크기 비교: 수 카드

준비물 수 카드(1~10)

❶ 1부터 10까지의 수 카드 10장을 섞은 후 엄마와 아이가 각각 5장씩 나누어 가집니다.

❷ 엄마와 아이가 "하나 둘 셋!" 하고 동시에 카드를 1장씩 냅니다.

❸ 누구의 카드가 큰 수인지를 서로 확인한 후, 수가 더 큰 카드를 가진 사람이 "○는 □보다 큽니다. 카드를 주세요!"라고 말하고 낸 카드를 둘 다 갖습니다.

❹ ❶~❸을 정해진 횟수만큼 반복합니다. 카드를 더 많이 가진 사람이 승리합니다.

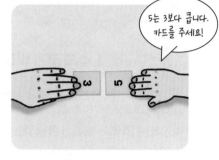

5는 3보다 큽니다. 카드를 주세요!

👩 엄마의 발문

활동ing 5가 3보다 큰지 어떻게 확인할 수 있을까?

: 바둑돌 5개랑 3개를 놓고 짝지어 봐요

한 번은 큰 수를 낸 사람이 이기는 것으로, 한 번은 작은 수를 낸 사람이 이기는 것으로 규칙을 바꿔 가며 놀면 더 좋습니다.

이와 같이 크기를 비교하는 상황을 아이가 직접 말로 표현하는 경험이 매우 중요합니다. 보통 아이는 '크다'와 '작다'라는 개념은 잘 알고 있지만 이를 비교하여 말로 표현하는 것은 어려워하기 때문입니다. 예를 들어 수 카드 '5'와 '8'을 보여 주고 '더 큰 수'가 쓰인 카드나 '더 작은 수'가 쓰인 카드를 골라 보라고 하면 잘 고르는데, 막상 직접 "8은 5보다 큽니다."라고 입말로 잘 뱉지 못하는 경우가 많아요. 이렇게 직접 말하는 경험을 통해 수학적으로 문장을 표현하는 것에 익숙해지도록 해야 합니다.

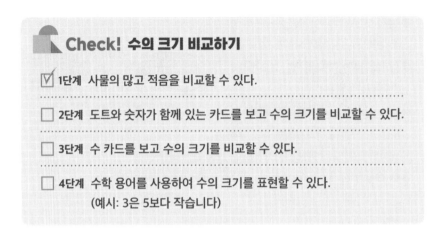

Check! 수의 크기 비교하기

☑ **1단계** 사물의 많고 적음을 비교할 수 있다.

☐ **2단계** 도트와 숫자가 함께 있는 카드를 보고 수의 크기를 비교할 수 있다.

☐ **3단계** 수 카드를 보고 수의 크기를 비교할 수 있다.

☐ **4단계** 수학 용어를 사용하여 수의 크기를 표현할 수 있다.
(예시: 3은 5보다 작습니다)

두 자리 수: 묶음, 낱개, 자릿값

 1학년 2학기
1. 100까지의 수

5~6세라도 "34예요, 26이에요." 하고 두 자리 수를 읽을 수 있는 아이들이 있습니다. 하지만 이는 암기의 결과일 가능성이 큽니다. 다시 말해 읽을 수 있다고 해서 수의 개념을 안다고 단정할 수 없습니다.

두 자리 수를 학습하는 아이라면 이미 말로는 50 이상 셀 수 있을 겁니다. 그 과정에서 자연스럽게 수의 이름이 10 단위로 반복된다는 것도 알게 되고요. 하지만 아는 숫자를 '쓰기' 위해서 추가로 알아야 할 개념이 있어요. 바로 자릿값입니다. 엄마가 사십삼을 써 보라고 하면 403이라고 쓰는 경우가 태반이지요.

유아 시기에 해야 할 것은 10개씩 묶어서 표현하는 경험을 많이 하는 거예요. 그러면서 많은 양을 효율적으로 알아보는 수단인 자릿값을 이해하는 거죠. 자릿값 개념을 모르는 아이도, 수를 셀 때 10개 단위로 수 이름이 반복된다는 건 알 수 있습니다. 이 점에 착안하여 10개씩 묶어 세는 활동으로 자릿값을 학습할 수 있어요.

사실 이 개념은 아이가 이해하기 어렵습니다. 10개를 묶으면, 그 수는 여전히 10개지만 단위가 바뀌면서 '1개(의 묶음)'로 바뀝니다. 이렇게 묶음으로 표현하면 수가 바뀌는 것을 온전히 이해해야만 '사십삼'이 403이 아닌 43이 된다는 것을 이해할 수 있지요.

어떤가요? 무의식적으로 쓰는 십진법을 이렇게 풀어서 설명하니까 바로 이해하기가 힘들지 않나요? 게다가 유아는 '묶음'이나 '개수'라는 단어도 잘 몰라요. 이런 아이들에게 어떻게 자릿값의 개념을 알려 줄 수 있을까요?

방법은 하나입니다. 직접 손으로 만지고 묶어 보며 '묶음'이 무엇인지 스스로 알게 하는 것이지요. 초등 교육과정에서는 연결 모형 교구를 이용하여 자릿값의 개념을 학습하는데, 우리 아이는 유아이니 처음에는 조금 더 친숙한 준비물로 활동할 수 있는 방법을 소개할게요.

실, 모루, 빵끈 등 여러 가지 묶을 수 있는 수단과 투명 비닐 봉지를 준비하세요. 그리고 아이가 좋아하는 낱개 물건을 준비하세요. 초콜릿, 사탕, 빨대, 장난감, 무엇이든 좋습니다.

활동 전에 이 물건들을 아이와 함께 준비하면서 발문을 던지면 더욱 좋

습니다. "우리가 묶음으로 보관하는 것은 무엇이 있을까?"라고 물어보는
거죠. 그러면 아이들은 색연필이나 양말 등 다양한 답을 내놓습니다.

이때 여기서 그치지 않고, "묶음으로 보관하면 어떤 점이 좋을까?"라고
도 물어보세요. "개수가 많을 때 보관하기 편해요.", "양말은 짝을 맞춰서
놓으면 좋아요.", "몇 개인지 세기 편해요." 등의 다양한 대답을 유도합니
다. 이런 대화를 통해 묶음의 필요성과 편리함을 자연스럽게 이해하게 하
는 거죠.

10개씩 묶음 활동

준비물 사탕 수십 개(10개 단위), 봉지, 빵끈

❶ 사탕을 준비하여 아이가 직접 세게 합니다.

❷ 사탕을 10개씩 봉지에 담고 입구를 빵끈으
로 묶도록 합니다.

❸ 전체가 몇 개인지 다시 말해 보게 합니다.

❹ 사탕의 수량을 바꾸어 가며 반복하여 활동
합니다. 이때 사탕의 수량은 반드시 10의 배
수가 되도록 합니다.

묶음이 3개면
모두 몇 개지?

10, 20, 30!
30이요.

 엄마의 발문

활동ing 사탕을 2개나 5개로 묶지 않고 10개씩 묶었어. 이유가 뭘까?

： 숫자로 표현하기 쉬워요.

활동 중에 엄마가 "10개가 한 묶음, 두 묶음, 세 묶음."이라고 표현하면 아이들은 처음에는 고개를 갸우뚱거릴 거예요. 하지만 괜찮아요. 앞에서 설명했듯이, 당장 이해를 하지 못하더라도 지속적으로 반복하면 언젠가는 아이가 묶음에 대한 개념을 습득하게 될 테니까요.

아이가 묶음 활동에 익숙해졌다면, 자릿값 카드를 활용합니다. 자릿값 카드란 가장 큰 자리 수만 표현한 카드입니다. '10개씩 묶음 활동'을 진행한 후, 자릿값 카드를 옆에 두는 활동을 해 보아도 좋아요. 다음 202쪽의 QR코드를 찍어서 자릿값 카드를 다운받아 해 보세요. (이 단계에서는 일의 자리는 노출하지 않습니다.)

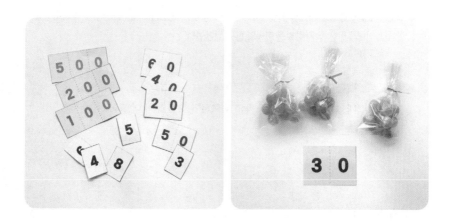

이제 빨대 묶음으로 낱개의 개념까지 익힐 차례입니다. 이때 묶음이 되는 빨대와 낱개가 되는 빨대의 색깔이 다르면 더욱 직관적으로 인식하며 활동할 수 있습니다.

10개씩 묶음과 낱개 활동

준비물 빨대 수십 개, 묶을 수 있는 물건
(빵끈 등), 자릿값 카드

❶ 아이가 빨대를 10개씩 직접 묶게 하세요.

❷ 10개씩 묶고 남은 빨대는 묶은 빨대 옆에
나란히 둡니다.

❸ 아이에게 질문합니다. "10개씩 묶은 빨대가
몇 묶음이야?", "10개씩 묶고 남은 빨대가
몇 개야?"

❹ ❸번에서 대답한 대로 자릿값 카드를 가지고 옵니다.

❺ ❹번까지 잘 진행되었다면, 일의 자리 수가 쓰인 카드를 자릿값 카드의 일의 자리 위에 올려놓게
합니다. 이렇게 만든 두 자리 수를 아이와 함께 읽어 봅니다.

10개 묶음 4개,
낱개 4개!

 엄마의 발문

활동ing 빨대를 묶지 않고 세었을 때와 비교하면 어떤 점이 더 좋아?

  : 묶으면 세기 쉬워요

10묶음 4개가 모여서 40이 되고, 남는 빨대는 낱개로 4개입니다. 이 둘
을 합쳐서 표현하는 방법을 알려 주기 위해 낱개 4개를 표현하는 자릿값
카드 4를 자릿값 카드 40의 0 위에 올려놓으며 "이건 사십사! 이렇게 읽을
수 있어."라고 말해 주세요. 그러면 아이는 44라는 두 자리 수가 '10묶음
4개와 낱개 4개'를 의미한다는 원리를 습득할 수 있습니다.

일상에서 쉽게 접할 수 있는 물건들로 자릿값의 원리를 충분히 경험했

다면, 이제 연결 모형을 활용할 차례입니다. 5묶음과 10묶음을 직관적으로 보여 주기 좋답니다.

먼저 아이가 직접 빨간색 연결 모형 5개와 하얀색 연결 모형 5개를 끼워 한 줄로 만들게 합니다. 그 과정에서 아이는 빨간색 연결 모형 5개와 하얀색 연결 모형 5개가 연결된 한 줄이 10개라는 것을 바로 알 수 있습니다. 아이가 연결 모형 5개씩을 연결해 10묶음을 만드는 데 익숙해지면, 다음의 활동을 진행해 보세요.

자릿값 카드

자릿값 익히기

준비물 연결 모형, 자릿값 카드

① 연결 모형으로 두 자리 수를 만듭니다. 이때 10묶음은 빨간색 5개+하얀색 5개 조합으로 만듭니다.

② 아이에게 질문합니다. "10묶음이 몇 개야?" 아이가 대답하면 직접 자릿값 카드를 연결 모형 앞에 놓게 합니다. 같은 방식으로 아이에게 "낱개는 몇 개 있어?" 하고 질문하고 자릿값 카드를 일의 자리까지 놓아 수를 완성합니다.

③ 수를 읽어 보게 합니다. "10이 2개고 1이 4개니까 이십사라고 읽어."

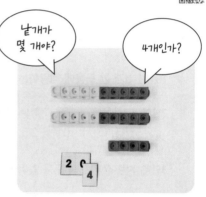

낱개가 몇 개야?

4개인가?

👩 **엄마의 발문**

생각UP 숫자가 없던 옛날에는 큰 수를 어떤 물건으로 표현했을까?
: 10묶음은 큰 돌로 하고, 낱개는 작은 돌로 했을 것 같아요

생각UP 숫자가 없던 옛날에는 큰 수를 어떤 그림으로 표현했을까?
: 10묶음은 선을 긋고, 낱개는 동그라미를 그렸을 것 같아요

이때 일정한 규칙으로 문제를 제시해 주세요. 가령 결과값이 1씩 혹은 10씩 커지게 하는 거죠. 그러면 아이는 '어? 10씩 커지면 연결 모형이 한 줄씩 많아지고 1씩 커지면 연결 모형이 1개씩 많아지네?' 하고 규칙을 찾는 과정에서 사고력을 키울 수 있습니다.

절대 아이를 다그치지 마세요. "자, 써 봐. '묶음 1개'랑 '낱개 1개'라고 하니까 11을 써야지.", "여기는 '묶음 1개'랑 '낱개 2개'가 있으니까 12잖아." 이렇게 답을 떠 먹여 주지도 마세요. 시간이 걸리더라도 아이가 스스로 규칙을 찾아야 큰 수로 확장하는 것도 수월하게 할 수 있어요.

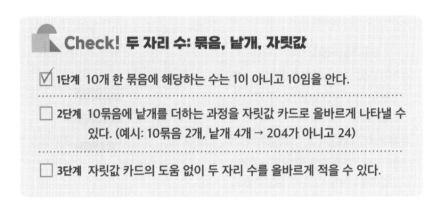

Check! 두 자리 수: 묶음, 낱개, 자릿값

☑ **1단계** 10개 한 묶음에 해당하는 수는 1이 아니고 10임을 안다.

☐ **2단계** 10묶음에 낱개를 더하는 과정을 자릿값 카드로 올바르게 나타낼 수 있다. (예시: 10묶음 2개, 낱개 4개 → 204가 아니고 24)

☐ **3단계** 자릿값 카드의 도움 없이 두 자리 수를 올바르게 적을 수 있다.

수직선으로 수 개념 잡기

1학년 2학기
2. 덧셈과 뺄셈(1)

수직선은 수를 학습하기 좋은 도구이지만 아이들에게는 어렵습니다.

흥미를 끌고 쉽게 설명하려고 노력해도 소용이 없는 경우도 많아요.

예를 들어 볼까요? 귀여운 토끼 교구를 꺼내서 수직선 위에 올려놓고 아이에게 질문합니다.

"자, 여기 수직선 1 위에 토끼가 있어. 토끼가 앞으로 2만큼 뛰면 몇이야?"

반응이 어떨까요? 멈칫하는 아이를 볼 수 있습니다. 이 간단한 걸 왜 모를까요? 그냥 차근차근 세면 되는데 말이죠. 답답하지만 아이가 처음 접하는 형태의 도구이니 어쩔 수 없습니다.

많은 아이들이 수직선에서 수를 세는 것을 어려워하는 이유는 '2만큼 뛴다'라고 했을 때 현재 위치를 포함해서 세는 경우가 많기 때문입니다. 그러니 1부터 하나를 세는 것이 아니라, '2로 넘어가면서부터 1칸'이라는 사실을 알려 주어야 합니다. 꾸준히 반복적으로 알려 주세요. 주사위를 던져 나온 수만큼 칸을 이동하는 보드게임도 수직선의 원리에 다가가는 데 큰 도움이 됩니다.

아이들이 수직선을 어려워하는 또 다른 이유는, 수직선이 일상에서 흔히 보지 못하는 낯선 것이기 때문입니다. 그래서 저는 처음에는 수직선을 세로로 놓고 쓰는 것을 추천합니다. 아이들은 평소 엘리베이터를 타며 위로 올라갈수록 수가 커진다는 사실을 무의식 중에 알고 있기 때문에, 수직선을 세로로 놓으면 조금 더 이해하기가 쉽습니다.

예를 들어 수직선 옆에 아파트를 그려 주고 "여기가 아파트야. 아파트 1층, 2층, 3층…" 하고 설명하면 아이가 쉽게 이해합니다. 아파트 말고도 아이가 잘 알고 있는 일상 속의 사물에 빗대어 설명하면 아이가 수직선 개념을 더 잘 받아들일 수 있답니다.

이 과정을 거쳐 아이가 수직선에 익숙해졌을 때 본격적으로 수직선 활동을 시작해 주세요.

수직선

수직선 활동 1단계: 수 읽기

준비물 수직선, 연결 모형

❶ 아이에게 질문합니다. "숫자 8 위에 큐브를 올려 볼까?"

❷ 아이가 잘 올려놓으면 칭찬합니다.

❸ 수를 바꾸어 가며 반복합니다.

> 수직선에서 8을 찾아볼까?

> 여기다!

3 4 5 6 7

👩 엄마의 발문

생각UP 수직선이 어떻게 생겼는지 이야기해 볼까?

: 숫자가 있어요 : 칸이 나뉘어 있어요

: 오른쪽으로 갈수록 수가 점점 커져요

이 활동의 목적은 수가 순서대로 적혀 있는 수직선 자체에 익숙해지는 것이므로 간단히 진행해도 됩니다.

한편 연결 모형 대신 아이가 좋아하는 캐릭터 미니어처를 활용해도 재미있게 진행할 수 있어요.

수직선 활동 2단계: 큰 수, 작은 수 맞히기

준비물 수직선

❶ 수직선에서 수 하나를 임의로 찾게 합니다.
"5를 찾아봐."

❷ 아이에게 질문합니다. "이 수보다 3 큰 수
를 찾아볼까?", "이 수보다 2 작은 수를 찾
아볼까?"

❸ 이번에는 거꾸로 아이가 질문하고 엄마가
답을 찾습니다.

❹ 수를 바꾸어 가며 활동을 반복합니다.

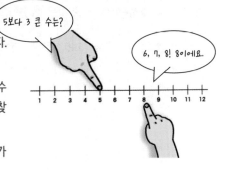

😊 **엄마의 발문**

생각UP **수직선이 있으면 어떤 점이 좋아?**
: 수가 얼마큼 커지고 작아지는지 잘 보여요.

이 활동을 하면서 아이의 장난기가 샘솟기도 합니다. 부모가 알아맞히
는 순서에 아이는 자기가 부를 수 있는 가장 큰 수를 언급할 겁니다. "엄마,
이번에는 백! 아니 백천만!" 하면서요. 이런 장난을 그대로 받아 주면 활동
에는 별 도움이 되지 않으니 아이가 이해할 수 있는 수 범위로 좁힙니다.
"엄마 수는 너무 큰데? 엄마도 작은 수 불러 줘!" 하면서요.

수 배열판으로 수의 규칙 발견하기

초등연계 2학년 1학기 1. 세 자리 수

1부에서 소개했다시피 수 배열판은 숫자가 가로-세로-대각선을 따라 규칙적으로 나열되어 있는 표입니다. 초등학교 1학년 수학 진도를 따라가면 2학기 말까지 100을 전부 배우게 됩니다. 이때 교과서에서 활용하는 것이 1부터 100까지의 수가 나열되어 있는 수 배열표예요. 수 배열표를 통해 수의 순서, 기수법, 수의 관계를 이해할 수 있죠.

하지만 많은 가정에서 수 배열판을 잘 활용하지 못하고, 단순히 수의 위치를 찾는 것에 그치곤 해요. 아이들은 수 배열판을 보면서 "25가 여기 있어요!", "35가 여기 있어요!", "40 자리는 어디야?" 이런 식으로 숫자를 찾는 것에 그치곤 합니다. 훨씬 더 다양한 활동들이 있는데 말이죠.

수 배열판의 목적은 수의 규칙성을 발견하는 데 있습니다. 즉, 20까지의 수를 알게 된 아이가 수 배열표를 가지고 놀면서 수의 규칙을 스스로 파악해서, 30까지의 수의 규칙을 발견할 수 있게 하는 것이죠. 그렇기 때문에 처음부터 수 배열판에 있는 1부터 120까지 모든 수의 위치를 기억해야 할 필요가 없습니다. 아이가 30까지 발견했다면, 40과 50까지 확장할 수 있게 독려하고, 그러다가 아이가 "그럼 여긴 60이겠네, 70이겠네, 80이겠네, 90이겠네?" 하며 스스로 다음 수를 찾아내는 게 좋은 학습 방향입니다.

그럼 본격적으로 수 배열판을 가지고 놀아 볼까요? 그전에 엄마가 알아야 할 것이 바로 수 배열판의 규칙입니다. 첫째, 오른쪽으로 갈수록 1씩 커지고 왼쪽으로 갈수록 1씩 작아집니다(수의 순서). 어른의 눈에는 무척 쉬워 보이지만 의외로 아이들이 이 규칙을 헷갈려합니다. 둘째, 아래에서 위로 갈수록 10씩 작아지고, 위에서 아래로 가면 10씩 커집니다(수의 배열). 이를 염두에 두고 다음의 활동을 진행합니다.

수 배열판

수 배열판 탐색

준비물 수 배열판, 수 칩

❶ 아이에게 제안합니다. "엄마가 부르는 수에 칩을 올려 줘."

❷ 처음에는 왼쪽에서 오른쪽으로 놓도록 부릅니다. ex) 4, 5, 6, 7···

❸ 조금 익숙해지면 방향을 바꾸어 위에서 아래로 놓도록 합니다. ex) 9, 19, 29, 39···

❹ 찾은 규칙을 이야기해 보도록 합니다.

❺ 익숙해지면 엄마와 아이가 역할을 바꾸어 아이가 문제를 내고 엄마가 수 칩을 올려놓습니다.

자, 이제 39에 칩을 올려 줘.

10씩 커지네?

아이가 좋아하는 피규어나 초콜릿은 흥미를 끌 수 있어서 좋고, 수 칩은 수에 집중할 수 있어서 좋습니다. 처음에는 피규어로 흥미를 유발하고 서서히 수 칩을 사용해 주세요.

이 활동의 핵심은 아이가 스스로 규칙을 찾는 데 있습니다. 부모가 직접 수 배열판에 수 칩을 올리며 "이거 봐. 오른쪽으로 가면 1씩 커지지? 아래로 가면 10씩 커지지?" 하면서 알려 주는 것과 크게 다르죠. 예를 들어 볼게요. 부모가 5를 부르면 5에 올리고, 6을 부르면 6에 올리고, 그러다 보면 어느 순간 아이가 선수를 칩니다. "엄마, 7 부를 거지?" 하고요. 이때가 반전을 줄 타이밍입니다. "아닌데? 16!" 하면 아이가 16을 열심히 찾습니다. 아이가 '어, 이 숫자는 옆이 아닌 아래에 있네?' 하고 올려놓으면 그 다음에 세로 방향으로 26, 36, 46을 부르는 겁니다. 그러다 보면 순간 아이가 깨닫습니다. "어? 이거 앞에 숫자만 다르고 뒤가 똑같아요." 유아는 십의 자리, 일의 자리 같은 수학적 표현을 모르기 때문에 자신의 생각을 자신이 아는 언어로 말하는데, 그러면 "우와! 그러네~ 진짜 대단한 걸 발견했네!" 하면서 응원해 줍니다. '엄마의 발문'을 참고하여 아이가 다양한 규칙을 스스로 알아내도록 유도하세요.

수 배열판으로 간단한 연산도 할 수 있어요. 수 배열판에서 이어 세기로 덧셈을 하는 방법은 간단합니다. 카드 2장을 뽑아서 더하는 활동을 하면 됩니다. 예를 들어 3과 8이 나왔다면 먼저 수 칩을 3에 놓고 8칸 더 가는 겁니다. 3에서부터 하나, 둘, 셋, 넷, 다섯, 여섯, 일곱, 여덟. 이런 식으로 칸을 세어서 11이 적힌 칸까지 찾아가는 과정을 보여 주세요.

더 난도가 높은 두 자리 수 덧셈이나 뺄셈도 수 배열판을 이용해서 할 수 있습니다. 초등학교에서 다루는 내용이지만 원리가 간단하니 소개해 볼게요. 두 자리 수가 적힌 수 카드로 진행하는 것입니다.

수 카드   수 배열판

수 배열판 덧셈 뺄셈

준비물 수 배열판, 수 칩, 수 카드(두 자리 수)

❶ 아이에게 카드 2장을 뽑게 하고, 아이에게 질문합니다. "이 두 카드의 합은 몇이야?"

❷ 아이가 한 카드의 수를 수 배열판에서 찾고, 그 수에서 시작해 다른 카드의 수만큼 옮겨 가면서 답을 구할 수 있게 합니다.

❸ 뺄셈도 동일하게 진행합니다. 큰 수에서 작은 수를 빼도록 합니다.

엄마의 발문

활동ing 수 배열판으로 어떻게 덧셈을 할 수 있을까?
: 일의 자리 수만큼 오른쪽으로 옮기고, 십의 자리 수만큼 아래로 옮겨요.

활동ing 그럼 뺄셈은 어떻게 할 수 있을까?
: 일의 자리 수만큼 왼쪽으로 옮기고, 십의 자리 수만큼 위로 옮겨요.

예를 들어 아이가 14와 35를 뽑았다고 합시다. 이 둘을 더하는 과정은 어떻게 진행하면 될까요? 35는 30과 5로 나눌 수 있습니다. 우선 14에서 30만큼 더 큰 수를 찾습니다. 14에서 아래로 3칸 이동하면 되지요. 아이에게 소리내어 수를 불러 줘도 좋아요. "10, 20, 30만큼씩 이동해서 24, 34, 44가 되네." 그 다음 남은 5만큼을 더하기 위해 44에서 오른쪽으로 5칸 이동합니다. 45, 46, 47, 48, 49. 답에 도착했습니다. 두 자리 수의 덧셈을 공부하지 않았더라도 수 배열판의 원리를 이용하면 충분히 할 수 있어요. 만약 이 활동을 쉽게 진행한다면 덧셈을 완료한 후 식을 만드는 것도 추천합니다.

이런 다양한 활동을 반복한 아이는 수 배열판이 머릿속에 각인되어 수 배열판 없이도 수를 유연하게 다룰 수 있게 됩니다. 결국 아이가 가지는 연산의 전략이 다양해진다는 뜻이죠.

Check! 수 배열판으로 수의 규칙 발견하기

☑ **1단계** 수 배열판에서 수를 찾을 수 있다.

☐ **2단계** 1 작은 수/큰 수는 좌우로, 10 작은 수/큰 수는 위아래로 배열되는 규칙을 찾고 이해할 수 있다.

☐ **3단계** 수 배열판을 활용하여 한 자리 수의 연산 문제를 해결할 수 있다.

☐ **4단계** 수 배열판을 활용하여 두 자리 수의 연산 문제를 해결할 수 있다.

활동 지도 # 기초 연산 : 본격 연산을 위한 초석

구체물로 모으기와 가르기

모으기 1단계
가르기 1단계
모으기-가르기 실전
가르기 2단계

수의 모으기와 가르기

수 카드를 사용한 모으기와 가르기

기초 연산: 본격 연산을 위한 초석

이제는 수학에서 정답만 요구하지 않습니다. 초등학교 1학년 때까지는 연산을 열심히 선행한 친구들이 수학을 잘하는 것처럼 보입니다. 그런데 2학년이나 3학년이 되면 수학을 진짜 잘하는 아이와 못하는 아이가 구분되기 시작합니다. 입학하기 전까지 다들 열심히 했는데 왜 다를까요?

근본적인 이유는 학습 방법이 잘못되었기 때문이에요. 여러 번 이야기 했지만 이제는 답을 찾는 것만이 중요한 시대가 아닙니다. 예전의 방식대로 연산만 능숙해지도록 훈련시키면 '원리'와 '개념'이 중요해지는 2~3학년 때부터 한계에 부딪치게 됩니다.

다음은 달콤수학 초등 사고력 프로젝트 교재의 일부입니다. 이 교재를 보고 '이렇게까지 문제 하나에 집요하게 매달려야 하나?'라는 생각을 할 수도 있습니다. 하지만 최근에 개정된 교과서 역시 이렇게 구성되어 있어요. 교과서는 단순히 문제를 많이 풀

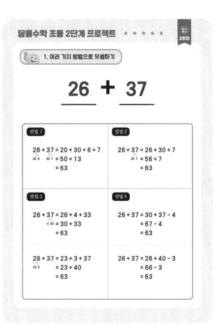

달콤수학 초등 2단계 프로젝트 ★ ★ ★ ★ ★   2주차

1. 여러 가지 방법으로 덧셈하기

$$26 + 37$$

방법 1
$26 + 37 = 20 + 30 + 6 + 7$
$\quad = 50 + 13$
$\quad = 63$

방법 2
$26 + 37 = 26 + 30 + 7$
$\quad = 56 + 7$
$\quad = 63$

방법 3
$26 + 37 = 26 + 4 + 33$
$\quad = 30 + 33$
$\quad = 63$

$26 + 37 = 23 + 3 + 37$
$\quad = 23 + 40$
$\quad = 63$

방법 4
$26 + 37 = 30 + 37 - 4$
$\quad = 67 - 4$
$\quad = 63$

$26 + 37 = 26 + 40 - 3$
$\quad = 66 - 3$
$\quad = 63$

도록 많은 문제를 제시하지 않고, 계산한 값이 맞았는지 확인하는 것 역시 크게 중요하게 여기지 않아요. 원리를 기반으로 하여 다양한 방법으로 연산하는 과정을 중요시하지요.

덧셈에 대한 개념과 원리를 모르고, 이에 따른 다양한 전략도 생각해 본 적 없이 단순 계산만 하다가 초등학교에 올라간 아이가 교실에서 느낄 당혹감을 상상해 보세요. 이런 아이들은 문장제 문제나 서술형 문제를 읽고 식을 세우기 힘들어해요. 개념을 이해하지 못했고, 어떤 전략이 문제를 해결하는 데 적합한지 생각해 낼 수 없으니까요.

유아 시기에 연산에 관련된 수많은 상황을 맞닥뜨리고, 다양한 전략으로 연산을 해 봐야 초등학교에 올라가서도 수업을 제대로 소화할 수 있어요.

이제 연산의 기본 전략에 대해 알아봅시다. 5세 정도 되면 손가락이나 구체물을 통해 간단한 더하기와 빼기를 할 수 있습니다. 이때 아이가 사용할 수 있는 문제 해결 전략이 몇 가지 있습니다.

대부분의 아이들이 처음 덧셈을 익히면서 가장 먼저 사용하는 방법이 '모두 세기'입니다. "빨간색 사탕 3개와 파란색 사탕 2개가 있으면 사탕은 모두 몇 개일까?"라고 물으면 사탕 5개를 모두 합쳐 놓고 "하나, 둘, 셋, 넷, 다섯. 모두 5개예요."라고 말하는 거죠. 따로 분리되어 있는 대상을 하나의 수로 인식하는 방법으로, 덧셈의 시작이라 할 수 있어요.

모두 세기를 잘하는 아이에게는 '이어 세기'를 알려 주세요. 3+2를 할 때 처음부터 세는 것이 아니라 3부터 시작해 4, 5까지 세어 답을 구하는 것이죠. 많은 부모들이 "모두 세기는 잘되는데 이어 세기는 여러 번 해 봐도 잘 안 돼요."라고 고민하는데, 제가 생각하는 '여러 번'과 부모가 생각하는 '여러 번'의 차이가 생각보다 큽니다. 그리고 아이에게 부모가 이어 세기를 하는 모습도 굉장히 자주 보여 줘야 하고요.

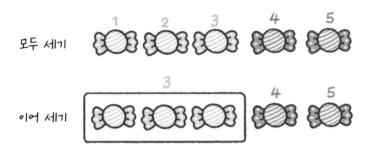

한편 뺄셈의 전략에는 '덜어내기'와 '거꾸로 세기'가 있습니다. 가장 쉬운 방법이 덜어내기 전략이에요. 5-3을 할 때 5개에서 3개를 덜어낸 후 나머지를 세는 거죠. 거꾸로 세기 전략은 세 번 거꾸로 세서 수를 제거하고 남는 수를 찾는 겁니다.

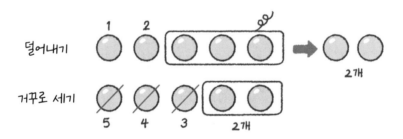

이처럼 셈을 하는 방법에는 여러 가지가 있습니다. 수를 셈하는 방법을

찬찬히 살펴보면 참 재미있어요.

그러나 이러한 여러 가지 전략을 실전에서 사용하려면 굉장히 많은 연습을 해야 합니다. 어른에게 당연한 것이 아이에게는 새롭고 어렵거든요. 일상 속에서 자주 경험해서 자기 것으로 만들어야 해요.

아이는 일상에서 매일 수와 관련된 다양한 경험을 합니다. 블록 놀이를 할 때 엄마와 똑같이 쌓으려면 몇 개를 더 쌓으면 될지, 자신이 가진 사탕 중 2개를 엄마에게 주면 자신에게 몇 개가 남는지 등등, 수와 관련해 생각해야 하는 순간들이 많아요. 단순한 일상의 경험을 의미 있게 만들기 위해 '똑같이', '더 많이', '나누어', '모두 모아'와 같이 수와 연산에 관련된 어휘를 풍부하게 사용해 주세요. 또한 일상에서 혹은 놀이를 하면서 최대한 많은 상황을 만들어 아이에게 제시해야 해요. 아이가 수많은 전략을 떠올리고, 실행해 보고, 그 과정에서 '이런 상황에서는 이 전략이 가장 좋구나.'라는 사실을 스스로 깨달을 수 있도록 하는 것이죠.

이렇게 일상 속 경험도 중요하지만, 가끔은 잘 차려진 밥상, 즉 제대로 구성된 수학 활동이 필요합니다. 계획된 놀이 상황 속에서 다양한 수 세기, 수의 관계, 연산에 대한 경험을 쌓을 수 있는 활동들을 알려 드릴게요. 지금부터 소개할 활동에 아이가 능숙해지는 데는 오랜 시간과 많은 노력이 필요합니다. 구체물과 반구체물을 거쳐 수로 나아가기까지는 꽤나 연습이 필요해요. 하지만 하루하루 꾸준히, 그리고 재미있게 하다 보면 어느새 아이는 크게 자라 있을 것입니다.

많은 사람들이 '덧셈·뺄셈과 모으기·가르기가 어떻게 다르지?'라고 궁금해합니다. 2와 3을 모으면 5고 2+3도 5와 같으니까요.

모으기와 가르기는 수를 합성하고 분해하는 작업인데, 이는 수의 부분과 전체의 관계를 파악하는 과정입니다. 예를 들어 5라는 수를 만들기 위해 1과 4, 2와 3 등 여러 가지 방법으로 합성할 수 있고 거꾸로 5라는 수를 1과 4, 2와 3 등 여러 가지 방법으로 분해할 수도 있습니다. 즉 모으기와 가르기를 통해 수가 가진 속성을 이해할 수 있어요. 어떤 수가 다른 수의 부분이 될 수 있고, 또 하나의 수를 만들기 위해 두 수가 필요할 수 있다는 사실 말이죠. 모으기와 가르기는 덧셈과 뺄셈뿐만이 아니라 나눗셈과 분수까지 연결되는 중요한 활동이니 제대로 해야 합니다.

모으기 1단계

준비물 연결 모형

❶ 연결 모형 5개를 아이에게 보여 줍니다.

❷ 연결 모형을 1개와 4개로 나누어 놓은 후 질문합니다. "이 큐브는 몇 개야?", "저 큐브는 몇 개야?"

❸ 아이가 연결 모형을 합쳐서 놓게 합니다. "큐브를 모두 모아 볼까?"

1개와 4개를 모으면 몇 개?

하나, 둘, 셋, 넷, 다섯! 5개!

④ 아이가 연결 모형을 모으면 질문합니다. "큐브가 모두 몇 개야?"

⑤ 아이가 바르게 대답하면 다음 (2, 3) 모으기로 넘어갑니다. 그 후 (3, 2), (4, 1)까지 5개가 될 수 있는 다양한 경우의 모으기를 하게 합니다.

 엄마의 발문

활동ing 모아서 5가 되는 두 수는 1과 4 말고 또 무엇이 있을까?

가르기 1단계

준비물 연결 모형

① 연결 모형 5개를 연결합니다.

② 아이에게 질문합니다. "네 마음대로 큐브를 갈라 봐."

③ 아이가 연결 모형을 나누면 질문합니다. "이쪽 큐브는 몇 개야?", "저쪽 큐브는 몇 개야?"

④ 아이가 바르게 대답하면 "큐브 5개를 3개와 2개로 가를 수 있구나." 하고 정리합니다.

⑤ 이렇게 (1, 4), (2, 3), (3, 2), (4, 1)까지 다양한 경우의 가르기를 하게 합니다. 만약 아이가 더 많은 경우를 생각하지 못하면 "또 있는데!" 하고 슬쩍 힌트를 줍니다.

 엄마의 발문

활동ing 5개를 둘로 가르는 여러 가지 방법을 찾아볼 거야. 어떻게 하는 게 좋을까?

    : 적으면서 수를 세요.

    : 1부터 순서대로 찾아봐요! (1, 4) 다음엔 (2, 3) 이렇게요.

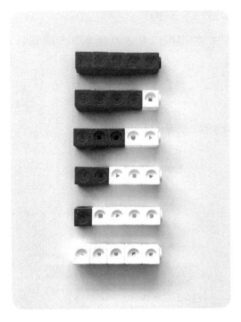

이 활동을 진행한 후, 모으거나 갈랐을 때 5가 되는 모든 경우의 수를 시각적으로 보여 주기 위해서 두 가지 색깔의 연결 모형을 사용해 보세요. 먼저 빨간색 연결 모형 5개를 연결하여 보여 주는 것부터 시작합니다. 그런 다음 빨간색 연결 모형 4개와 흰색 연결 모형 1개를 합쳐서 보여 주세요. 그 다음은 빨간색 3개와 흰색 2개, 빨간색 2개와 흰색 3개… 이런 식으로 하얀 연결 모형이 5개가 될 때까지 연결 모형 세트를 보여 주는 겁니다. 전부 다 같은 개수지만 다르게 표현할 수 있다는 것을 보여 준 다음, 전체를 나타내는 수가 5라는 것을 알려 줌으로써 수의 전체와 부분에 대한 이해를 돕습니다.

이제 모으기와 가르기를 실전연습으로 진행할 차례예요. 이때 사용할 구체물은 아이가 좋아하는 피규어나 사탕입니다. 모양이 같은 접시 3개를 준비하되, 접시 2개는 색이 같고 1개는 다른 것으로 마련하세요. 색이 다른 1개의 접시는 모으기 접시, 2개의 접시는 가르기 접시예요. 아이가 아는 수의 범위만큼 진행하면 됩니다.

모으기-가르기 선건

준비물 사탕, 접시 3개

➊ 가르기 접시 2개에 각각 1개와 4개의 사탕을 넣습니다.

➋ 아이는 사탕이 모두 몇 개인지 세며 모으기 접시로 사탕을 옮겨 담습니다.

➌ 아이에게 질문하고 대답을 유도합니다. "지금 네가 갖고 있는 사탕이 몇 개야?"

➍ 아이가 모으기 접시에 있는 사탕 5개를 다시 가르기하여, 가르기 접시 2개에 나누어 담습니다. (아이가 마음대로 가르게 합니다.)

➎ 아이에게 질문하고 대답을 유도합니다. "각각 몇 개씩 나누어 담았어?", "두 접시의 사탕을 다시 모으면 몇 개가 될 것 같아?"

 엄마의 발문

생각UP **어떤 상황에서 모으기를 할까?**

생각UP **어떤 상황에서 가르기를 할까?**

한편 가르기 개념은 아이들에게 더 어렵기 때문에 조금 더 천천히 진행해야 하고, 아이의 흥미를 끌 만한 수단도 마련해야 합니다. 아이가 좋아하는 토끼 인형, 피규어 인형, 종이를 오려 만든 인형 등 여러 가지를 활용하여 역할 놀이를 해 보는 거예요.

예를 들어 3을 가르기하고 싶다면 사탕 3개와 인형 2개를 준비해서 "두 친구한테 나누어 줘야 해. 사탕 3개를 가르기 해 보자!"라고 하면서 '가르기'라는 표현을 꼭 써 주세요. 엄마가 말하는 가르기가 어떤 뜻을 담은 표현인지를 아이가 인식할 수 있게 하는 겁니다.

또한 가르기에서 더 중요한 것은 '가르기의 답은 하나가 아니다'라는 사실을 아이가 깨닫는 과정입니다. 아이가 가르기 하나를 성공했다면 다른 경우도 있음을 알려 주세요. 예를 들어 아이가 7을 가를 때 1과 6을 생각해 냈다면, "좋아, 이거 말고 또 없을까?", "다른 방법이 있지 않을까?" 하면서 2와 5, 3과 4를 찾을 수 있게 유도하면 됩니다.

매번 똑같은 방식으로만 연습해서 아이가 싫증을 낸다면 방법을 바꿔도 좋아요. 접시 대신 대접을 준비해 사탕을 국자로도 떠 보고, 가위바위보를 하며 서로의 사탕을 하나씩 가져가는 놀이를 해도 좋습니다. 다양한 방법으로 수 세기를 하면서 가르기도 곁들이면 됩니다. 가르기는 수월하게 해내기까지 모으기보다 조금 더 많은 연습이 필요해요. 보다 다양한 연습을 할 수 있도록, 바둑알만 있으면 즐겁게 할 수 있는 '가르기 2단계' 활동을 소개합니다.

가르기 2단계

준비물 바둑알

❶ 바둑알이나 구슬을 아이가 아는 수만큼 준비합니다.

❷ 바둑알을 한 움큼 집은 뒤, 모두 몇 개인지 함께 세어 봅니다.

❸ 엄마가 바둑알을 두 손으로 모아 쥐고 흔들다가, 양손으로 바둑알을 나누어 쥡니다.

이쪽 손에는 6개!

왜 그렇게 생각해?

④ 엄마가 한쪽 손을 편 후 아이에게 질문합니다. "반대쪽 손에는 몇 개 있을까?"

⑤ 아이가 대답하면 "왜 그렇게 생각해?"라고 발문함으로써 생각을 유도합니다.

> 🙂 **엄마의 발문**
>
> (생각UP) 바둑알이 모두 10개야. 네 손에 2개가 있고, 엄마 왼손에는 3개가 있어. 나머지 바둑알은 모두 엄마 오른손에 있어. 그럼 엄마 오른손에는 바둑알 몇 개가 있어?

작은 수를 가르는 것부터 시작하다가 점차 수를 늘려 주세요. 그리고 10을 가르는 것을 중점적으로 연습합니다. 후에 '10 만들어 연산' 활동을 할 때 큰 도움이 됩니다.

이 활동의 포인트는 답을 알아맞히는 것이 아니에요. "몇 개일까?"에서 질문을 끝내지 말고, 아이가 추론하고 생각할 수 있는 질문을 던져야 합니다. 아이가 가진 수학적 경험을 토대로 아이 나름대로 추측하며 문제를 해결해 나가는 과정에서 추론 능력이 길러집니다.

아이가 "반대쪽 손에 있는 바둑알은 2개예요."라고 말하면 엄마가 "왜 2개라고 생각해?"라고 물어보세요. 아이는 직관적으로 수를 떠올려 연산을 할 수도 있지만 "왜?" 라는 발문 하나로 자신의 생각을 정리하며 추론하는 경험을 하게 됩니다. "2개니까 2개죠." 이렇게 대답해도 괜찮아요. 아이에게 다시 생각할 기회를 주는 셈이니까요.

엄마가 이렇게 자꾸 묻다 보면, 아이는 "몰라!" 하고 대답하고는 재빨리 도망가기도 합니다. 그래도 포기하지 말고 아이의 표정과 반응을 확인하세요. 그리고 "아, 어떻게 하면 알 수 있을까? 너무 궁금하네."라고 말하며 대답을 유도합니다. 그래도 아이가 "몰라." 하고 울상을 지을 수도 있는데, "그러면 같이 세어 볼까?"라고 말하면서 참여를 유도하면 됩니다.

아이는 말로 하는 표현을 어려워하기 때문에 이런 질문 자체를 부담스러워하는 경우가 많습니다. 즉 생각할 수 있지만 어떻게 표현하는지 모르기 때문에 엄마의 도움이 필요하죠. 손에 있는 바둑알을 함께 세어 보며 왜 2개인지를 생각해 봅니다. 마침내 아이에게 이런 대답이 나오면 성공입니다.

"바둑알이 모두 6개였는데, 이 손에 4개가 있으니까, 6개와 2개 차이가 나요. 그래서 2개예요."

가르기 2단계에 아이가 익숙해지면 손 대신 종이컵으로 바꿔서 활동할 수도 있습니다.

Check! 구체물로 모으기와 가르기

☑ **1단계** 구체물을 이용하여 수를 가르고 모을 수 있다.

☐ **2단계** 5 이하의 수를 다양한 경우의 수로 가르고 모을 수 있다.

☐ **3단계** 10 이하의 수를 다양한 경우의 수로 가르고 모을 수 있다.

수의 모으기와 가르기

계속 구체물로만 모으기와 가르기를 진행할 수는 없습니다. 구체물로 모으기와 가르기를 충분히 진행해 아이가 활동에 익숙해졌다면 수를 이용할 차례예요. 단, 곧바로 수로 넘어가지 않습니다. 구체물과 수를 섞어서 진행하는 중간 과정이 꼭 필요하죠. 어떻게 하는지 방법을 소개합니다.

수 카드

수 카드를 사용한 모으기와 가르기

준비물 접시 3개, 사탕, 수 카드

❶ 가르기 접시 2개에 사탕을 놓고 아이에게 질문합니다. "두 접시에 있는 사탕들을 모으면 몇 개야?"

❷ 아이가 맞다고 생각한 수 카드를 모으기 접시에 올리게 합니다.

❸ 아이가 맞게 올리면 왜 이 수 카드를 선택했는지 물어봅니다. "사탕 2개랑 사탕 3개

사탕이 모두 몇 개야?

5개!

를 모으면 셋, 넷, 다섯, 5개니까요."라는 대답을 하도록 유도합니다. 틀리면 함께 사탕의 수를 세어 봅니다.

❹ 가르기도 같은 방법으로 진행합니다. 모으기 접시에 사탕을 여러 개 올려놓고, 가르기 접시들에 사탕의 수를 가른 수 카드를 각각 올리게 합니다. 아이가 올바른 조합을 올리면 왜 이 수 카드들을 선택했는지 물어보고, 틀리면 함께 사탕의 수를 세어 가르기 접시들에 올려 봅니다.

활동ing 사탕이 모두 몇 개인지 어떻게 하면 더 쉽고 정확하게 알 수 있을까?

: 다 세지 말고, 이쪽이 3개니까 그 다음 넷, 다섯 이렇게 세면 돼요. (이어 세기)

활동ing 사탕의 개수를 더 쉽고 정확하게 가르고 싶은데 방법이 없을까?

: 사탕을 옮기면서 말로 세요. 다섯, 넷, 셋 하고요. (거꾸로 세기)

생각UP 모으거나 가를 때 사탕을 직접 세는 거랑 수 카드를 쓰는 것 중에 어떤 게 더 좋아?

: 숫자가 아직 어려워서 사탕을 세는 것이 더 좋아요.

: 사탕이 많으면 세는 게 불편해서 수 카드가 더 나아요.

최종 목표는, 아이가 수만으로 모으기와 가르기를 하는 것입니다. 예를 들어 엄마가 수 카드 3을 놓으면, 아이가 수 카드 1과 수 카드 2를 가져와 놓는 거죠.

답을 낼 때, 아이가 모두 세기 전략이나 덜어내기 전략만 사용한다면 이어 세기 전략과 거꾸로 세기 전략을 사용하도록 유도해 주세요.

간혹 구체물을 활용하지 않고 곧장 수로 가르기를 시도하는 부모들이 있습니다. 하지만 가르기와 모으기 단계부터 수만 사용해 기계적으로 연습하면, 나중에 연산 단계에서 덧셈과 뺄셈도 기계적으로 하기 때문에 문제가 됩니다. 당장 문제 하나를 잘 푸는 건 중요하지 않아요. 원리를 완벽하게 이해하도록 해야 합니다.

계속 강조하지만 모으기와 가르기 역시 일상 속에서의 경험이 정말 중요합니다. 가장 좋은 건 아이가 직접 무언가를 나누어 주는 경험을 해 보는 것입니다. 친구들이나 가족에게 과자나 장난감을 나누어 주는 거죠. 그 상황 자체가 아이가 모으기와 가르기를 고민하고 실행하는 연습입니다. 그 과정에 익숙해지면 덧셈 기호와 뺄셈 기호를 적용해서 연산을 할 단계에 접어들게 됩니다.

 Check! 수의 모으기와 가르기

☑ **1단계** 구체물로 모으기와 가르기를 한 후, 수 카드로 나타낼 수 있다.

☐ **2단계** 구체물 없이 10 이하의 수를 모으고 가를 수 있다.

본격 연산 : 연산이 쉬워지는 전략

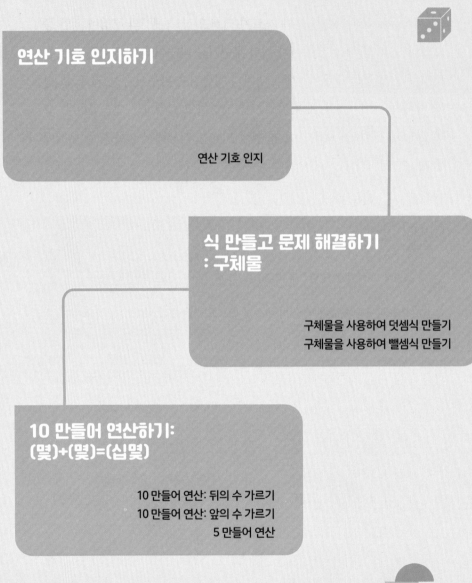

연산 기호 인지하기

연산 기호 인지

식 만들고 문제 해결하기
: 구체물

구체물을 사용하여 덧셈식 만들기
구체물을 사용하여 뺄셈식 만들기

10 만들어 연산하기:
(몇)+(몇)=(십몇)

10 만들어 연산: 뒤의 수 가르기
10 만들어 연산: 앞의 수 가르기
5 만들어 연산

본격 연산: 연산이 쉬워지는 전략

어느덧 덧셈과 뺄셈으로 넘어왔습니다. 아이들에게 덧셈과 뺄셈이 무엇인지 알려 줘야 하고, 덧셈 기호(+)와 뺄셈 기호(-)도 선보여야 하죠. 우선 아이들에게 덧셈과 뺄셈의 개념을 설명하는 것부터가 만만치 않습니다.

일상에서 덧셈이 필요한 상황은 첨가와 합병이 있습니다.

첨가는 처음 있던 양이 증가하는 변화를 말하고, 합병은 집합과 집합 자체가 만나는 상황입니다. 그러나 아이들에게 이런 식으로 설명할 수는 없겠죠. 이해하기 쉽게 구체적인 예를 들어 설명합니다.

첨가의 예는 이런 것입니다. "나무에 새 2마리가 앉아 있었어. 그런데 어디선가 3마리가 더 날아와 나무에 앉았어. 그러면 나무에는 새가 모두 몇 마리 앉아 있을까?"

한편 합병은 이렇게 말할 수 있습니다. "물에 있는 오리가 3마리, 땅에 있는 오리는 2마리야. 그러면 오리는 모두 몇 마리야?" 이것은 수를 더하거

첨가   합병

나 빼는 상황이 아니라, 두 공간의 오리를 합쳐 전체의 수가 5마리입니다.

둘 다 2+3=5라는 식을 세우게 되지만 서로 다른 상황이지요. 이처럼 다양한 상황을 접함으로써 첨가와 합병의 개념을 익히고, 상황과 맥락 안에서 덧셈의 개념을 자연스럽게 이해할 수 있도록 하면 됩니다.

한편 일상에서 뺄셈이 필요한 상황은 제거와 비교가 있습니다.

"사탕이 3개가 있었어. 그런데 동생이 1개를 가져갔네. 내 사탕은 2개만 남았어." 이것이 제거입니다. 처음의 양이 감소하도록 변화를 일으키는 행위죠.

그리고 비교도 있습니다. 비교는 아이가 뺄셈 상황이라고 알아채기 힘듭니다. "주황색 사탕이 3개 있고 초록색 사탕이 1개 있어. 뭐가 몇 개 더 많아?" 이렇게 질문하면, 주황색 사탕이 2개 더 많다는 걸 어른들은 직관적으로 알지만 유아들은 이를 알아채기 어려워합니다.

그래서 처음에는 구체물을 두고 일대일 대응을 시켜야 합니다. "주황색 사탕이랑 초록색 사탕 중에서 뭐가 더 많은 것 같아?" 하고 질문하고, 사탕들끼리 짝을 지어 보라고 하는 거죠. 주황색 사탕 3개와 초록색 사탕 1개

제거

비교

로 일대일 대응을 하면 아이는 남아 있는 주황색 사탕 2개에 주목합니다. '3-1=2'처럼 수식으로 계산하는 것과는 또 다른 방식이죠. 그 다음, 다른 비교 상황을 만들어 질문하세요. "엄마는 구슬을 6개 가지고 있고 너는 구슬을 3개 가지고 있네. 몇 개 차이 나지?", "하얀 고양이가 4마리, 검은 고양이가 2마리야. 무슨 색 고양이가 몇 마리 더 많아?"

비교 상황을 많이 경험하지 않은 아이들은 제거 상황만 기억합니다. 따라서 의도적으로 비교 상황을 많이 노출시켜야 하죠.

간혹 질문의 의도와 다른 엉뚱한 생각을 하는 경우도 있어요. 이를테면 "누가 내 구슬을 가져갔어?" 혹은 "하얀 고양이가 4마리나 있다니! 어디서 온 거지?"와 같은 생각으로 빠지는 것이죠. 이렇게 문제에 집중하기 어려워할 때는 아이가 더 집중할 수 있는 다른 상황으로 바꿔 가며 질문을 이어 나갑니다.

덧셈과 뺄셈의 상황을 말할 때는 '더한다', '뺀다' 외에 다양한 말을 써 주세요. '모두', '합해서', '총', '올라가서', '더해서', '더 높이', '모아서', '~보다 더 큰' 등은 모두 덧셈을 표현하는 다양한 수학 용어입니다. 한편 뺄셈을 표현하는 용어로는 '갈라서', '나누어서', '빼서', '내려가서', '더 낮게' 등이 있습니다. 대화를 통해 아이가 다양한 수학 용어에 익숙해지게 해 주세요.

자, 이제 아이에게 덧셈 및 뺄셈 기호를 알려 줄 차례입니다. 아이가 상황 속에서 덧셈과 뺄셈을 제법 이해했다 해도, 연산 기호를 이용하는 것은 다른 문제입니다. 유아 시기의 아이들은 덧셈 기호를 연산의 도구라고 생각하지 않습니다. 숫자는 알지만 기호는 처음 접하기 때문입니다. 이 시기의 아이들은 덧셈 기호를 리모컨이나 전자레인지의 버튼으로 더 친숙하게 인지하고 있어요. 그러므로 아이에게 덧셈 기호를 보여 주고 "써 봐." 하고 강요하는 것보다는 무언가를 더하거나 합칠 때 사용하는 것이라고 알려 주는 정도로 접근하는 것이 좋습니다.

기호 카드

연산 기호 인지

준비물 기호 카드, 아이가 좋아하는 구체물
(사탕)

❶ 엄마가 덧셈이나 뺄셈 문제를 만듭니다.
    ex) "레몬맛 사탕 2개랑, 딸기맛 사탕 4개
    가 있네. 모두 몇 개지?"

❷ 아이는 이야기를 듣고 올바른 덧셈 카드 혹
    은 뺄셈 카드를 골라 봅니다.

❸ 결과값에 대해 이야기를 나눕니다.

😊 **엄마의 발문**

생각UP **이 기호(+)를 이용해서 이야기를 만들어 보자.**

: 엄마가 사탕 2개를 주셨는데 아빠가 4개를 더 주셨어요. 모두 몇 개일까요? (첨가)

: 신발이 바닥에 2켤레, 신발장에 3켤레가 있어요. 모두 몇 켤레일까요? (합병)

생각UP **이 기호(-)를 이용해서 이야기를 만들어 보자.**

: 만두 5개 중에 2개를 먹었어요. 만두가 몇 개 남았을까요? (제거)

: 나는 사탕 1개, 오빠는 3개를 갖고 있어요. 오빠는 나보다 몇 개가 더 많을까요? (비교)

이 활동은 아이와 부모가 대화를 나누듯 자연스럽게 진행해야 합니다. 이 활동에 익숙해지면 아이에게도 문제를 만들어 보게 하세요. 또한 뺄셈을 할 때는 아이들이 제거의 상황만 말하기 마련입니다. 그러므로 "초콜릿이랑 사탕 중에 무엇이 더 많아?" 등의 질문으로 비교의 상황을 표현할 수 있도록 도와주세요.

Check! 연산 기호 인지하기

☑ **1단계** 연산 기호의 뜻을 안다.

☐ **2단계** 연산 상황에 맞는 연산 기호를 제시할 수 있다.

☐ **3단계** 연산 기호를 활용해 직접 문제를 만들 수 있다.

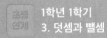
이 활동을 위해서는 특별한 연산판이 필요합니다.

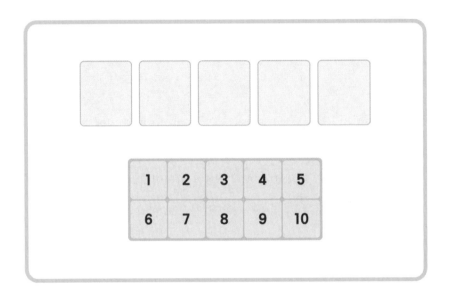

연산판의 위쪽은 5개의 수 카드와 기호 카드를 놓을 수 있는 판으로, 아이가 식을 만들 때 카드를 내려놓는 순서나 방법을 익힐 수 있습니다. 한편 아래쪽은 1부터 10까지 수가 쓰여 있는 10 배열판으로, 위에 그림을 그렸다가 지울 수 있게 코팅을 하면 좋습니다. 연산판, 수 카드, 기호 카드, 수 주사위, 연결 모형을 준비하고 다음 활동을 진행합니다.

구체물을 사용하여 덧셈식 만들기

준비물 연산판, 수 주사위 2개, 수 카드,
　　　　기호 카드, 연결 모형

❶ 아이가 주사위 2개를 던지게 합니다.

❷ 엄마가 질문합니다. "두 수를 더하면 얼마
　가 될지 식을 만들어 볼까? 답도 찾아봐."

❸ 아이가 수 카드와 기호 카드로 식을 만들고,
　연산판에 연결 모형을 올리며 답을 찾습니다.

❹ 답에 해당하는 수 카드를 연산판에 놓아 식을 완성합니다.

저절로 답이
나왔어!

 엄마의 발문

생각UP 연산판을 이용하니까 덧셈하기 좀 편해? 어떤 것 같아?

：더 빨리 셀 수 있어요 ： 답이 바로 보여요 ： 10이 넘어가면 못 써요!

　　엄마의 발문에서는 연산판 자체에 대해 이야기를 나누도록 하고 있어
요. 연산판은 식을 만드는 법을 알려 주는 효과적인 도구이지만, 아이가 쓸
모를 인지하기란 어렵지요. 따라서 활동 중간중간, 혹은 활동 후에 연산판
으로 연산한 경험에 대해 이야기를 나누어 보세요. 연산판이 편리한 때는
언제이며, 도리어 불편할 때는 언제인지 생각하며 이야기를 나누다 보면,
아이가 식을 세우는 방법 자체에 대해 깨닫게 되기도 하더라고요.

구체물을 사용하여 뺄셈식 만들기

준비물 연산판, 수 주사위 2개, 수 카드,
기호 카드, 연결 모형

❶ 아이가 주사위 2개를 던지게 합니다.

❷ 엄마가 질문합니다. "큰 수에서 작은 수를
빼면 얼마가 될지 식을 만들어 볼까? 답도
차근차근 잘 찾아봐."

❸ 아이가 수 카드와 기호 카드로 식을 만들고,
연결 모형을 올리고 빼며 답을 찾습니다.

❹ 답에 해당하는 수 카드를 놓아 연산판을 완성합니다.

큐브가 4개니까
4를 놓아야지.

 엄마의 발문

생각UP 10보다 더 큰 수의 뺄셈을 하고 싶은데 어떻게 해야 할까?

　 ：　연산판을 하나 더 가져오면 돼요.

　　　　　　　　　　　　　　　　

이 활동의 포인트는 식을 만들어 보는 것인데, 중요한 점이 하나 더 있
어요. 바로 아이가 수량을 눈으로 직접 확인하는 것입니다. 주사위를 굴려
나온 결과를 연결 모형으로 직접 표현함으로써, 두 수를 더하면 8이 된다
는 것을 수 세기와 직관으로 깨달을 수 있어요. 뺄셈도 마찬가지로 연결 모
형이 줄어드는 것을 시각적으로 경험하게 되지요.

이때 아이가 곧잘 한다고 해서 갑자기 큰 수를 제시하지는 마세요. 기
본기를 탄탄히 쌓는 것이 우선이니까요. 이 활동에 능숙해진 아이는 연결

모형을 사용하지 않고 손가락으로 연산판을 짚어 가며 연산하는데, 이때 10 이상의 큰 수로 넘어가면 됩니다. 아이에게 슬쩍 "10이 넘어가는 수는 어떻게 해야 할까?"라고 발문하세요. 아이가 "연산판을 더 가져오면 돼요." 혹은 "아래에 한 줄을 더 만들어요!"라고 대답할 거예요.

덧셈과 뺄셈, 식 읽는 법 바로잡기

또 한 가지 중요하게 체크해야 할 것이 있습니다. 덧셈과 뺄셈의 계산식을 읽는 방법입니다. 흔히 "5 더하기 2는 7입니다.", "8 빼기 2는 6입니다."라는 식으로 읽는 경우가 많은데, "5 더하기 2는 7과 같습니다.", "5와 2의 합은 7입니다.", "8 빼기 2는 6과 같습니다.", "8과 2의 차는 6입니다."라고 읽어야 합니다.

왜 계산식을 제대로 읽는 게 중요할까요? 이건 초등학생들에게 '=' 기호가 뭐냐고 물어보면 답이 나옵니다. 대다수가 '~는'이라고 대답합니다. 하지만 이건 잘못된 개념이지요. 등호는 답을 낸다는 '~는'이 아니라, '등호를 기준으로 좌와 우가 같습니다'를 나타내는 기호입니다. 초등학교 1학년 교실에서 선생님들이 가장 먼저 정정해 주는 부분이기도 하죠. 하지만 이미 아이 머릿속에 박힌 '~는'의 이미지는 지우기 쉽지 않아요. 처음부터 제대로 배워야 하는 이유입니다.

Check! 식 만들고 문제 해결하기: 구체물

☑ **1단계** 직접적인 제시(5에 4를 더하면 얼마일까?)를 듣고 연산 기호를 올바르게 사용하여 식을 만들 수 있다.

☐ **2단계** 간접적인 제시(우유가 2개, 빵이 4개 있네. 빵이 몇 개 더 많아?)를 듣고 연산 기호를 올바르게 사용하여 식을 만들 수 있다.

지금까지 일상에서 만나는 덧셈, 뺄셈 상황을 경험했어요. 이제부터는 상황을 식으로 바꾸어서 문제를 푸는 경험을 소개합니다.

7 + 6 = □라는 식을 어떻게 계산할까요? 우리나라 교과과정에서는 10을 만들어 연산하는 과정을 강조합니다. 간혹 "꼭 그렇게 계산해야 하나요?"라고 물어보는 분도 있는데, 그렇게 해야 합니다. 10을 만드는 이유는 우리가 십진법을 사용하기 때문이에요. 수가 10보다 커지면 자릿값이 바뀌기 때문에, 10을 만들어서 연산을 하는 방법은 굉장히 중요합니다. 이 과정이 잘 되어야 받아올림과 받아내림을 어렵지 않게 진행할 수 있어요.

시중에 나와 있는 문제집에서는 '10을 만드는 방법'을 두고 다음과 같이 수 가르기를 시킵니다. 이렇게요.

$$7 + 8 = (7 + 3) + 5 = 10 + 5 = 15$$

문제는 처음부터 이렇게 숫자로만 접근하면 아이가 거부감을 느낄 수 있다는 거예요. 채워야 하는 빈칸도 너무 많고, 연산 기호도 너무나 딱딱해 보입니다.

교구를 이용하면 더 재미있게 보고 만지며 연산 원리를 익힐 수 있어요. 바로 '10 만들기 판'입니다. 영어로는 Ten Frame이라고 하는데, 구체물을 올려놓거나 그림을 그릴 수 있는 10칸짜리 표를 말해요.

(몇)+(몇)=(십몇)을 계산하려면 10 만들기 판이 2개 필요하죠. 위는 '10 만들어 연산용', 아래는 '5 만들어 연산용'입니다. 이제부터 사용법을 알려드릴게요.

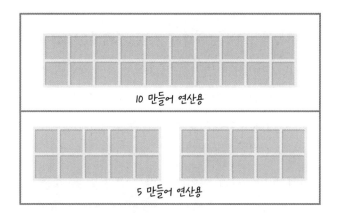

10 만들어 연산용

5 만들어 연산용

10 만들기 판

10 만들어 연산: 뒤의 수 가르기

준비물 10 만들기 판(10 만들어 연산용),
색이 다른 두 종류의 연결 모형

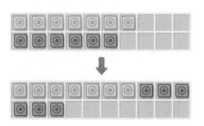

❶ 아이에게 임의의 (몇)+(몇) 문제를 냅니다.
ex) "7이랑 6을 더하면 몇일까?"

❷ 아이가 직접 문제대로 연결 모형을 판에 올리게 합니다. 색깔별로 나누어 올립니다.

❸ 아이가 스스로 윗줄의 10칸을 꽉 채워야 한다는 깨달음을 얻도록 적절한 발문을 해 줍니다.

활동ing 연산판 위에 큐브를 놓았어. 어떻게 해야 쉽게 계산할 수 있을까?

: 윗줄에 10개를 꽉 채우고 나머지를 아래에 채워요.

활동ing 한 줄을 10개 꽉 채우면 계산할 때 뭐가 좋을까?

: 윗줄이 10개니까 아랫줄이 몇 개인지만 확인하면 돼요.

. . . .

　파란색 연결 모형 7개와 빨간색 연결 모형 6개가 윗줄과 아랫줄에 나란히 놓여 있습니다. 아이에게 빨간색 연결 모형이랑 파란색 연결 모형을 더하면 몇 개냐고 물어봅니다. 아이가 파란 연결 모형 옆쪽 3칸이 비어 있는 게 허전하다고 생각해서 아래쪽의 빨간 연결 모형 3개를 위로 올려서 10을 채울 수 있어요.

　활동을 여러 번 반복하며, 아이는 파란색 연결 모형 7개를 보는 순간 빨간색 연결 모형을 3개씩 둘로 가르고, 가른 3개를 7개에 이어 붙여 10을 만들게 됩니다(이것이 더해서 10이 되는 수, 즉 10의 보수 개념입니다). 여기에 나머지 3개를 더해서 13을 답으로 찾을 수 있죠. 이 과정을 아이가 스스로 깨쳐야 합니다. 문제집을 풀기 전에 스스로 교구를 가르고 손으로 움직여 보면서 10을 만들어 봐야 해요. 눈앞에 연산판이 없을 때도 이 연산 전략을 사용할 수 있도록 하는 것이 최종 목적입니다.

　단, 뒤의 수만 가르는 연습을 해서는 안 됩니다. 앞의 수 가르기 연습도 해야 합니다.

10 만들어 연산: 은의 수 가르기

준비물 10 만들기 판(10 만들어 연산용),
색이 다른 두 종류의 연결 모형

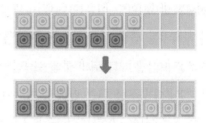

❶ 아이에게 임의의 (몇)+(몇) 문제를 냅
니다.
ex) "7이랑 6을 더하면 몇일까?"

❷ 아이가 직접 문제대로 연결 모형을 판
에 올리게 합니다. 색깔별로 나누어 올
립니다.

❸ 아이가 스스로 아랫줄의 10칸을 꽉 채워야 한다는 깨달음을 얻도록 발문으로 유도합니다.

👩 엄마의 발문

활동ing 큐브를 다른 방법으로 사용하여 연산을 해 볼까?
활동ing 윗줄이랑 아랫줄 중에 어느 쪽을 꽉 채우는 게 좋을 것 같아?
: 윗줄이요. 큐브를 조금만 움직이면 되니까요!

이 과정을 많이 반복하면, 아이는 7+6이라는 식만 봐도 머릿속에서 10
만들기 판을 그린 뒤, 6개의 동그라미가 채워지고 남은 빈칸 4개를 채우고
싶어 하게 됩니다. 그 정도로 10을 채우는 연습을 많이 해야 해요. 여기서
더 나아가 10 만들기 판과 구체물이 아닌 '6, 4, 10'이라는 숫자가 바로 떠오
를 수 있도록 해야 합니다. 10을 만들기 위해 6은 4가 필요하니까, 앞에 있
는 7을 4와 3으로 가르기하여 4를 가지고 오는 과정이 머릿속에서 자동으
로 일어나야 해요.

지금까지 '뒤의 수 가르기'와 '앞의 수 가르기'에 대해 알아보았어요. 용어는 중요하지 않아요. 그저 이 두 가지 방법을 아이가 다 알아야 한다는 게 중요합니다. 그 이유는 어떤 식에서는 앞의 수를 가르는 게 편하고, 어떤 식에서는 뒤의 수를 가르는 게 훨씬 더 편하기 때문입니다. 예를 들어 '8+3'을 계산할 때는 뒤의 수인 3을 갈라서 앞의 수인 8을 10으로 만드는 게 빠르고, '3+8'을 풀 때는 앞의 수인 3을 갈라서 뒤의 수인 8을 10으로 만드는 게 편합니다. 별 차이 없을 것 같다는 생각에 앞의 수 혹은 뒤의 수만 가르는 연습만 했다면 이런 유연함을 발휘하지 못할 테니까요.

즉 다양한 상황 속에서 최선의 전략을 찾기 위한 수많은 경험이 중요합니다. 이러한 경험이 쌓이면 아이는 수를 유연하게 다룰 수 있게 돼요. 수 가르기에 자신감이 생겨서 뒤의 수 가르기나 앞의 수 가르기가 아닌 또 다른 방법을 찾아 연산을 시도하는 아이들이 있어요. 이런 경우에는 먼저 생각을 들어 보고, 칭찬하고, 다른 방법들도 더 찾아보라고 격려해 주세요.

이처럼 작은 수부터 다양한 방법으로 유연하게 수를 다뤘던 아이는 큰 수로의 확장 역시 쉽게 진행할 수 있습니다. 예를 들어 380×999라는 문제가 나왔을 때 '수의 감'이 없고 원리를 모르면 이 숫자들을 세로셈으로 바꿔서 복잡한 계산을 시작합니다. 부모 세대가 배웠던 곱셈 방법이죠. 그렇지만 수의 감이 있는 아이들은 다릅니다. 곱셈은 같은 수를 여러 번 더한 것(380을 999번 더한 값)인데, 그러면 1천 번을 곱한 다음에 한 번을 빼는 방법으로 계산할 수도 있지요. 즉 380×1000을 계산한 후 380을 한 번 빼면 됩니다. 이것이 수의 감이 좋은 아이들의 계산법이랍니다. 여기서 말하는 수의 감이란 '다양한 방법으로 수를 다룰 수 있는 생각의 힘'입니다.

한편 조금 다른 방식도 있습니다. 바로 5를 기준으로 계산하는 것입니다. 문제집에서는 다음과 같이 표현하죠.

$$7 \; + \; 8 \; = \; \boxed{10} \; + \; \boxed{2} \; + \; \boxed{3} \; = \; \boxed{15}$$

2 ⟨5 5⟩ 3

7+8을 계산할 때 7을 5와 2로, 8을 5와 3으로 가른 다음 5끼리 묶어 10을 만들고 나머지를 더해 계산하는 방식입니다. 이름은 '5 만들어 연산'이지만, 사실은 5를 모아 10을 만들기 때문에 이 역시 '10 만들어 연산'이에요. 이 활동을 통해 아이가 수를 갈라 5와 어떤 수로 가를 수 있고, 5와 5를 더해 10이 된다는 사실을 깨달으면 됩니다. 활동 방법을 함께 확인해 볼까요?

10 만들기 판

5 만들어 연산

준비물 10 만들기 판(5 만들어 연산용),
　　　 색이 다른 두 종류의 연결 모형

❶ 아이에게 임의의 (몇)+(몇) 문제를 냅니다.
　 ex) "7이랑 6을 더하면 몇일까?"

❷ 아이가 직접 문제대로 연결 모형을 판에 올리게 합니다. 색깔별로 나누어 좌우에 각각 올립니다.

❸ 답이 무엇인지 묻습니다. 답을 말하면 이유를 묻고, 아이가 5 기준으로 생각했는지 확인합니다.

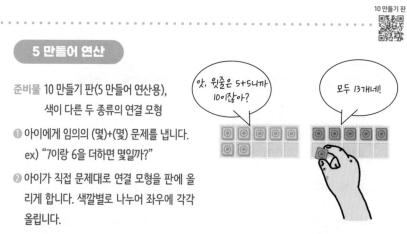

앗, 윗줄은 5+5니까 10이잖아?

모두 13개네!

활동ing **10개를 한 줄로 만들었던 거 기억하지? 지금 이거랑 비교했을 때, 어떻게 계산하는 게 더 쉬워?**

: 5개를 모아서 10개를 만드는 게 편해요! 옮기지 않아도 윗줄이 10개가 되니까요.

활동ing **그럼 더 불편한 점은 없었어?**

: 더하는 수가 5보다 작으면 윗줄이 10개가 안 돼서 그건 불편해요.

. . . .

유아수학 교육 애니메이션인 넘버블럭스를 본 아이라면 이것을 보고 '더블수'를 떠올립니다. 더블수란 똑같은 숫자 2개의 합을 떠올리는 방식입니다. 즉 '2+2=4', '3+3=6', '4+4=8' 이렇게 중복되는 숫자를 묶어서 계산하고 나머지를 고려합니다. 식 '7+6=□'을 보면서 '6이랑, 6+1이니까 13'이라고 생각하는 거죠. 이처럼 한 문제도 다양한 방법으로 풀 수 있어요.

10 만들어 연산과 5 만들어 연산은 초등 입학 전까지 (십몇)+(몇)까지 진행하면 좋습니다.

⛏ Check! 10 만들어 연산하기: (몇)+(몇)=(십몇)

☑ **1단계** 10의 보수를 능숙하게 이야기할 수 있다.

. . . .

☐ **2단계** 10 만들기 판을 이용하여 (몇)+(몇)=(십몇)을 해결할 수 있다.

. . . .

☐ **3단계** 받아올림이 있는 연산에서 '10 만들어 연산' 전략을 사용할 수 있다.

. . . .

☐ **4단계** 받아올림이 있는 연산에서 어느 수를 가를지 효율적인 방법을 찾을 수 있다.

공간과 도형

유아 시기 공간과 도형 활동의 핵심은 도형을 직접 자르고 붙여 만들어 보면서 감각을 익히는 것입니다. 그래서 아이와 처음 도형 공부를 할 때 주변에서 자주 듣는 이야기가 바로 '경험의 중요성'일 거예요.

이 책에서 제시하는 공간과 도형의 학습 방향 역시 마찬가지예요. 유아 시기는 '개념을 익힐 준비를 하는 시기'입니다. 그 준비 방법이 바로 도형을 직접 보고 만지며 특성을 탐색하는 경험이고요. 이 구체적인 탐색의 경험이 초등학교에서 도형의 정확한 정의와 성질을 배울 때 빛을 발하게 됩니다. 아이의 상상력과 호기심을 키워 주면서 공간과 도형 자체에 흥미를 가지게 해 주세요. 이 점을 생각하며, 2장 공간과 도형에 소개된 보고 만지는 활동은 구체적으로 어떻게 진행하면 좋을지 살펴봅시다.

순서대로 진행하되
조금 더 자유롭게

1장 수와 연산은 앞의 개념을 이해해야 뒤의 개념을 이해할 수 있기 때문에 반드시 순서대로 진행해야 한다고 했죠? 2장 공간과 도형도 큰 틀에서는 마찬가지입니다. 공간과 방향, 입체도형, 평면도형의 세 파트로 구성되어 있는데, 공간과 방향 → 입체도형 → 평면도형 순서대로 진행하는 것을 추천해요. 공간과 방향의 개념이 잡혀야 입체도형을 제대로 이해할 수 있고, 입체도형의 부분으로 평면도형을 학습하면 평면도형의 개념뿐 아니라 입체도형과 평면도형의 관계까지 이해할 수 있습니다.

다만 입체도형 활동을 하고 있더라도, 어느 정도 입체도형에 익숙해졌다 싶으면 평면도형 활동을 진행해도 됩니다. 그리고 평면도형 활동도 반드시 순서대로 하지 않아도 됩니다. 여러 가지 활동을 시도해 본 후, 아이가 흥미를 보이는 활동부터 진행해도 무방합니다.

반드시 순서를 지키지 않아도 되는 이유는, 유아 시기에는 개념보다 직관과 감각을 키우는 것이 더 중요하기 때문이에요. 많은 개념을 순서대로 정확히 익혀야 하는 연산과 달라요. 이 책에서는 삼각형이나 사각형이라는 용어 대신 세모와 네모라는 용어를 사용합니다. 지금은 용어보다 감각을 길러 주는 쪽에 비중을 둘 때예요.

각 활동의 설명에 자세한 내용이 나와 있으니 꼼꼼하게 읽은 후 활동을 진행해 주세요.

모든 활동을 전부 떼겠다는 욕심은 내려놓으세요

공간과 도형은 그 자체로 상당히 어려워요. 게다가 이 책은 초등 2학년 과정까지 포함하는 활동을 담고 있어요. 활동 방법만 보면 간단하고 금방 해낼 수 있을 것 같은데, 막상 활동을 하다 보면 유아 시기가 끝날 때까지 꼬박 해도 끝내기가 쉽지 않다고 느낄 거예요. 심지어 활동 하나를 다 하는 데 1년 이상 걸리는 경우도 종종 있었답니다.

그러므로 이 책에 나와 있는 내용을 유아 시기에 무조건 다 떼어야 한다는 마음은 내려놓으세요. 스스로에게 부담만 되고, 다 해내지 못하면 실망할 겁니다.

이 책을 읽고 아이와 보고 만지는 활동을 시작한 것만으로도 대단하다고 스스로를 칭찬해 주세요. 우리 아이의 속도에 맞추어 한 발 한 발 앞으로 나아가면 됩니다. 이 책을 책장에 꽂아 두고, 초등 이후에도 즐겁게 책 속 활동을 경험하게 해 주세요.

지면 학습 병행은
자제하세요

아이가 정말 제대로 알고 있는 게 맞는지를 확인하는 건 필수입니다. 초등학생이 되면 다양한 수학 활동을 하고 활동을 통해 배운 것들을 제대로 익혔는지 알아보기 위해 지면 문제집으로 확인하는 과정을 거칩니다. 유아를 키우는 부모들이 생각했던 학습과 활동이 바로 이런 방식이겠지요.

하지만 유아 시기에는 도형의 개념을 제대로 익혔는지를 지면 문제집으로 확인하는 것보다 보고 만지고 조작하고 생각하는 수학 경험이 더 중요합니다. 여기에 문제집까지 과하게 들이밀면 수학에 흥미가 떨어지는 것은 물론이고 잘하던 공간과 도형 활동마저 싫어질 가능성이 큽니다.

확인은 활동 속에서 해야 합니다. 잘 모르는 것 같으면 슬쩍 힌트를 주고, 힌트를 줬을 때 잘하는지 확인하고, 텀을 두고 한 번 더 해 보고, 잘하지 못하면 더 쉬운 걸 하는 식으로 말이죠. 지면 학습은 사고력 수학 문제집에 나와 있는 공간과 도형 문제를 푸는 것만으로도 충분합니다.

도형 감각의 함정에
빠지지 마세요

아이들과 수업을 해 보면 분명 도형 감각을 타고난 친구들이 있어요. 그림 속의 도형을 딱 보기만 해도 실제 도형의 구도를 떠올리거나, 교구 없이도 보이지 않는 부분을 상상해 내는 뛰어난 아이들이 있답니다.

하지만 저는 오히려 이처럼 타고난 감각이 있는 아이들이 유아 시기에 더 주의해야 한다고 말씀드립니다. 왜냐하면 부모 입장에서는 '아이가 도형을 잘한다'라는 생각으로 보고 만지는 활동에 소홀하게 되거든요. 하지만 유아 시기에 보고 만지는 활동 경험이 부족하면, 초등학교에서 도형의 정확한 정의와 성질을 익히는 데 소홀할 가능성이 높아요.

이런 상태로 초등학교 고학년이 된 아이는 도형의 정의와 성질을 제대로 알아야만 풀 수 있는 어려운 문제들과 맞닥뜨리게 됩니다. 도형 감각에 의존해 문제를 풀어 오던 아이가 풀 수 없는 문제죠. 여기서 끝이 아닙니다. 중학교에 진학하면 도형의 정의와 성질을 증명해야 하고, 고등학교에 올라가면 이것을 활용한 내용이 미적분까지 이어집니다. 유아 시기에 쌓은 보고 만지는 경험이 고등학교까지 이어진다니 놀랍기도 하지만 한편으로는 무섭지 않나요?

도형 감각이 있다고 해서 도형을 보고 만지는 경험을 소홀히 하면 안 된다는 결론을 기억하세요. 그리고 유아 시기에는 어떻게 해야 도형을 더 폭넓게, 그리고 제대로 경험할 수 있는지에 초점을 맞춰야 한다는 점 또한 잊지 마세요.

활동 지도 **공간의 이해 : 나와 주변을 이해하는 첫 단계**

방향 구분

'오른쪽 왼쪽' 게임

공간의 이해: 나와 주변을 이해하는 첫 단계

우리는 공간 속에서 살고 있습니다. 영유아들은 자신과 같은 공간에 있는 물건이나 사람의 위치, 방향, 거리를 인지하기 시작합니다. 어떤 물건이 손을 뻗으면 닿을 만한 거리에 있는지 감각으로 알고, 소리가 나면 그 방향을 무의식적으로 바라봅니다. 내 앞이 막혀 있는지, 열려 있는지 감각과 경험을 통해 알죠. 하지만 어느 정도 성장하고 또 경험을 쌓음으로써 이러한 감각이 더 발달해야 도형 개념을 배울 수 있습니다.

이와 같은 유아 발달 단계를 모르면, 아이가 왜 도형을 어려워하는지 이해하지 못할 수밖에 없어요. 그러면 엄마와 아이가 서로 힘들어지고 아이의 수학 정서는 악화되겠죠. 그러므로 도형 활동을 하기 전, 아이에게 공간 개념을 알려 줘야 합니다.

어떻게 공간 개념을 알려 줘야 할까요? 일반적으로 부모들은 도형 학습이 무엇인지는 머릿속에 잘 그릴 수 있어요. 쌓기나무나 칠교 등의 교구를 연상하기도 하고요. 그런데 '공간'은 대체 어떻게 알려 줘야 할지 막막합니다.

방법은 하나입니다. 바로 일상의 경험이지요.

공간 개념을 일깨워 주기 위해서는 먼저 아이들과 함께 위치와 방향을 뜻하는 어휘를 자주 사용해 보는 것이 좋아요. '위', '아래', '앞', '뒤', '왼쪽', '오른쪽' 등이 있지요. 공간을 표현하는 말을 아이와 함께 자주 사용해 보면서 아이 스스로 익히고 확장해 나갈 수 있게 하는 거죠.

"엄마와 아빠 사이에 공이 있네."

"원희 오른쪽에 있는 장난감!"

"우리 집에서 더 가까운 놀이터가 어디지?"

유아들은 '나'를 중심으로 생각하기 때문에 처음에는 아이를 기준으로 해야 해요. '우리 예쁜 원희 머리 위에', '원희 앞에'로 시작하세요. 일상 속에서 자신이 물건과 얼마나 가까이 있는지, 어느 위치에 있는지 등을 생각하며 공간 개념을 만들어 갈 수 있습니다. 그리고 '내 앞에, 내 옆에, 내 아래, 내 위에'와 같은 아이 중심에서, '엄마 앞에, 엄마 옆에, 엄마 아래, 엄마 위에'와 같이 타인 중심으로 기준이 자연스럽게 이동하고요. 그 타인이 다른 사물이 될 수도 있겠죠. 집에서 "테이블 '위에' 간식을 올려 놓았어." 혹은 "소파 '옆에' 있는 리모컨 좀 갖다 줄래?" 하는 식으로요.

일상 속 대화를 통해 '위', '아래', '옆' 등과 같은 표현이 익숙해지면 이제 '오른쪽'과 '왼쪽'을 제대로 알려 줄 차례입니다.

초등학교 입학을 준비해야 하는데 오른쪽과 왼쪽을 구분하지 못하는 아이들이 꽤 많아요. 내가 기준인지, 아니면 상대방 기준인지에 따라 달라질 때에는 특히 어렵습니다. 어른들도 순간적으로 헷갈려서 방향을 설명할 때 실수하곤 합니다. "카페 오른쪽으로 와."라고 했는데, 카페를 등지고 오른쪽인지 마주 보았을 때 오른쪽인지 제대로 설명을 하지 않았잖아요. 따라서 처음에 아이에게 방향을 알려 줄 때는 엄마 중심이 아닌 아이 중심으로 가르쳐야 합니다.

이때 왼쪽과 오른쪽을 한 번에 가르치려고 하지 마세요. 아이가 자주 쓰는 한쪽 손만 확실하게 알려 주고, 다른 쪽은 나중에 한다고 생각해야 합니다. 예를 들어 '6세에 오른쪽만큼은 제대로 알려 주겠어!'라고 생각했다면, 모든 것을 오른쪽과 연관지어 얘기하면 됩니다. "신발은 오른발 먼저 신을까?", "엄마 오른손 잡아 줘.", "엄마 오른쪽에 설래?", "우리 오른쪽으로 한 발만 옆으로 가자." 등등으로요.

방향을 알려 줄 수 있는 일상 속 활동을 소개합니다. 우선 아이와 함께 방향 표지판을 만들어 봅니다. 원하는 방향을 정해 아이에게 친숙한 물건을 소재로 표지판을 만드는 거죠. 예를 들어 아이스크림을 좋아하는 아이에게 왼쪽을 알려 주고 싶다면, 왼쪽을 가리키는 화살표가 그려진 표지판

을 만들어 냉장고에 붙이는 거예요. '아, 아이스크림은 왼쪽에 있지.' 하고 생각하며 냉장고의 왼쪽 문을 열 수 있게 말이죠. 아이가 "아이스크림은 왼쪽에 있어."라고 소리 내어 말하면서 꺼내 먹게 하는 것도 하나의 방법입니다. 이렇게 해서 한쪽을 완전히 익혔다면 '오른쪽', '왼쪽'이라고 적혀 있는 깃발을 만들어서 구분해 보는 활동을 합니다. 청기백기 게임이라고 생각하면 됩니다. 색종이에 '왼쪽', '오른쪽'이라고 크게 쓴 다음 나무젓가락에 붙이기만 하면 끝입니다.

하트 깃발

'오른쪽 왼쪽' 게임

준비물 **깃발 2개**

① 아이가 깃발을 들게 합니다. 오른손에는 '오른쪽' 깃발을, 왼손에는 '왼쪽' 깃발을 쥡니다.

② 엄마가 깃발을 내리고 들도록 주문합니다. ex) "오른쪽 올려.", "왼쪽 내려."

③ 역할을 바꾸어 진행합니다. 엄마가 깃발을 들고 아이가 문제를 내도록 합니다.

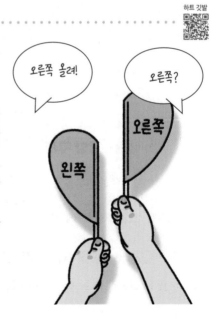

생각UP 오른쪽, 왼쪽 짝꿍이 있는 것에는 뭐가 있을까?

: (예시 : 신발, 양말, 장갑 등)

생각UP 오른쪽이나 왼쪽 말고 위치와 방향을 가리키는 말에는 뭐가 있을까?

: (예시 : 위, 아래, 옆, 안, 밖, 동서남북 등)

처음에는 쉽게 진행하다가 아이가 잘하면 "오른쪽 내리지 말고 왼쪽 올려."와 같이 난도를 높여 진행해도 됩니다. 또한 엄마가 지시하는 속도를 점점 빠르게 하면 아이가 엄마에게 문제를 낼 때도 빠르게 해 주겠죠. 이때 엄마도 헷갈려하면서 틀리면 아이가 굉장히 즐거워합니다.

이 활동은 굳이 깃발을 만들지 않고 맨손으로도 할 수 있어요. 놀이동산에서 줄을 서 있을 때도 할 수 있어요. "오른손 올려, 오른손 내려." 하는 식으로 게임을 하는 거죠. 재미있으면서도 유익한 활동이니 시간이 날 때마다 아이와 함께 해 보세요.

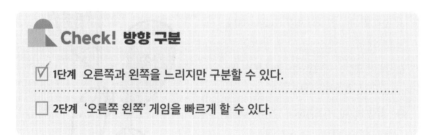

Check! 방향 구분

☑ 1단계 오른쪽과 왼쪽을 느리지만 구분할 수 있다.

☐ 2단계 '오른쪽 왼쪽' 게임을 빠르게 할 수 있다.

활동 지도 입체도형 : 모양을 인식하고 경험하는 첫 단계

입체도형 모형으로 놀기

입체도형과 실물 매칭
입체도형 이름 짓기
촉감으로 입체도형 구분하기
물감으로 찍기

쌓기나무로 놀기

엄마 따라 쌓기
그림 보고 따라 쌓기
비교하기

입체도형: 모양을 인식하고 경험하는 첫 단계

아이들은 일상과 놀이를 통해 입체도형과 평면도형을 경험합니다. 일상 속 사물을 통해 입체물을 먼저 경험하고, 5~6세가 되면 동그라미, 세모, 네모 정도를 인식하고 구분할 수 있게 되죠. 놀잇감으로 놀이를 하면서 모양의 특징을 알게 되고 모양에 관심을 갖게 됩니다. 그러다 클레이로 만들어 보거나 그림을 그리는 활동을 하며 입체와 평면이 다르다는 것을 인식합니다. 하지만 이것이, 입체도형이 평면도형으로 이루어져 있다는 사실을 이해하고 있다는 뜻은 아니에요.

지금부터 소개하는 활동들을 통해, 입체도형과 평면도형의 관계를 생각해 볼 수 있도록 도와주세요.

입체도형 모형으로 놀기 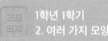 1학년 1학기 2. 여러 가지 모양

이제 아이와 함께 본격적으로 입체도형의 속성을 알아보겠습니다. 종합 교구에 포함되어 있는 기본적인 입체도형 모형을 활용하면 됩니다. 만약 교구가 없으면 클레이 등으로 직접 만들거나 집에서 대체할 만한 물건을 찾아 응용하세요.

입체도형 활동을 할 때, 반드시 염두에 두어야 할 것은 아이가 엄마와

함께 하는 이 활동들을 학습이 아닌 놀이로 받아들여야 한다는 사실입니다. 개념을 익히게 해야 한다는 조급한 마음은 내려놓고 아이와 도형 놀이를 한다는 느낌으로 접근하세요. 그러기 위해서는 엄마의 준비가 필요합니다. '어떻게 호기심을 자극할 수 있을까?', '무엇을 먼저 물어보면서 시작할까?'를 먼저 생각해야 합니다. 또한 아이에게 온전히 집중하고 아이를 기다려 주겠다고 다짐해야 해요.

입체도형과 실물 매칭

준비물 입체도형 모형, 입체도형과 비슷한 물건

❶ 아이에게 입체도형 모형을 하나 보여 준 뒤 질문합니다. "이것과 비슷하게 생긴 모양을 찾아볼까?"

❷ 아이가 집안을 돌아다니며 비슷한 물건을 찾아보게 합니다.

❸ 아이가 찾기 힘들어하면 눈에 잘 띄는 곳에 아이가 찾을 물건을 몇 개 준비해 놓고 진행합니다.
   ex) 눈에 잘 띄는 식탁에 콜라 캔을 몇 개 올려 두고, 원기둥을 보여 줍니다.

생각UP 이것(원기둥)과 이것(육면체)을 봐. 비슷한 점을 찾아볼까?
: 둘 다 위에 다른 걸 쌓을 수 있어요. : 옆에서 보면 네모 모양이에요.

생각UP 그럼 서로 다른 점은 무엇이 있을까?
: 이건(원기둥) 위에서 보면 동그란데 이건(육면체) 네모 모양이에요.
: 이건(원기둥) 굴릴 수 있어요.

이 활동은 아이들이 정말 즐겁게 하는 활동 중 하나입니다. 아이에게 원기둥 모형을 보여 주면 신나게 콜라 캔을 찾아서 가져옵니다.

이때 중요한 건, '완전히 똑같은' 모양을 가져오는 건 불가능하다는 사실이에요. 예를 들어 원기둥과 비슷하게 생긴 물건은 두루마리 휴지, 컵, 연필꽂이 등 다양하지만 그 어떤 것도 진짜 의미의 원기둥은 아닙니다. 두루마리 휴지는 중간이 뚫려 있고, 컵이나 연필꽂이는 속이 파여 있으니까요. 그러므로 아이가 형태를 인지했다고 생각이 되면 어떤 물건을 가져오든 "우와, 진짜 비슷하게 생겼네!" 하고 아이의 노력과 눈썰미를 칭찬해 주세요.

한편 두 입체도형을 서로 비교하는 활동을 '생각UP' 발문으로 실었습니다. 이 활동은 입체도형과 비슷한 물건을 가져오는 활동을 여러 번 한 다음 시도하는 게 좋아요. 아이가 두 입체도형의 차이를 말로 설명하기란 생각보다 쉽지 않으니, 직접 도형을 보고 만지는 경험을 충분히 쌓아 줘야 하죠.

이때 아이들의 흥미를 더욱 끌어올리려면 아이에게 입체도형의 이름을 짓는 다음의 활동도 함께 진행하면 좋습니다.

입체도형 이름 짓기

준비물 입체도형 모형

❶ 아이에게 입체도형 모형을 보여 주면서 제
   안합니다. "우리 이거 이름을 지어 주자."

❷ 아이가 이름을 지으면, 도형의 특성을 제대
   로 인지했는지 판단하기 위해 "왜 그런 이름
   을 붙이고 싶어?" 하고 발문합니다.
   ex) (원뿔을 보며) "고깔모자요! 위가 뾰족
   하고 모자같이 생겼어요."

택배 상자!

👩 **엄마의 발문**

생각UP 블록 2개를 합쳐서 새로운 모양을 만들고 이름을 지어 볼까?

: 저는 이게(원뿔)랑 이게(원기둥)를 합쳤어요. 이름은 '성'이에요. 이게(원기둥)를 더 길게
쌓아서 라푼젤의 성을 만들 거예요!

어떤 기관이나 학원에서는 구, 원기둥 등 입체도형의 이름을 알려 주기
도 합니다. 하지만 이런 이름은 초등학교 고학년 때 처음 나오니 발음도 어
려운 명칭을 무리하게 가르칠 필요가 없어요. 구 모양의 입체도형을 '구'라
고 부르는 대신, 구슬이나 풍선 등 아이가 좋아하고 익숙한 것으로 부르게
하면 입체도형과 더욱 친해질 수 있습니다. 정육면체 모양을 보여 주면서
물으면 "주사위요."라는 평범한 대답을 하는 아이도 있지만, "엄마가 좋아
하는 택배 상자요!"라고 말하는 재치 있는 아이도 있지요. 생각지 못한 아
이의 대답을 듣는 재미가 쏠쏠하답니다.

이 활동에서는 아이의 대답을 들으면서 아이가 모양의 특성을 제대로 인지하고 있는지를 판단해야 합니다. 만약 아이가 구 모양의 입체도형을 두고 "접시요."라고 대답한다면 이것은 구의 속성을 깨치지 못한 것이므로 발문을 통해 다시 생각할 기회를 주어야 해요. "그런가? 그런데 접시는 너무 납작한데?"라는 식으로요.

아이가 입체도형을 어느 정도 인지한 다음에는 아이와 함께 다양한 도형을 만들어 봅니다. 이때는 레고를 활용하면 좋아요. 레고 이야기를 하면 부모들이 이런 질문들을 많이 합니다.

"저희 아이는 레고 놀이를 잘하니까 도형도 잘하겠네요?"

레고는 아이가 주어진 설명서를 보고 따라 만들거나 창의적인 모양을 만드는 활동이에요. 반면 도형 문제는 직관뿐 아니라 도형의 정확한 정의와 성질을 알고 해석해야 합니다. 레고 활동만으로는 도형을 잘한다고 보기 어렵습니다.

입체도형 카드

촉감으로 입체도형 구분하기

준비물 입체도형 모형, 입체도형 카드, 상자

❶ 상자 혹은 주머니 안에 입체도형 모형들을 넣습니다.

❷ 엄마가 입체도형 카드 1장을 뽑고 질문합니다. "이 카드에 있는 모양을 꺼내 볼래?"

❸ 아이가 눈을 감고 상자에 손을 넣어 손의 감각만으로 도형을 찾게 합니다.

❹ 잘 찾았으면 어떻게 찾았는지 이야기를 나누고, 잘못 뽑았다면 어떤 점이 다른지 물어봅니다.

생각UP 손으로 만졌을 때 어떤 특징이 느껴졌어?

   : 뾰족이가 있어요

그 뾰족한 부분이 몇 개야?

   : 5개인 것 같아요

그럼 어떤 모양 같아? 왜 그렇게 생각해?

   : 어, 이 카드(사각뿔)인 것 같은데… 뾰족이가 5개인 건 어쩌니까?

입체도형의 모양이나 특징을 충분히 탐색한 후에는 입체도형을 만져서 인지하는 활동을 진행합니다. 260쪽 활동은 눈을 감은 채 손의 감각만으로 도형을 찾는 활동입니다.

아이가 "이거!" 하면서 꺼냈는데, 비슷한 특성을 가진 다른 모양을 꺼낼 수도 있습니다. 특히 4~5세 아이는 눈으로 보는 시각과 손으로 만져서 아는 촉각이 일치하지 않을 수 있습니다. 입체도형의 특성을 알아차린 경험이 적으니까요.

이때 "아니야, 틀렸어." 하고 말하지 않습니다. 대신 "어? 그래? 얘하고 얘하고 뭐가 다를까?" 하고 발문하면서 각 입체도형의 특징을 다시 한 번 확인하면 됩니다. 예를 들어 원기둥을 뽑아야 하는데 아이가 구를 뽑았습니다. 뭐가 다른지 물어보면 아이는 "어, 이거(원기둥)는 위가 평평한데, 이거(구)는 볼록하네?", "이거(원기둥)는 길쭉한데, 이거(구)는 둥글잖아?" 하면서 원기둥과 구의 차이를 알아챌 거예요.

이 시기의 아이들에게는 당장 맞고 틀리고가 중요하지 않습니다. 더군다나 실패를 많이한 아이는 주눅이 들고 수학이 싫어지게 되죠. 따라서 아이가 질문에 맞는 답을 내놓지 못하더라도 '실패'가 아닌 '경험'으로 받아들이세요. 엄마의 적절한 발문과 반응이 아이의 수학 정서에 끼치는 영향은 엄청나답니다.

마지막으로, 입체도형에서 평면도형으로 넘어갈 때 할 수 있는 활동을 소개합니다. 평면도형과 입체도형을 서로 다른 것으로 생각하고 따로 진행하기보다는, 평면도형을 입체도형의 한 부분으로 인식하고 그 특성을 이해하도록 돕는 활동이 아이에게 더 좋습니다. 이를 돕는 활동이지요.

물감으로 찍기

준비물 입체도형 모형, 물감, 팔레트,
스케치북

① 아이가 직접 고른 입체도형 모형에 물감을
묻힌 후 종이에 찍게 합니다.

② 종이에 찍힌 모양을 보며 어떻게 생겼는지
이야기를 나눕니다.

😊 엄마의 발문

 이걸로 찍으면 어떤 모양이 나올 것 같아?

 (물감으로 찍은 모양을 보여 주며) 찍었을 때 이런 모양이 나올 수 있는
게 뭐야? (아이가 입체도형 모형을 고르면) 정말 그런지 직접 찍어 볼까?

이 활동은 다음과 같은 게임으로 응용할 수 있습니다. 엄마가 원뿔과 원기둥 모형을 골라 각각 옆면과 밑면에 물감을 묻혀 종이에 찍어요. 각각의 입체도형과 찍힌 모양을 보여 주면서 "어느 것으로 찍었을 거 같아?"라고 물어보는 거지요. 아이의 대답을 듣고, 직접 찍어 봅니다. 만약 아이의 답변이 틀렸어도 틀렸다고 말하지 않고, 아이가 답을 찾을 때까지 찍어 보게 하세요. 입체도형을 이용한 이 활동은 평면도형을 이해하는 데 큰 도움이 됩니다.

이왕 입체도형에 물감을 묻힌 김에, 도형을 찍어서 재미있는 모양을 만드는 놀이도 해 보세요. 여러 입체도형 모형을 활용해 나무나 시소 등 다양한 사물을 표현할 수 있어요. 예를 들어 원기둥 모형에 보라색 물감을 묻히고 여러 번 찍으면 포도를 만들 수 있어요. 그 외에도 아이의 창의성이 마음껏 발휘되도록 찍어 보게 하세요.

Check! 입체도형 모형으로 놀기

☑ **1단계** 주변에서 입체도형과 비슷한 일상 물건을 찾을 수 있다.

☐ **2단계** 입체도형의 특징을 파악하여 그에 어울리는 이름을 붙일 수 있다.

☐ **3단계** "뾰족해요.", "평평한 데가 있어요."와 같이 입체도형의 특징을 말로 표현할 수 있다.

정사각형 6개로 둘러싸인 정육면체, 쌓기나무는 경시대회에서 빠지지 않는 주제입니다. 단순히 쌓기나무가 경시대회 단골 주제라 필수 교구일까요? 아닙니다. 공간지각력을 확인하기 위한 가장 간단한 도구이기 때문입니다.

아이에게 이런 모양을 보여 주고 쌓기나무가 몇 개냐고 물어보세요.

십중팔구 3개라고 대답합니다. 보이는 것만 세고, 뒤에 가려져 있는 것을 인식하지 못하기 때문입니다. 따라서 그냥 봐서는 보이지 않는 영역을 파악하는 능력을 판단하기에 너무나도 적합한 교구가 쌓기나무입니다. 그래서 초등뿐만 아니라 기업 인적성 검사에도 자주 등장하죠.

그렇다면 유아 시기에는 쌓기나무로 어떤 활동을 할 수 있을까요? 지금부터 소개할 쌓기나무 활동은 초등학교 입학 전까지 꾸준히 해야 합니다. 한 번 하고 마는 것이 아니라 텀을 두고 계속 반복하며, 잘할 때까지 끌고 가야 해요.

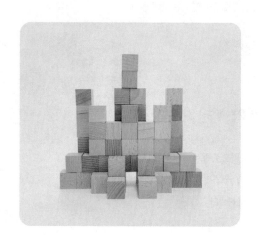

처음 쌓기나무를 접한 아이에게는 '마음대로 가지고 놀아 보는' 탐색의 시간이 주어져야 합니다. 성도 쌓고 로봇도 만들면서요. 그래야 흥미를 잃지 않고 엄마가 제시하는 유의미한 활동으로 이어 갈 수 있어요.

아이가 쌓기나무로 마음껏 놀고 나면 "엄마하고 재미있는 놀이 한번 해 보자."라고 제안하면서 본격적인 쌓기나무 활동을 시작하세요. 처음에는 쉬운 활동을 제안하다가 차츰 난도를 높여 가는 겁니다.

보통은 워크북에 소개된 모양들을 똑같이 쌓는 활동을 하는데, 사실 난도가 높은 편이라 아이가 그대로 따라 만들기는 결코 쉽지 않습니다. 어른은 한번 보면 '이건 이 모양인데!' 하고 금방 알아차리지만 아이에게 워크북의 쌓기나무 그림과 실제 쌓기나무는 '다른 세상'이기 때문이에요.

따라서 다양한 활동을 통해 쌓기나무에 더 쉽게 접근하게 도와주세요. 다음 활동은 엄마와 똑같은 모양을 만들어 보는 '엄마 따라 쌓기'입니다.

엄마 따라 쌓기

준비물 쌓기나무

엄마랑 똑같이 쌓아 볼까?

이렇게 하면 똑같나?

❶ 엄마와 아이가 같은 개수의 쌓기나무를 가집니다.

❷ 엄마가 특정한 모양으로 쌓은 후, 아이에게 말합니다. "엄마랑 똑같이 쌓아 볼래?"

❸ 아이가 따라 쌓게 합니다.

👩 엄마의 발문

활동ing 엄마랑 똑같이 쌓으려면 무엇부터 해야 할까?

┊ 생김새를 자세히 살펴봐요. ┊ 몇 개가 필요한지 봐요.

활동ing 어느 부분부터 볼까?

┊ 아래쪽부터 쌓을 거니까 아래부터 볼래요.

이때 아이와 활동을 진행하는 책상이나 테이블에는 쌓기나무를 필요한 개수만큼만 남겨 두고 다른 물건은 모두 치워 집중력이 흐트러지지 않게 해야 합니다. 쌓기나무를 너무 많이 주면 아이의 장난기와 호기심이 발동해 활동을 제대로 진행하기 어렵습니다.

난이도는 개수로 조절합니다. 처음이라면 4개 정도로 시작하고 활동에 익숙해지면 7~8개까지 늘려도 괜찮습니다. 하지만 7~8개에 능숙해졌다고 해서 수량을 갑자기 더 늘리면 아이는 금방 어려워하니 주의하세요.

쌓기나무의 색깔로도 난이도를 조절할 수 있어요. 아이는 색깔이 동일한 쌓기나무보다 색깔이 다양한 쌓기나무로 만든 모형을 더 쉽게 구분할 수 있습니다. 아이가 모양이라는 속성 이외에 색깔이라는 속성으로도 힌트를 찾아낼 수 있어서입니다.

또한 아이의 소근육 발달 단계에 따라 자석 쌓기나무로 진행할지 원목 쌓기나무로 진행할지도 판단합니다. 자석 쌓기나무는 자력을 이용해 실제로 쌓을 수 없는 모양도 만들 수 있기에 자석 쌓기나무로만 계속 활동하면 쌓기에 대한 왜곡된 개념이 잡힐 수도 있거든요.

활동을 할 때에는 엄마와 마주보고 앉아서 하기보다는, 옆으로 나란히 앉아서 엄마와 같은 방향에서 바라보며 활동을 진행합니다. 이는 아이가 아직 대칭을 이해하지 못하기 때문입니다.

엄마가 쌓은 모양대로 쌓기나무를 쌓는 활동을 충분히 진행한 후에, 쌓기나무 카드에 있는 그림을 보고 모양대로 만드는 활동을 진행합니다.

쌓기나무 카드

그림 보고 따라 쌓기

준비물 쌓기나무, 쌓기나무 카드

❶ 아이가 쌓기나무 카드를 1장 선택합니다.

❷ 필요한 쌓기나무의 개수를 물어보고 원하는 개수를 건넵니다.

❸ 아이가 따라 쌓게 합니다. 아이가 쌓기나무를 더 요구하면 건네줍니다.

이 모양이 맞나…?

활동ing 혹시 어려워? 어떤 점이 어려워?

　ː 그림이어서 안 보이는 쪽을 상상하기 어려워요.

활동ing 어떻게 해야 어려운 걸 해결할 수 있을까?

　ː 아래부터 차근차근 쌓아요.

- -

　이 활동이 어려운 이유는 실물과 그림의 차이에 있습니다. 실제 쌓기나무를 보고 쌓는 것은 3차원을 3차원으로 인식하는 활동이라 비교적 쉽습니다. 하지만 쌓기나무 카드 속 그림은 평평한 2차원이지요. 2차원을 3차원으로 인식하고 재구성해야 하므로 다른 쌓기나무에 가려 안 보이는 부분을 인지하기가 훨씬 어렵습니다. 따라서 이 활동은 '엄마 따라 쌓기' 활동을 충분히 진행한 후에 해야 합니다. 이 역시 쌓기나무의 개수와 색깔로 난이도를 조절합니다.

　아이에게 힌트를 줄 때는 조금씩 티가 나지 않게 줘야 합니다. 아이에게 건넬 수 있는 질문은 다음과 같습니다.

　"쌓기나무를 몇 개 줄까? 몇 개 필요할 것 같아?"

　"어라, 안 되네? 밑에 뭐가 더 있나?"

　다음은 유아 시기에 할 수 있는 마지막 쌓기나무 활동입니다. 바로 비교하기입니다.

비교하기

준비물 쌀기나무, 쌀기나무 카드

❶ 쌀기나무 카드에서 원하는 모양 2개를 골라 직접 쌓아 봅니다.

❷ 쌓은 두 모양을 서로 비교합니다. 어떻게 해야 오른쪽에 쌓은 모양이 왼쪽과 같아질 수 있는지 이야기를 나눕니다.

👩 엄마의 발문

 어떤 걸 먼저 옮겨 봐야 할까?

　∴ 2층에 있는 쌀기나무를 1층으로 옮겨요.

　　이 활동은 이전 활동인 그림 보고 따라 쌓기보다 좀 더 어렵습니다. 비교하는 것도 어렵지만, 한두 개만 옮겨서 똑같이 만드는 것은 더욱 어렵습니다. 무리하지 말고 편하게 이야기를 나누고 쌀기나무를 가지고 놀듯이 진행해야 아이가 도망가지 않아요. 이야기를 나누며 직접 쌀기나무를 옮겨 보면서 스스로 깨닫게 유도합니다.

　　예를 들어 쌀기나무 4개로 하나는 ㄴ자 모양, 다른 하나는 ㅁ자 모양으로 쌓았습니다. 엄마가 "둘이 모양이 어떻게 달라?"라고 발문하면 아이는 두 쌓은 모양이 어떻게 다른지 비교하고 이야기하겠지요. "왼쪽은 1층이 3개인데 오른쪽은 1층이 2개예요." 차이 나는 부분이 어디인지 인지했다면 거기에 있는 쌓기나무를 직접 집어 들게 합니다. 그러면 빈 곳이 보이고, 해결책이 보입니다.

한편 아이가 쌓기나무의 위치를 표현하기 어려워하면 다음과 같이 발문하세요. "우리 이 쌓기나무를 건물이라고 생각하자. 1층에는 3개, 2층에는 1개 있네."라고 말하면서 아이가 설명할 수 있게 도와주는 거죠. 때로는 엄마가 명백히 틀린 답을 제시하는 것도 좋습니다. 아이가 답답해하면서 정답을 이야기할 수 있도록요.

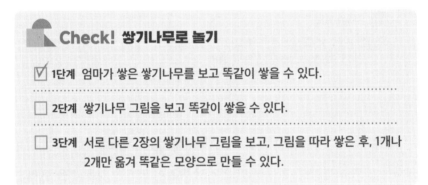

Check! 쌓기나무로 놀기

☑ **1단계** 엄마가 쌓은 쌓기나무를 보고 똑같이 쌓을 수 있다.

☐ **2단계** 쌓기나무 그림을 보고 똑같이 쌓을 수 있다.

☐ **3단계** 서로 다른 2장의 쌓기나무 그림을 보고, 그림을 따라 쌓은 후, 1개나 2개만 옮겨 똑같은 모양으로 만들 수 있다.

활동 지도 **평면도형 : 용어가 아닌 특성에 주목하기**

평면도형 만들고 놀기

평면도형으로 모양 만들기
평면도형 만들기
땅따먹기
퍼즐 맞추기 1단계
퍼즐 맞추기 2단계

칠교 탐색: 어려운 칠교를 친숙하게

칠교로 모양 만들기
내가 만드는 칠교
칠교 퍼즐 맞추기
칠교 조각 분류하기
칠교로 기차 만들기

아는 만큼 보이는 칠교 워크북 활동

칠교 워크북 활동 1단계
칠교 워크북 활동 2단계
칠교 워크북 활동 3단계
칠교 워크북 활동 4단계

평면도형: 용어가 아닌 특성에 주목하기

입체도형과 마찬가지로 평면도형을 처음 익힐 때에도 아이가 이 모든 활동을 '엄마와 하는 놀이'로 받아들여야 한다는 사실을 기억하세요. 아이에게 삼각형, 사각형을 얼른 알려 주고 싶은 마음에 "삼각형이 뭐냐면!" 하고 시작하면 아이는 눈과 귀를 닫으려고 할 거예요.

평면도형은 적절한 발문이 특히 중요한 영역이에요. 도형의 개념(정의와 성질)을 정확하게 알아야 하기 때문이지요. 따라서 1부 4장 엄마표 유아수학의 핵심 기술 63쪽의 '가르치려 하기보다는 발문을 하세요'에서 소개하는 발문 시 주의할 점과 발문을 효과적으로 하기 위한 스킬을 잘 숙지한 다음, 아이가 평면도형을 탐색하도록 이끌어 주세요. 아이에게 삼각형과 사각형의 특징을 설명하기 전에, 아이와 함께 상상해 보세요. 스케치북을 펴고 색연필로 세모를 그리며 이런 대화로 시작해 봅니다.

"옛날에 뾰족한 것들을 모으는 사람이 있었대. 이 나라에서도 모으고 저 나라에서도 모았더니 나중에는 뾰족이들이 너무 많아져서 정리하기가 어려워졌대. 그래서 비슷한 뾰족이끼리 모아서 정리를 하기 시작했대. 어떻게 정리를 해 볼까? 비슷한 뾰족이끼리 모으고 어떤 점이 비슷한지 이야기해 볼까?"

아이들은 영아 때부터 이미 세모, 네모를 퍼즐이나 책 등으로 봐 왔기 때문에 감각적으로 분류할 수 있을 거예요. 이때 분류에서 끝내지 말고, 그 기준을 말로 표현해 보도록 합니다. 이렇게 세모와 네모의 개념을 스스로 찾아나갈 수 있도록 독려해 주세요. 그런 후 일상생활과 연결지어 주어도 좋습니다.

일상 속에서 찾을 수 있는 평면도형에 대한 질문을 던지고, 아이가 모양을 파악하면서 찾아보게 이끌어 주세요. 자연스럽게 도형을 접하게 하는 종류의 발문은 다음과 같습니다.

"세모처럼 생긴 게 뭐가 있을까? 네모처럼 생긴 건?"

"액자 모양이랑 비슷하게 생긴 걸 찾아볼까?"

"우리 저번에 식빵을 길게 잘라서 샌드위치 만들었잖아. 집에서 그렇게 생긴 걸 한번 찾아볼까?"

"이런 모양이랑 닮은 게 방 안에 있을까?"

"어? 우리 집에 이런 모양이 있나 찾아볼까?"

"이런 모양을 만들어 볼까?"

입체도형 활동과 마찬가지로, 이렇게 찾은 도형들을 만져 보는 활동부터 시작해 보세요. 집에서 찾은 다양한 도형들을 살펴보고 만져 보고 비교해 보고 도형의 특징을 말해 봅니다. 그런 다음 비슷한 모양끼리 분류합니다. 분류한 다음에는 아이가 새로운 모양을 만들거나 그림을 그리는 등의 다양한 활동들을 하면 됩니다.

참고로 63쪽 '가르치려 하기보다는 발문을 하세요'에 실린 발문은 세모와 네모의 특징을 구분하게 돕는 발문의 예시이므로 그대로 따라 진행해도 좋습니다.

자, 그럼 평면도형을 경험할 수 있는 다양한 활동을 함께 알아볼까요?

평면도형 만들고 놀기

입체도형에서 평면도형을 찾아낸 아이들이 구체적으로 어떤 활동을 하면 좋을지 방법을 살펴보겠습니다.

우선 문구점에 가서 모양 색종이를 구매합니다. 동그라미, 세모, 네모 등 다양한 도형이 크기별로 있어서 이것들을 조합해 다양한 모양을 만드는 활동을 할 수 있습니다.

평면도형으로 모양 만들기

준비물 크기·모양·색이 다양한 모양 색종이,
　　　　풀, 스케치북

❶ 아이와 만들 주제를 정합니다.
　　ex) 자동차 나라

❷ 어떤 모양이 필요한지 머릿속으로 먼저 그려 보게 합니다.

❸ 아이와 함께 스케치북을 꾸밉니다.

 엄마의 발문

활동ing 어떤 모양을 만들어 볼까? 어떤 모양을 좋아해?

활동ing 여기는 왜 세모로 했어? 또 다른 어떤 모양을 사용할 수 있을까?

활동ing 어떤 모양이 제일 많아? 세모? 네모?

이 활동을 진행할 때는 다양한 발문을 통해 아이가 도형의 특성을 표현할 수 있도록 이끌어 줍니다. 다만 '엄마의 발문'은 가장 기본적인 발문들이고, 생각을 더 넓혀 줄 수 있는 기발한 발문들도 던져 주세요. 예를 들어 "자동차 바퀴를 만들고 싶은데 동그라미를 다 써서 이제 없어. 어떻게 하지?"라고 질문해 보세요. 그러면 아이는 처음에는 당황하지만, 곧 자신만의 해결책을 내놓을 것입니다. "세모랑 네모를 잘 붙여서 동그라미를 만들면 어때요?", "문방구 가서 사 올게요!", "가위로 오려요." 등등, 아이의 생각을 인정해 주세요.

색종이 활동은 쉽고 재미있게 할 수 있지만, 제한된 평면도형으로만 아이가 원하는 모양을 만들어야 하기 때문에 한계가 있어요. 따라서 모양 색종이로 활동을 충분히 했다면, 이제 직접 만들고 싶은 모양을 원하는 크기로 만들어 볼 차례입니다. 빨대, 클레이, 모루, 실 등 변형이 비교적 자유로운 재료들을 준비해 주세요.

평면도형 만들기

준비물 빨대, 클레이, 모루

❶ 그림책을 펴고 아이와 함께 다양한 모양을 찾아봅니다.

❷ 마음에 드는 모양을 고르고 아이와 어떤 특징이 있는지 이야기를 나눕니다.

❸ 아이가 빨대를 클레이로 연결해 주어진 모양을 만들어 보게 합니다.

삼각김밥을 만들어 볼래요.

❹ 동그라미는 빨대가 아닌 모루(또는 실)를 이용해 만들어 봅니다.

활동ing **이 빨대로 어떤 모양을 만들어 볼까?**
  ⋮ (예시 : 세모, 네모, 책, 샌드위치 등)
활동ing **동그라미는 어떻게 만들면 좋을까?**

먼저 그림책에 있는 그림을 보면서 다양한 도형을 찾아보세요. 처음에는 엄마가 먼저 질문을 던져서 유도합니다. "네모를 찾아볼까?", "세모를 찾아볼까?" 그렇게 엄마가 던진 질문에 따라 아이가 모양을 찾고 직접 만들어 보는 것까지가 하나의 과정입니다.

이때 빨대로는 동그라미를 만들지 못한다는 사실을 아이가 직접 깨닫게 해 주세요. 동그라미를 만드는 과제를 해결하려 하는데 빨대를 가지고 헤매는 아이에게 넌지시 모루를 밀어 주며 "동그라미는 어떻게 만들면 좋을까?"라고 발문을 던지는 거죠. 혹은 빨대에 군데군데 가위집을 내어 둥글려 주는 것도 좋은 방법이에요.

그림책에 나온 모양을 살피며 비슷하게 만들다 보면 아이는 어느 순간 깨달음을 얻게 됩니다. '아, 세모는 뾰족한 곳이 세 군데가 있지.' 하고요. 이렇게 보고 만지면서 자연스럽게 깨닫게 되는 것이 이 활동의 목표입니다.

이때 정삼각형이나 이등변삼각형 이외에도 둔각삼각형, 예각삼각형, 변끼리 길이 차이가 많이 나는 삼각형 등 정형적이지 않은 다양한 삼각형을 만들어 보는 것도 도형 감각 발달에 도움이 됩니다.

도형의 기본적인 특징을 활용하여 간단히 할 수 있는 놀이가 있습니다.

우리 세대가 왕년에 했던 '땅따먹기 게임'입니다.

땅따먹기

선 하나만 더 그으면 내 땅이에요.

준비물 스케치북, 색연필(두 가지 색깔)

❶ 커다란 스케치북에 아이가 최대한 일정한 간격으로 점을 찍게 합니다.

❷ 규칙을 알려 줍니다. "점과 점을 이어서 그어 보자.", "너 한 번, 엄마 한 번, 번갈아 긋자.", "세모를 만드는 사람이 땅을 가지는 거야."

❸ 땅따먹기를 합니다. 삼각형을 완성한 사람이 삼각형에 자신의 색연필로 색을 채워 넣습니다.

 엄마의 발문

활동ing 어떻게 하면 땅을 더 많이 가질 수 있을까?

  : 제가 세모 선 3개 중에 두 번째를 그으면 안 돼요! 엄마가 세모를 완성해 버려요.

활동ing 내 땅이 몇 개인지 쉽게 파악하려면 어떻게 하면 될까?

  : 내 땅이 될 때마다 숫자를 적어요.

스케치북이나 빈 종이에 점을 찍는 일도 아이 손에 맡깁니다. 아이들은 점을 찍는 것도 재미있어 하거든요. 아이가 아무렇게나 점을 찍는 바람에 점의 간격이 제멋대로라도 상관없어요. 가지런하게 점을 찍는 연습 또한 과정이고 학습입니다. 여러 번 하다 보면 점점 잘하게 될 거예요. 점과 점을 이어서 땅따먹기만 할 수 있으면 됩니다. 모양에 너무 신경 쓰지 마세요.

땅따먹기는 더 많은 땅을 차지한 사람이 이기는 게임입니다. 아이를 이겨 보겠다고 아이보다 땅을 너무 많이 차지하지는 마세요. 아이가 세모를 완성하고 "우와 세모다!" 하고 신나게 색칠하는 자체에 놀이의 의의가 있습니다. 도형을 지루하게 여기던 아이도 적극적으로 참여할 수 있는 좋은 활동입니다.

5세 아이는 이 활동의 규칙들을 받아들이기 좀 힘들 수도 있습니다. 엄마가 한 번, 아이가 한 번씩만 그리는 규칙을 받아들이지 못할 수도 있고, 혼자서 모든 선을 그리려고 떼를 쓰기도 할 거예요. 당연히 그럴 수 있습니다. 아이에게는 시간이 필요합니다. 게임의 규칙을 이해하고, 규칙을 지켜야 게임을 재미있게 할 수 있다는 사실을 아이가 스스로 깨달을 때까지 기다려 줘야, 아이가 흥미를 잃지 않고 활동을 이어 갈 수 있어요. 그러다 아이가 규칙에 익숙해지면 이길 수 있는 전략도 떠올릴 거예요. 그러니 아이가 규칙을 받아들이고 게임도 곧잘 한다 싶으면 아이에게 전략을 물어보세요. 이 활동에서는 '세모의 변이 3개인데, 그 중 두 번째 변을 그으면 안 된다'라는 전략이 가장 대표적이에요. 두 번째 변을 그으면 상대가 바로 마지막 선을 그어 완성할 테니까요. 혹은 네모를 만들고 대각선을 그어 세모를 2개 만드는 전략도 있죠. 아이가 "네모 중간에 줄을 그어요!"라는 전략을 말하면, 그 전략을 마음껏 활용할 수 있게 도와주세요. 아이가 네모를 슬금슬금 완성해도 모른 척하는 거죠.

이번에는 색종이로 하는 퍼즐 활동을 소개합니다. 유아 시기에 접하는 퍼즐은 크게 두 가지로 나눌 수 있습니다. 하나는 그림을 맞추는 그림 퍼즐, 다른 하나는 도형 형태를 맞추는 도형 퍼즐이에요.

이 둘은 비슷해 보이지만 조금 다릅니다. 그림 퍼즐의 경우 전체 모양에 집중을 하지 않고, 퍼즐 속 캐릭터와 그림을 보고 이를 토대로 퍼즐을 맞추려 합니다. '얘는 분명히 카봇의 손가락이야. 그러니 손가락이 이어지려면 여기에 둬야 해!'라는 식으로 말이죠. 물론 그림 퍼즐도 집중력을 키우고 부분과 전체를 볼 수 있게 하는 좋은 활동이에요. 처음 퍼즐을 접하는 아이에게 흥미를 유발하기에 적합하기도 하고요. 다만 도형을 제대로 경험하기 위해서는 그림 퍼즐보다 도형 퍼즐이 더 좋답니다.

사고력 수학에도 도움이 되는 도형 퍼즐 활동을 소개할게요.

퍼즐 맞추기 1단계

준비물 동그라미 색종이, 펜, 자, 가위

❶ 동그라미 색종이에 한 점에서 만나는 2개의 선을 긋고 선을 따라 자릅니다. 4조각의 퍼즐이 생깁니다.

❷ 아이에게 퍼즐을 맞추게 합니다. "동그라미 모양으로 맞춰 보자!"

❸ 아이가 쉽게 진행한다면 조각의 수를 조금씩 늘려 줍니다.

엄마의 발문

 어떻게 하면 쉽게 맞출 수 있을까?

: 둥근 부분이 바깥으로 오게 놓아요

준비물 색종이(모양·크기·색깔이 같은 것으로
2장), 펜, 자, 가위

❶ 색종이에 각각 한 점에서 만나는 2개의 선
을 긋고 선을 따라 자릅니다. 총 8조각의 퍼
즐이 생깁니다.

❷ 아이에게 퍼즐을 맞추게 합니다. "네모 모
양 2개를 맞춰 보자!"

> 여기에는 세모가
> 필요해.

 엄마의 발문

활동ing **어떻게 하면 쉽게 맞출 수 있을까?**

﹕대 보고 길이가 맞는 부분부터 연결해요. ﹕모서리부터 맞추면 편해요.

색종이 하나를 맞추는 게 얼마나 어려울까 싶지만, 퍼즐의 개수가 늘어
나면 이야기가 달라집니다. 7세 아이에게 네모난 색종이를 4조각으로 자
른 퍼즐을 주면 "너무 쉽잖아요."라고 말하며 금방 맞추겠지만, 그걸 1세트
더 주면 아이는 헷갈리기 시작하죠.

활동을 마친 아이에게 어떤 전략으로 문제를 해결했는지 물어보세요.
몇 번의 발문과 대화로 학습 효과가 훨씬 커질 테니까요. "어떻게 했어?"라
고 물으면 처음에는 별 생각 없던 아이들도 '어떻게 했더라?' 하고 다시 한
번 생각하게 됩니다. "모서리만 따로 모았어요."라고 말하는 친구들도 있
을 거고, "길이가 똑같은 부분을 먼저 맞췄어요."라고 말하는 아이도 있겠

지요. 7세 정도의 아이와는 더 쉽고 빠르게 맞출 수 있는 방법에 대해 이야기를 나누는 것도 좋습니다.

이렇게 아이의 발달과 상황을 고려하여 질문을 던져야 훨씬 더 효과적으로 활동을 이어 갈 수 있어요. 퍼즐뿐만 아니라 다른 활동에서도 마찬가지입니다.

Check! 평면도형 만들고 놀기

☑ **1단계** 다양한 형태의 삼각형과 사각형을 분류할 수 있다.

☐ **2단계** 원, 삼각형, 사각형의 특징을 말로 표현할 수 있다.

☐ **3단계** 원, 삼각형, 사각형 퍼즐을 맞출 수 있다.

칠교 탐색: 어려운 칠교를 친숙하게

2학년 1학기
2. 여러 가지 도형

칠교는 평면도형 활동에 꼭 필요한 교구입니다. 칠교는 이름대로 삼각형 5개와 사각형 2개, 총 7개 조각으로 구성되어 있어요. 아마 이 책을 읽고 있는 여러분은 이미 칠교를 가지고 있으리라 예상합니다.

칠교는 말 그대로 아는 만큼 보이는 교구입니다. 그래서 다양한 칠교놀이를 할 수 있는 워크북이 필요합니다. 그러니 칠교와 워크북이 함께 들어 있는 제품을 고르는 게 좋습니다.

그런데 이렇게 학습적으로 의미 있는 칠교에는 큰 단점이 있습니다.

바로 아이들은 칠교 활동을 그다지 좋아하지 않는다는 것이에요. 그 이유는 칠교가 생각보다 어렵기 때문입니다.

또 다른 문제는, 시중에 나와 있는 워크북의 경우 아이의 발달 단계에 맞추어 촘촘하게 구성되어 있는 경우는 드물기 때문에 칠교를 처음 접하는 아이에게 너무 어렵다는 점이에요.

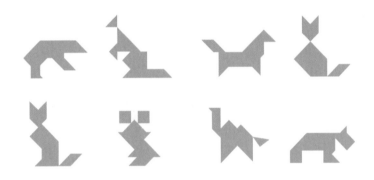

위 그림은 칠교 워크북의 일부입니다. 칠교로 이 모양대로 만드는 거예요. 아이에게 얼마나 어려울지 상상이 가시나요? 실제로 많은 칠교 워크북에 있는 그림은 크기가 작아요. 그래서 가이드 선에 맞추어 칠교를 올려놓을 수 없습니다. 워크북 속 그림과 실제 칠교의 크기가 다르니까요. 아이에게 대뜸 이런 것부터 건네 주면 아이는 칠교에 대해 급격하게 흥미를 잃게 됩니다.

그러나 안타깝게도 많은 엄마가 아이에게 워크북에 나와 있는 작은 그림만 반복해서 보여 주고, 그대로 따라 하게 합니다. 이런 식으로 칠교를 접한 아이는 결국 칠교와 멀어지게 마련입니다.

칠교를 가지고 놀 때는 단계적으로 접근해야 합니다. 언젠가는 워크북이 필요하겠지만, 그전에 유아 수준에서 칠교에 접근하는 방법은 따로 있습니다.

우선 아이가 칠교를 자유롭게 갖고 놀게 해 주세요. 아마 아이는 처음에는 호기심을 보이지만 이내 흥미를 잃게 될 겁니다. 이럴 때 아이에게 주제를 제시해 주세요.

"이걸로 토끼를 만들어 볼까?"

"이걸로 촛불을 만들어 볼까?"

엄마의 말을 들은 아이는 칠교를 계속 만지면서 곰곰이 생각하게 됩니다. '이걸로 토끼를 어떻게 만들지?' 하고요. 그렇게 조금씩 흥미가 생기고 집중하게 됩니다.

아이가 모양을 만들며 즐겁게 칠교를 가지고 놀 줄 안다 싶으면 그때부터 본격적으로 칠교 탐색 활동을 시작합니다. 지금부터 칠교 탐색 활동 순서를 소개합니다.

284쪽부터 292쪽에 걸쳐 실려 있는 칠교 탐색 활동은 5세에 시작한다고 해도 초등학교에 들어가기 전까지 전부 진행할 수 있을지 확신하기 어려운 난도이며, 분량 또한 상당하지요. 그러므로 아이가 쉽게 해결하지 못한다고 걱정하거나 조급해하지 않길 바랍니다.

칠교로 모양 만들기

준비물 칠교 2세트

❶ 각자 칠교 1세트를 준비합니다.

❷ 한 사람씩 번갈아 가며 만들 모양을 정합니다. ex) 고양이, 사람, 나무

❸ 각자 칠교로 모양을 만든 후, 작품명을 정합니다. 이때 작품 제목에 동사가 들어가도록 약속하면, 언어 능력과 창의력 발달에 도움이 됩니다. ex) 고양이가 춤을 춰요, 걸어가는 사람, 흔들리는 나무

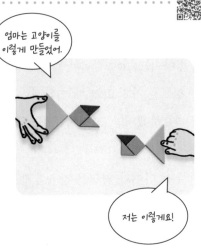

엄마는 고양이를 이렇게 만들었어.

저는 이렇게요!

👩 **엄마의 발문**

활동ing 어떤 모양을 만들고 싶어?

활동ing 조각들이 뾰족한데 고양이 얼굴은 둥글잖아. 어떻게 해야 할까?

활동ing 내가 만든 작품의 제목을 재미있게 지어 볼까?

조각이 많을수록 모양을 만들기 수월하겠지요. 따라서 아이가 즐거워하고 어려워하지 않는다면 아이에게 2세트를 모두 주고 전부 사용해 모양을 만들어 보라고 합니다.

만약 조각의 모양이 아이가 원하는 모양을 만들기에 적합하지 않으면 어떻게 해야 할까요? 예를 들어 고양이 얼굴은 둥글지만 칠교는 모두 뾰족뾰족하죠. "어라, 조각들이 뾰족뾰족하네. 어떻게 하면 좋을까?" 하고 발문하면 아이가 나름의 해결책을 내놓을 것입니다. 모두 인정하고 받아 주며 아이가 적극적으로 칠교를 활용하도록 도와주세요.

내가 만드는 칠교

준비물 색종이(모양이 같은 것으로 2장), 펜,
자, 가위, 칠교 도안

① 엄마가 색종이 2장에 각각 칠교 도안대로
선을 그립니다.

② 엄마가 먼저 자르는 시범을 보입니다.

③ 아이에게 자르게 합니다.

선대로 잘라 볼까?

이렇게?

색종이 2장에 칠교 모양을 똑같이 그립니다(혹은 QR코드의 도안을 그대로 인쇄합니다). 그리고 선을 따라 자릅니다. 아이는 어떤 순서로 어떻게 잘라야 할지 잘 모르기 때문에 오리는 모습을 먼저 보여 주세요.

이때 아이에게 "이렇게 잘라야 해."라는 말보다는 "엄마는 이렇게 자를 거야."라고 말하며 아이 앞에서 색종이를 오립니다. 부모는 가르쳐 주는 사람이 아니라 '보여 주는 사람'임을 잊지 마세요. 또한 아이는 소근육이 덜 발달해서 가위질이 서툴기도 해요. 그러니 아이를 다그치지 말고, 아이가 어려워할 경우 부모가 자른 색종이 칠교를 칠교 도안 위에 올리는 활동으로 대체해 주세요.

칠교를 자르는 활동을 응용해서 아이와 재미있게 맞출 수 있는 퍼즐을 만들 수도 있습니다. 이것은 도형 감각을 키우는 데 아주 유의미한 활동은 아니지만, 아이가 칠교에 친숙해지는 데 큰 도움이 됩니다.

준비물 색종이(정사각형), 자, 펜, 그림

❶ 엄마가 색종이 위에 칠교를 그립니다.

❷ 반대쪽 면에 아이가 좋아하는 그림을 그리게
   합니다. (캐릭터 그림을 붙여도 됩니다.)

❸ 칠교 모양대로 잘라 캐릭터 퍼즐을 만듭니다.

❹ 아이가 그림을 맞추어 칠교를 완성합니다.

엄마의 발문

생각UP 그림이 없는 칠교랑 비교했을 때 이건 어떤 점이 더 좋았어?
   : 그림 덕분에 더 쉽게 맞출 수 있어요!

생각UP 그럼 안 좋은 점은 없었어?
   : 칠교로 원하는 모양을 만들면 그림이 망가져요.

이제 칠교 분류 활동을 합니다. 이 활동을 하기 위해서는 앞에서 소개
했던 평면도형 만들고 놀기 활동들에서 '세모 모양', '네모 모양'이라는 표현
을 익혔다는 전제가 있어야 해요. 만약 아이가 유치원에서 삼각형과 사각
형이라는 말을 배웠다면 삼각형과 사각형이라는 용어를 써도 됩니다.

만약 아이가 세모나 네모라는 말에 익숙하지 않다면 다음과 같은 방법
이 있습니다. 삼각형 칠교를 하나 들고 질문합니다.

"이거랑 비슷하게 생긴 게 뭐가 있어?"

그러면 아이는 산이나 샌드위치처럼 생겼다는 답을 내놓곤 합니다. 아

이가 직접 말한 단어에서 힌트를 얻어서, 삼각형을 두고 "그럼 이것을 이제 부터 샌드위치라고 불러 볼까?" 하면서 이름을 지어 주는 거죠. 아이가 친 숙하고 잘 아는 물건으로 붙인 이름이니 기억하기 쉽습니다.

다음은 칠교로 즐겁게 할 수 있는 분류 활동입니다.

칠교 도안

칠교 조각 분류하기

준비물 칠교 1세트

❶ 칠교를 흐트러뜨립니다.

❷ 같은 모양끼리 분류합니다. "같은 모양끼리 모아 볼까?", "세모는 세모끼리, 네모는 네 모끼리 모아 보자." 등의 발문으로 유도합 니다.

뽀족뽀족 세모인가?
반듯반듯 네모인가?

😊 **엄마의 발문**

생각UP **모양 말고 다른 특징으로 같은 것끼리 모아 볼까?**

: 큰 거랑 작은 거요 : 빨간색이랑 빨간색 아닌 거요

대부분 어렵지 않게 분류할 수 있어요. 그런데 헷갈리는 것이 하나 있 어요. 바로 평행사변형입니다. 뽀족뽀족한 것이 삼각형처럼 생겼는데 다 시 보면 아닌 것도 같은 이상한 모양입니다. 이때 각이라는 말 대신 '뽀족 이'라는 표현을 써서 "뽀족이가 하나, 둘, 셋, 넷, 세모랑 다르네. 이 조각은

네모네."라는 말로 넌지시 이것이 네모임을 알려 주면 됩니다.

다음으로 칠교를 구성하는 변의 길이감을 파악하는 놀이를 소개합니다. 칠교로 기차 만들기입니다.

칠교 도안

칠교로 기차 만들기

준비물 **칠교 2세트**

❶ 아이에게 기차 만들기 놀이의 규칙을 설명
합니다. "칠교를 엄마랑 태희랑 번갈아 가
면서 내려놓으며 길게 이을 거야. 내려놓을
때, 맞닿는 부분의 길이가 딱 맞아야 해."

❷ 기차 만들기 놀이를 진행합니다.

👩 **엄마의 발문**

생각UP **우리, 다른 규칙을 더 만들어서 놀아 볼까?**

: 같은 색끼리 맞닿으면 안 되게 하기! : 누가 기차를 더 길게 만드나 시합해요.

아이들은 길이를 맞추기 위해 도형을 뒤집거나 돌려야 한다는 생각을
잘 하지 못합니다. 예시로, 아이들이 칠교에서 가장 사용을 어려워하는 것
은 평행사변형입니다. 이걸 어디에 갖다 놓아야 할지 너무 어려워하죠. 따
라서 평행사변형은 주로 부모가 시범을 보여야 합니다. 다만 이때 "이렇게
돌려서 놓아 봐!"라고 하기보다는 직접 방향을 맞추어 슬쩍 밀어 놓는 정도

로 '무언의 힌트'를 주는 겁니다.

　새로운 놀이 규칙을 만들어 보자는 엄마의 발문은 아이가 보다 다양한 생각을 할 수 있도록 유도합니다. 엄마가 제안할 수 있는 규칙 중에는 3장에 나오는 길이 측정과 연관된 것이 있어요. 각자 1세트의 칠교로 기차를 만들되, 더 길게 만드는 쪽이 이기는 규칙을 제안하는 거죠.

　이 규칙대로 놀이를 하다 보면 칠교 기차는 반드시 구부러지게 되어 있습니다. 이때 발문을 던지는 거죠. "어라, 기차가 구부러져 있는데 어떻게 길이를 비교할 수 있을까?" 아이가 이미 다루었던 모루나 실을 떠올리게 유도하는 겁니다.

　"기차 위에 실을 놓고 자른 다음, 실을 펴서 서로 비교해요."라는 완벽한 대답을 끌어내기란 쉽지 않을 겁니다. "아, 실로 재 볼까요?" 정도의 대답만 나와도 성공이에요. 혹은 "클립을 올려 봐요!", "종이를 잘라서 올려 봐요." 같은 다른 방법을 제안할 수도 있지요. 어떤 대답이 나오든, 아이의 생각을 인정해 주세요.

　자, 어떤가요? 여기까지 보면 굉장히 간단한 것 같죠. 활동의 가짓수도 적고 별것 없어 보여요. 하지만 막상 해 보면 각 활동은 굉장히 시간이 오래 걸립니다. 시간과 노력이 필요하죠. 활동 하나를 하는 데 최소 몇 달이 걸릴 수 있다는 이야기입니다. 결코 쉽지는 않겠지만 노력한 만큼의 결실을 거둘 수 있으니 인내심을 가지고 천천히 진행해 보세요.

아는 만큼 보이는 칠교 워크북 활동

2학년 1학기
2. 여러 가지 도형

탐색을 다 마쳤다면, 다음은 워크북이 필요한 단계입니다.

언뜻 보면 아이들이 만들 수 있는 모양은 한정된 것 같아요. 왜냐하면 칠교를 구성하는 요소는 단순한 삼각형과 사각형뿐이기 때문이죠. 그런데 오히려 이 점이 칠교의 장점이랍니다. 이 단순한 7개 조각으로도 만들 수 있는 모양은 정말 무궁무진합니다.

물론 만든 모양이 정교하진 않습니다. '토끼와 똑같이'가 아니라 '토끼 같이', '달리는 사람'이 아니라 '달리는 사람처럼' 만들 수 있지요. 정교하지 않아서 좋은 점도 있어요. 칠교로 만든 모양을 보여 주며 "이건 무슨 모양 같아?"와 같은 질문을 던져 아이에게 상상력을 발휘할 기회를 줄 수 있으니까요. 그 밖의 다양한 칠교 활동들을 통해서 아이들은 삼각형과 사각형에 대해 이해할 수 있게 됩니다.

1단계	2단계	3단계	4단계

달콤수학 프로젝트에서 실제로 사용하는 워크북입니다. 단계별로 구성이 되어 있고 총 4단계로 나뉘어 있습니다. 하나하나 살펴볼게요.

1단계, 일대일 대응입니다. 워크북의 그림과 칠교 조각의 크기가 같습니다. 선에 맞게 칠교 조각을 올려 놓을 수 있는 활동을 하도록 되어 있습니다. 칠교 조각을 워크북 위에 얹어 보면서 실제 칠교와 칠교 그림을 동시에 인지하는 과정입니다. 이것을 일대일 대응이라고 합니다.

2단계, 칠교의 실제 크기보다 작은 그림이 제시되어 있습니다. 색깔 구분 없이 선으로만 되어 있고, 실제 칠교와 크기가 다르기에 아이들이 칠교를 올려놓을 수 없으므로, 선만 보면서 상상해서 모양을 만들어야 합니다. 아이에게는 이 단계가 매우 어렵습니다. 그래서 "돌려 볼까?", "뒤집어 볼까?"와 같은 힌트를 많이 줘야 합니다.

3단계, 보조선이 없는 단계입니다. 여기에서 난도가 확 올라갑니다. 그래도 그림과 조각의 크기가 같기 때문에 시행착오를 겪으면서도 해낼 만하죠. 혹시 아이가 너무 어려워한다면 보조선 하나 정도는 그어 줘도 좋습니다.

4단계, 보조선도 없고 크기도 작습니다. 282쪽에서 이미 봤던 형태로, 칠교의 '최종 보스'입니다.

교구 없이 눈으로 선을 그어서 그림 전체를 칠교 7조각으로 나눌 줄 아는 것이 칠교의 최종 목표라고도 할 수 있어요. 4단계를 할 수 있는 아이는 문제집도 무난하게 풀 수 있고, 칠교를 더 이상 할 필요가 없습니다. 바꾸어 이야기하면, 여기까지 마무리하지 못하면 초등학교 5학년이라도 칠교를 해야 한다는 뜻입니다. 그만큼 유아 시기부터 칠교를 만지고 조작하는 경험을 쌓는 일은 매우 중요합니다.

Check! 아는 만큼 보이는 칠교 워크북 활동

☑ **1단계** 그림과 칠교 조각의 크기가 같고 보조선이 있다.

☐ **2단계** 그림의 크기가 칠교 조각보다 작고 보조선이 있다.

☐ **3단계** 그림과 칠교 조각의 크기가 같고 보조선이 없다.

☐ **4단계** 그림의 크기가 칠교 조각보다 작고 보조선도 없다.

3

측정, 변화와 관계, 자료와 가능성

측정, 변화와 관계, 자료와 가능성 영역은 유아수학에서 소외되기 쉬워요. 달콤수학 프로젝트를 진행할 때도, 수와 연산, 공간과 도형에 대한 질문은 많이 받지만 측정, 변화와 관계, 자료와 가능성에 대한 질문은 거의 없어요. 충분한 관심을 받지 못하고 있다고 표현할 수 있죠.

이 영역에 대한 관심이 적은 이유는, 상대적으로 분량이 적기 때문이에요. 체계나 순서가 상대적으로 엄격하지 않기 때문이기도 하고요.

또한 '이게 유아수학에서 중요한가?' 하는 생각 때문이기도 할 거예요.

일상 속 활동 위주로 소개되어 있어서, 제대로 학습해야 하는 수와 연산이나 공간과 도형에 비해 별로 중요하지 않아 보여요. 그런데 사실 이 영역은 함수나 통계 등 중고등수학의 핵심 영역으로 이어진답니다.

이처럼 중요하지만 유아수학에서 소외되기 쉬운 측정, 변화와 관계, 자료와 가능성 영역을 이 책에서는 최대한 많이 다루고 있습니다. 다른 책에서는 놀이 중심으로 소개하고 있다면 이 책에서는 개념을 체계적으로 정리하고 체크할 수 있도록 구성되어 있어요. 자, 지금부터 측정, 변화와 관계, 자료와 가능성 영역은 구체적으로 어떻게 진행해야 하는지 살펴봅시다.

골고루, 전부 경험하게 하세요

측정, 변화와 관계, 자료와 가능성은 서로 다른 영역입니다. 즉 이 세 영역은 서로 순서나 위계로 엮여 있지 않아요. 단지 일상에서 숨 쉬듯이 해야 하며, 상대적으로 양이 적기에 같은 장으로 묶였을 뿐이지요.

그러니 세 영역을 골고루 번갈아 가며 진행해 주세요. 아이의 흥미 위주로 순서를 정하면 됩니다. 다만 아이가 흥미 있어 하는 것'만' 진행해서는 안 되겠죠? '초등학교 입학 전까지 이 책에 나오는 활동을 다 해 보자.'라는 생각으로 진도와 분량을 조절하면 됩니다.

일상 속에서 항상
기회를 엿보세요

측정, 변화와 관계, 자료와 가능성 영역에 등장하는 수학 개념들 역시 일상에서 꾸준히 보고 만지는 경험을 해야 비로소 깨닫고 받아들일 수 있어요. 특히 이 영역은 다른 영역보다 일상에서의 대화와 활동이 더 큰 비중을 차지합니다. 마트에서 우유를 고르고, 주방에서 엄마를 돕고, 다용도실에서 빨랫감을 분류하고, 놀이터에서 시소를 타고, 잠들기 전 방에서 키를 재 보는 등등의 활동이 모두 수학 활동 그 자체예요.

즉 제대로 학습 준비를 해서 진행하는 활동도 중요하지만, 일상생활의 경험들을 유의미하게 만들어 주는 게 더 중요해요. 거의 매 순간이 보고 만지는 수학을 할 절호의 기회라고 생각하면 좋습니다. 항상 촉각을 곤두세우세요. '지금 이 일을 수학 경험으로 연결할 수 있을까?' 하고요. 경험을 학습으로 연결하기 위해서 부모가 의식적으로 할 수 있는 발문들을 많이 실었으니 꼭 생활에 적용해 보시길 바랍니다.

쉬워 보여도
소홀히 하지 마세요

3장에서 다루는 세 영역은 기초적인 보고 만지는 활동과, 일상에서 할 수 있는 활동 위주로 실었어요. 아주 쉽고 간단한 내용이죠. 어른이 보기에 '이것도 수학 활동이 맞아?'라는 생각이 들 정도예요.

문제는, 그래서 3장을 오히려 건너뛰기 쉽다는 점입니다.

'쉬우니 안 해도 된다'라고 생각하면 안 됩니다. 조금 더 편안하게 읽어 내려가도 좋지만, 반드시 실천해야 합니다. 유아 시기의 보고 만지는 경험이 왜 중요한지는 계속 이야기했지요. 아이의 일상을 수학으로 꾸미는 노력은 지금 가장 필요하다는 점을 기억해 주세요.

초등학생이 되어서도 꾸준히 진행하세요

초등학교 1~2학년 때는 지금부터 소개하는 영역들의 학습 비중이 굉장히 적어요. 예를 들어 측정 영역에서 '들이'는 1학년 1학기 때 '비교하기'라는 단원에서 딱 한 번 등장합니다. 그것도 무게, 길이, 넓이와 함께 나오죠.

그러다가 갑자기 3학년 때 표준 단위(밀리리터와 리터)라는 어려운 개념이 등장합니다. 그뿐인가요? 표준 단위끼리 변환하는 법도 익혀야 하고, 여기에 받아올림과 받아내림이 있는 덧셈과 뺄셈을 활용해 문제를 풀어야 해요. 갑자기 급격하게 난도가 오르니 아이가 난처해한답니다.

그러므로 지금부터 소개하는 활동들은 유아 시기뿐만 아니라 초등학교에 입학한 후에도 놀이처럼 재미있게 자주 해 주세요. 아이가 초등학생이 되어서도 꾸준히 보고 만지며 자신의 생각을 표현할 수 있도록 말이지요. 그래야 3학년 때 받는 '충격'을 줄일 수 있거든요.

활동 지도 # 측정: 수학적 의사소통의 첫 단계

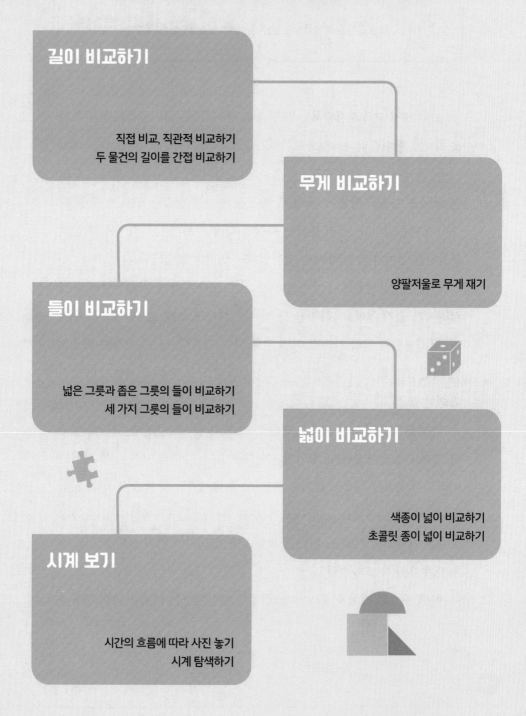

길이 비교하기

직접 비교, 직관적 비교하기
두 물건의 길이를 간접 비교하기

무게 비교하기

양팔저울로 무게 재기

들이 비교하기

넓은 그릇과 좁은 그릇의 들이 비교하기
세 가지 그릇의 들이 비교하기

넓이 비교하기

색종이 넓이 비교하기
초콜릿 종이 넓이 비교하기

시계 보기

시간의 흐름에 따라 사진 놓기
시계 탐색하기

측정: 수학적 의사소통의 첫 단계

2022 개정 교육과정에서는 '도형과 측정'이라는 이름 하에 도형과 측정을 하나로 합쳤습니다.

이 책에서는 도형과 측정을 나누어 설명합니다. 그 이유는 책에서 도형은 교구를 이용한 활동이 더 많고, 측정은 일상에서 접할 수 있는 활동 위주이기 때문입니다. 영역 분류는 목적에 따라 다분히 임의적이며, 어떻게 분류하든 아이가 꼭 해야 하는 활동임에는 변함이 없습니다.

측정은 일상생활에서 자주 접하게 되는 만큼 수학의 한 영역이라고 생각하기가 쉽지 않아요. 하지만 "우리 아이에게 잘 맞는 옷 사이즈는 무엇일까?", "병원에 빨리 가려면 어떤 길로 가야 할까?", "더 큰 피자를 먹으려면 어떤 조각을 골라야 할까?" 등 일상생활의 크고 작은 문제들이 측정과 관련이 있죠.

측정 영역은 유아 시기에 얼마나 많이 보고 만지는 경험을 했는지에 따라 성취도가 달라집니다. 경험이 충분하지 않은 아이는 아예 문제 자체를 이해하지 못하는 경우도 많아요. 안타까운 일이지만 실제로 해 보지 않았으니 당연한 결과예요. 초등학교에 가서 아이는 문제집에서 다양한 측정 문제를 맞닥뜨릴 거예요. 이런 문제들을 유아 시기에 미리 손과 눈으로 경험할 수 있도록 도와주세요.

한편 중요한 것이 어림입니다. 실제로 일상에서는 어림을 많이 사용하죠. 친구와 약속할 때 "난 거기까지 1시간쯤 걸리겠는데."라고 말합니다. 길을 찾아갈 때도 마찬가지입니다. "이쪽 길보다 저쪽 길이 더 가까울 것 같아."

내가 생각한 것과 실제 값이 얼마나 다른지 경험해 봐야만 아이들이 오차를 줄일 수 있습니다. 어림을 잘하는 아이는 상황을 융통성 있게 바라볼 수 있게 됩니다.

일상생활에서 어림을 할 수 있는 발문을 소개합니다. 저는 아이와 수학 놀이를 할 때 "어떻게 될까? 얼마쯤 될까?"라는 표현을 자주 씁니다. 과자를 한 움큼 올려 놓고 "이거 몇 개쯤 될 것 같아?"라고 묻습니다. 그리고 실제로 세어서 확인해 봅니다. 집을 나서며 "우리 집 현관문부터 엘리베이터까지 몇 발자국 걸어야 할 것 같아?" 하고 묻습니다. 큰 음료수 1병을 두고 "친구 3명이 음료를 마시려면 얼마큼씩 따라 마셔야 할까?" 하고 묻습니다. 아이가 생각한 답을 듣고 나서 아이에게 직접 세거나 재거나 따라 보게 해서 측정을 경험하게 하세요.

어림과 관련된 놀이와 방법들은 3장에서 자세히 소개하고 있어요. 어림은 꾸준히 연습해야 합니다. 우리나라는 초등학교 3학년 교과 과정부터 '수 어림하기'가 나오는데, 정확한 답을 내는 것에 익숙해진 아이들은 이것을 낯설고 어렵게 느낍니다. 유치원 때부터 어림을 중요하게 여기는 다른 나라의 교과 과정이 부러울 정도예요. 어림은 수 감각과 융통성을 키우는 좋은 방법이므로 일상 속에서 자주 연습하길 바랍니다.

길이를 비교하는 방법은 다양해요. "엄마 손이 클까, 네 손이 클까?"라고 물으면서 아이와 손을 맞댑니다. 이를 '직접 비교'라고 합니다. 한편 직접 손을 대 보지 않아도 아기 손이 작고 엄마 손이 크다는 걸 한 눈에 알 수 있는데, 이것을 '직관적 비교'라고 합니다. 여기까지는 눈으로 보고 금방 비교할 수 있으므로, 어렵지 않게 이해할 수 있습니다.

반면 너무 크고 무겁거나 멀리 떨어져 있어서 직접 비교할 수 없는 대상은 '간접 비교'를 해야 해요. 예를 들어, 우리 집에 있는 TV와 책상 중에 어떤 게 더 큰지 알고 싶을 때 쓰는 방법입니다. 둘의 가로 길이가 비슷해 보이는데, 무거운 책상을 끌고 와서 TV 앞에 놓을 수는 없는 노릇이지요. 이럴 때 길이 차이를 확인할 수 있는 도구를 사용합니다. 처음에는 무수한 일상 속 도구들로 측정 활동 경험을 쌓고, 그 과정에서 '자'의 필요성을 인식하는 거죠.

엄마의 역할은 아이가 이 세 가지 비교 방법을 이해하고, 직접 비교와 직관적 비교에서 간접 비교로 나아갈 수 있는 활동들을 하게 도와주는 것입니다.

준비물 모루 또는 리본(세 종류, 길이와 색깔
　　　다르게)

❶ 모루 세 종류를 동그랗게 말아 놓습니다.

❷ 가장 긴 모루와 가장 짧은 모루를 찾게 합
　니다.

❸ 모루를 펼쳐 대어 보며 아이의 생각이 맞는
　지 확인합니다. 이 과정에서 한쪽 끝을 맞
　추어야 정확하게 비교할 수 있다는 사실을
　경험을 통해 직접 느끼도록 합니다.

❹ 활동 결과를 말로 표현해 보도록 합니다. "초록색 끈이 가장 길어요", "분홍색 끈은 가장 짧아요"

❺ 세 모루의 길이 차이를 점차 줄이며 ❶~❹를 반복합니다.

　😊 엄마의 발문

활동ing 셋 중 어느 것이 가장 길 것 같아?

활동ing 동글동글 말려 있어서 비교하기가 어렵네. 어떻게 하면 좋을까?
　　　ㆍ 길게 펼쳐 봐요.

활동ing 길게 펼쳐 볼까? 그런 다음 어떻게 하지?
　　　ㆍ 서로 대 봐요. ㆍ 끝을 맞춰서 봐요.

　　길이의 차이가 명확히 보이는 줄을 두고 "무엇이 제일 길까?"를 물어보
세요. 너무나도 쉽고 명확한 질문이지만, 이게 바로 어림의 시작이에요.
만약 "뭐가 제일 길 것 같아?"라는 질문에 아이가 "엄마, 나는 노란색이 제

일 길 것 같아요." 하고 답하면, 돌돌 말려 있던 줄을 펴서 '직접 비교'를 하게 합니다. 그러고 나면 '아, 내가 생각했던 것과 다르구나.' 하고 깨닫게 되면서 오차를 점점 줄일 수 있겠죠.

이 활동은 무수히 많은 어림 활동 중 하나일 뿐이에요. 어림은 일상에서 끊임없이 해야 하거든요. 아이가 좋아하는 캐릭터 인형들을 보고 "누구 키가 제일 큰 것 같아? 누가 제일 작은 거 같아?"라고 질문해 보세요. 길을 가다가 아파트를 봤을 때, "어떤 건물이 제일 높아 보여?"라고 질문해 봅니다. 요리를 하다가 "냉장고에서 제일 긴 오이를 가져 와."라고 말해 보세요. 마트 계산대 앞에서는 "어디가 줄이 제일 짧은 것 같아?"라고 묻는 겁니다.

유아 시기에는 직접 측정하는 활동에 앞서 일상 속에서 어림을 통해 길이감을 익혀야 합니다. 이는 길이뿐만이 아니라 무게나 들이 등에도 적용할 수 있는 말입니다.

끈은 직접 맞대어 확인할 수 있어 비교하기 쉽지만, 그렇지 않은 물건도 있습니다. 예를 들어 컴퓨터 모니터와 벽에 걸린 액자 중 어느 것의 가로 길이가 더 긴지 알고 싶을 때는 간접 비교를 하면 됩니다. 간접 비교 방법 중 가장 흔하게 쓰이는 게 뼘이죠. 뼘으로 재는 방법을 보여 주면 아이들이 정말 재미있어 합니다. 조그만 손을 힘껏 벌려 길이를 재려고 안간힘을 쓰죠.

뼘으로 길이를 잴 때는 재는 사람의 손 크기에 따라 결과값이 매번 달라질 수 있다는 것을 알아차리게 해야 합니다. 이를 돕는 활동을 소개합니다.

두 물건의 길이를 간접 비교하기

준비물 수첩, 연필

❶ 집에서 비교할 물건 두 가지를 선택합니다.
이때 직접 비교가 어려운 것을 선택합니다.
ex) TV와 액자, 책상, 탁자 등

❷ 아이가 먼저 뼘으로 두 물건의 길이를 재고
몇 뼘이 나왔는지 적습니다.

❸ 엄마가 뼘으로 두 물건의 길이를 재고 몇 뼘
이 나왔는지 적습니다.

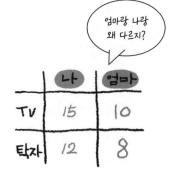

❹ 결과를 비교하고, 엄마와 아이의 결과가 왜 다른지 이야기를 나눕니다. 엄마와 아이의 손의 크기
가 다르기 때문이며, 두 물건의 길이를 비교할 때는 한 사람의 손(뼘)만으로 해야 정확하다는 사
실을 인지하도록 합니다.

😊 **엄마의 발문**

생각UP **뼘으로 길이를 재면 어떤 점이 좋을까?**
: 자가 없어도 돼요 : 숫자만 보고 비교할 수 있어요

이 활동에서 중요한 두 가지 개념이 있습니다.

첫 번째는 임의 단위로 사용한 손의 크기가 일정해야 한다는 것입니다. 이것은 측정의 가장 기본적인 전제 조건입니다. 두 번째는 길이를 수로 나타냈다는 것입니다. 측정의 결과를 전달할 때, "식탁이 책상보다 더 길어요."보다 "식탁은 10뼘, 책상은 8뼘이어서 식탁이 더 길어요."라고 표현하면 상대방을 더욱 정확하게 이해시킬 수 있으니까요.

이제 다음과 같이 확장해 보세요. 뼘을 쓸 수 있는 경우와 쓸 수 없는 경우를 구분해 볼 거예요.

예를 들어 볼까요? "컵의 길이도 뼘으로 비교하면 좋을까?"라고 발문합니다. 하지만 컵에 직접 뼘을 대 보면 컵이 뼘보다 작은 경우가 훨씬 많습니다. 따라서 뼘을 사용할 수 없어요. 컵에 손을 대 보면서 이런 발견을 한 아이가 "아뇨, 컵이 뼘보다 작아요."라고 대답하면 이렇게 다시 발문해 보세요. "그럼 뼘 대신에 무엇을 사용하면 컵의 길이를 비교할 수 있을까?"라고요. 어떤 물건을 사용할지는 아이가 직접 생각해 내야 해요. 아이는 '작고, 동일한 크기이며, 여러 개를 준비할 수 있는 것'이라는 조건에 해당하는 물건이 무엇인지 골똘히 생각해 볼 것입니다. 예를 들어 연결 모형을 떠올릴 수 있겠지요. 이와 같은 발문을 통해 아이는 물건을 재는 도구는 재려는 물건의 길이보다 작아야 쓸 수 있다는 사실을 알 수 있게 됩니다.

한편 뼘에 대해서 다시 생각해 보게 하는 발문을 해도 좋아요. "그럼 엄마 손이랑 하은이 손의 길이는 어떻게 비교하여 수로 나타낼 수 있을까?" 하고요. 충분히 생각할 시간을 주면 이내 손보다 작고, 동일한 크기의 연결 모형이나 쌓기나무 등을 이용해 뼘의 길이를 재려고 할 거예요.

이때 자를 사용하면 어떠냐는 질문을 많이 받습니다. 하지만 측정 활동을 시작하는 단계에서는 자를 사용하는 것을 권하지 않아요. 자는 센티미터라는, 아이에게는 낯선 표준 단위를 사용하기 때문에 어렵게 느껴집니다. 지금은 측정 도구의 사용법을 익히기보다는 '동일한 크기의 물건'을 이용하여 길이를 재야 정확히 비교할 수 있다는 문제 상황을 인식하고, '그렇다면 어떤 물건을 사용하는 것이 효율적일까?'라는 구체적 문제 해결 방안을 떠올리며 직접 수행해 보는 경험이 필요할 때입니다. 예를 들어 커다란 벽의 길이를 잴 때는 작은 연결 모형보다 긴 숟가락이나 크기가 같은 책을 이용하는 것이 효율적이겠죠? 이러한 경험을 충분히 쌓은 후에 뼘, 연결 모형, 숟가락, 책 등을 대체하여 표준화한 물건이 '자'라는 것을 이해하고 올바르게 사용할 수 있도록 이끌어 주어야 합니다. 단계를 건너뛰지 마세요.

Check! 길이 비교하기

☑ **1단계** 2개의 길이를 직관적으로 비교할 수 있다.

☐ **2단계** 2개의 길이를 직접 대어 보고 비교할 수 있다.

☐ **3단계** 3~4개의 길이를 직접 대어 보고 순서대로 나열할 수 있다.

☐ **4단계** 임의 단위를 사용하여 길이를 순서대로 나열할 수 있다.

무게 비교하기

1학년 1학기
4. 비교하기

무게 비교는 놀이터에서 시소로 시작해 보세요. 가족과 즐겁게 시소를 타면서 '무거운 쪽이 아래로 내려간다'라는 사실을 깨닫는 거죠. "앗, 엄마랑 태희 중에서 엄마가 내려갔어. 그러면 엄마가 더 무겁네!", "엄마랑 아빠가 시소를 탔는데 아빠가 더 내려갔어. 그러면 우리 집에서는 아빠가 제일 무겁네?" 이와 같이 시소를 타며 이야기를 나누는 활동은 아이에게는 우리 가족만의 비밀 놀이처럼 느껴질 거예요. 이는 아이의 정서에도 큰 도움이 됩니다.

시소를 타 본 아이들은 무게 측정 도구인 양팔저울을 쉽게 이해할 수 있습니다. 양팔저울과 클레이를 준비하고 아이에게 이런 질문을 해 보세요.

"이 클레이를 뭉쳐 놓은 것과 눌러서 평평하게 만든 것 중 어떤 것이 더 무거울까?"

아이는 뭐라고 대답할까요?

아마 뭉쳐 놓은 것이 더 무겁다고 대답할 겁니다.

정말로 그런지, 직접 확인해 봅시다. 먼저 무게가 같은 클레이 2개를 동그랗게 뭉친 후 양팔저울 양쪽에 1개씩 올려 무게가 같다는 것을 확인합니다. 그 후, 하나만 평평하게 만들어 다시 저울에 올려 봅니다. 당연히 양팔저울은 균형을 유지하겠죠.

"앗, 똑같아요!"

새로운 발견을 한 아이의 눈동자가 반짝반짝 빛날 것입니다.

모양이 변하더라도 무게는 변하지 않는다, 어른에게는 너무나 당연한 사실이지만 아이들에게는 당연하지 않습니다. 유아 때 무게를 비교한 경험이 부족한 아이들은 초등학교에 진학해 많이 힘들어할 수밖에 없어요. 자신의 직관이 깨지고 새로운 사실을 받아들이는 이런 경험을 여러 번 해 봐야 초등학교 수업 시간에 당황하지 않을 수 있어요.

양팔저울로 무게 재기

준비물 옷걸이, 투명 페트컵(혹은 지퍼백),
실, 테이프, 측정할 물건(컵이나 지퍼
백에 들어갈 크기)

❶ 준비물을 이용해 양팔저울을 만듭니다.

❷ 물건 2개를 보여 준 뒤 어떤 것이 더 무거
울지 어림해 봅니다.

❸ 양팔저울로 측정하고 어림이 맞았는지 이
야기를 나눕니다.

❹ 여러 가지 물건의 무게를 비교합니다. 무
게 차이가 큰 것들로 시작하여 서서히 무게 차이를 줄여 나갑니다.

❺ 크고 가벼운 물건(풍선)과 작고 무거운 물건(과일, 요구르트 등)을 이용하여 ❷~❸의 과정을 거
칩니다.

> 내려간 쪽이
> 더 무겁네!

 엄마의 발문

(생각UP) 양팔저울의 불편한 점은 무엇일까?
: 물건이 너무 크면 컵에 안 들어가요. : 한쪽이 너무 무거우면 컵이 뒤집어져요.

(생각UP) 그럼 불편한 점을 어떻게 해결할 수 있을까?
: 더 큰 컵으로 양팔저울을 만들어요. : 물건을 양쪽에 동시에 넣어요.

이 활동은 어떤 물건의 무게를 눈으로만 보며 어림하고, 손으로 들어서
어림하고, 실제로 저울에 재서 확인하는 과정을 거칩니다. 물건의 무게를
어림에서 측정까지 한번에 경험하면서 무게의 개념을 익힐 수 있습니다.

이 활동에서 중요하게 다루는 개념은 '무게와 크기는 정비례하는 것이

아니다.'입니다. 아이와 크고 가벼운 물건은 무엇이 있는지, 작고 무거운 물건은 무엇이 있는지 이야기를 나누어 보세요. "크고 가벼운 것에는 무엇이 있을까?"라는 발문에는 풍선, 솜인형, 빈 음료캔, 갑티슈 등의 다양한 답을 내놓고, 반대로 "작고 무거운 것에는 무엇이 있지?"라는 발문에는 과일, 요구르트, 핸드폰 등을 답할 수 있어요. 이 발문에 정답은 없습니다. 사실 발문 자체가 열려 있어요. 크다, 작다, 무겁다, 가볍다의 개념은 상대적이니까요. 따라서 다음과 같은 추가 활동을 하면 좋습니다.

우선 '크지만 가벼운 물건 찾기'예요. 엄마가 "사과보다 크지만 가벼운 물건을 찾아오기!"라고 외치면, 아이가 그런 물건을 찾아옵니다. 실제로 양팔저울에 달아 보고 맞으면 아이가 이기는 놀이죠. 그런 물건을 찾기란 쉽지 않을 수 있으니 놀이 시작 전에 몰래 집안 여기저기에 빈 갑티슈, 빈 페트병, 솜인형 등을 준비해 두면 좋습니다. 반대로 '작지만 무거운 물건 찾기'도 할 수 있겠죠. 엄마가 "이 갑티슈보다 작지만 무거운 물건을 찾아오기!"라고 외치면, 아이가 그런 물건을 찾아옵니다. 책, 콜라병, 장식용 돌멩이까지 아이가 찾아올 물건이 매우 다양하지요.

한편 양팔저울을 이용하여 무게 추론 활동도 할 수 있습니다. 무게 순서대로 A, B, C라고 칭할게요. 먼저 A와 B를 양팔저울에 올려 A가 B보다 무겁다는 사실을 확인합니다. 그 후, B와 C를 양팔저울에 올려 B가 C보다 무겁다는 사실을 확인합니다. 그리고 질문합니다. "A와 C 중에 무엇이 더 무거울까?" 생각할 시간을 충분히 주고, 직접 A와 C를 양팔저울에 올려서 확인해 보도록 합니다. 이런 논리 활동은 쉽지 않으니 여러 번 직접 해 보면서 이해할 수 있도록 도와주세요.

양팔저울을 이용하지 않고도 무게를 비교할 수 있습니다. 예를 들어, 테이프로 단단히 봉한 빈 택배 상자를 준비해 주세요. 그리고 그 위에 올려 놓아도 택배 상자가 찌그러지지 않는 물건을 찾는 놀이를 해 보세요. 책 1권은 되지만 물이 가득 찬 2L짜리 생수병은 안 되겠죠. 이런 경험을 통해 무게를 비교하는 방법이 다양하다는 사실을 알려 주는 겁니다. 무게를 비교할 수 있는 새로운 방법을 아이가 직접 고안해 보도록 유도하는 것도 좋은 창의 사고력 활동이 됩니다.

한편 엄마들이 무게 측정에서 가장 많이 하는 질문이 바로 이것입니다. "지금 그램과 킬로그램을 알려 주어야 하나요?"

표준 단위를 정확하게 가르칠 필요는 없지만 '접하게' 해 주는 것은 좋습니다. 사실 그램과 킬로그램은 일상 속에서 아이들이 너무나도 자주 접하는 단위입니다. 특히 마트에서 많이 볼 수 있지요. 마트에서 다음 놀이를 아이와 함께 해 보세요. "잡곡 코너에서 검은콩 1kg짜리 한 봉지 가져올래?" 아이는 직접 잡곡 코너에 가서 검은콩이 든 봉지를 보면서 무게가 어디 적혀 있는지 찾고, 1kg이 맞는지 확인합니다. 그리고 그걸 들고 돌아옵니다. 이 활동이 낯선 표준 단위를 친숙하게 하는 훌륭한 과정입니다. kg이라는 글자에 친숙해지고, 1kg의 무게감을 느끼게 되죠. 다양한 무게를 몸으로 느껴 보면 어림도 쉬워질 것입니다. 물론 아직 kg이라는 글자가 익숙하지 않은 아이라면 엄마와 같이 찾아볼 수 있겠죠?

정리하면 유아 시기 무게 개념의 목표는 크게 세 가지입니다.

첫째, 모양이 변하더라도 무게는 변하지 않는다는 사실을 아는 것입니다.

둘째, 무게와 크기가 꼭 정비례하는 것이 아니라는 사실을 아는 것입니다.

셋째, 무게들의 관계를 근거로 무엇이 더 무겁고 무엇이 더 가벼운지 추론을 할 수 있는 것입니다.

이 세 가지를 제대로 이해할 수 있다면 무게 비교 활동은 충분합니다.

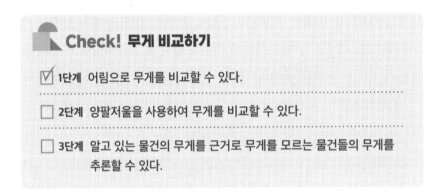

들이 비교하기

초등 연계 1학년 1학기
4. 비교하기

길이 측정 활동에서 자를 이용하기 전에 일상생활 속 물건으로 길이 개념을 먼저 익히고, 무게 측정 활동에서 눈금저울이 아닌 양팔저울을 이용해 무게 개념을 익혔듯이, 들이 측정에서도 계량컵을 이용하기 전에 일상생활 속 물건으로 먼저 시작하면 됩니다. 충분히 들이 개념을 익힌 후에 자연스럽게 계량컵을 이용할 수 있도록 이끌어 주세요.

넓은 그릇과 좁은 그릇의 들이 비교하기

준비물 음료 1병, 투명한 그릇 2개(좁고 높은
     것, 넓고 낮은 것)

❶ 넓고 낮은 그릇에 음료를 가득 채웁니다.

❷ 좁고 높은 그릇으로 음료를 옮겨 따릅니다.

❸ 반대로 좁고 높은 그릇의 음료를 넓고 낮은
   그릇으로 다시 옮겨 따라 봅니다.

❹ 양의 변화에 대해 이야기합니다.

 엄마의 발문

활동ing 주스의 양을 정확하게 비교하려면 어떤 그릇들을 사용해야 할까?
     ː 크기랑 모양이 똑같은 그릇이어야 해요.

활동ing 어떻게 생긴 그릇이 음료의 양을 비교하기 쉬울까?
     ː 좁고 위아래로 길면 좋아요.   ː 투명한 게 좋아요.
     ː 따를 때 안 흘리는 그릇이 좋을 것 같아요.

이 활동을 처음 하는 아이는 대개 옆으로 넓은 그릇에 있던 음료를 높
고 좁은 그릇으로 옮겨 담으면 양이 많아졌다고 생각합니다(22쪽에서 살펴
봤죠). 이런 경우, 엄마가 다시 원래 있던 그릇에 음료를 붓게 한 후, "똑같
은 것 같은데?" 하면서 음료의 양이 변하지 않았다는 사실을 이해시킵니
다. 음료의 양만큼 눈금을 그어 놓으면 더 쉽게 이해할 거예요.

들이와 관련된 또 다른 일상 활동이 있습니다. 목욕 시간에 욕조에 물
을 받아서 할 수 있는 활동이에요. 우선 크기가 다른 용기 2개가 필요합니

다. A용기에 꽉 차게 물을 넣고, 이를 B용기에 옮겨 붓게 합니다. B용기의 물이 넘친다면 A용기의 들이가 더 큰 것이고, 반대로 B용기에 공간이 남는다면 B용기의 들이가 더 큰 것이겠지요.

그럼 크기가 다른 용기가 3개 이상일 때에는 어떻게 비교해야 할까요? 몇 번을 서로 부어 보며 비교해야 할지 감이 잡히지 않을 거예요. 아이와 다음 활동을 함께 해 보세요.

세 가지 그릇의 들이 비교하기

준비물 음료 3병(서로 용량이 다른), 투명한 그릇 3개(모양과 크기 동일)

❶ 음료 3개를 보여 줍니다.

❷ 가장 양이 많아 보이는 음료를 고르도록 합니다.

❸ 투명한 그릇에 각각 음료를 부어 결과를 확인합니다.

❹ 활동을 통해 알게 된 점에 대해 이야기를 나누어 봅니다.

이렇게 하니 쉽게 비교가 되네!

 엄마의 발문

활동ing 주스 3병의 병 모양이 모두 달라. 양을 어떻게 정확히 비교하지?
: 모양과 크기가 같은 용기로 각각 옮겨 담으면 양을 쉽게 비교할 수 있어요.

생각UP 음료가 3개인데 그릇은 1개야. 이럴 때는 어떻게 비교를 하지?
: 일단 음료를 따르고, 얼마큼인지 펜으로 표시해요. 그릇을 비우고, 다른 음료를 따르고 또 펜으로 표시해요.

음료를 준비하지 않더라도 사용하고 남은 빈 통에 수돗물(혹은 물감으로 색을 구분한 물)을 부어서 진행해도 좋습니다.

이 활동에서 음료를 선택할 때는 용량 차이가 큰 것부터 차이가 적은 순으로 진행하면 좋습니다. 또한, 처음에는 음료 2개로 시작하고 아이가 활동에 익숙해지면 음료의 수를 점차 늘려 줍니다.

무게 단위와 마찬가지로, 밀리리터나 리터 등의 들이 단위도 일상 속에서 친숙하게 접할 수 있습니다. 이번에도 장소는 마트입니다. 이렇게 발문하는 거예요.

"엄마는 양이 더 많은 우유를 사고 싶어. 어떻게 하면 양이 많은 우유를 찾을 수 있을까?"

그러면 아이는 "눈으로 봤을 때 큰 거요.", "들었을 때 무거운 거요." 등의 대답을 할 것입니다. 간혹 "잘 보면 양이 얼마큼인지 적혀 있어요."라고 대답하는 아이가 있어요. 들이 단위를 읽을 줄 안다는 뜻이죠.

물론 들이 단위를 읽을 줄 안다고 해서 그것이 진짜 들이 단위를 '안다'라고 말할 수는 없어요. 하지만 친숙해지면 좋겠죠? 아이에게 심부름을 시켜 보세요. "우유 500mL짜리 하나 찾아올래?" 그러면 아이는 '500mL'라는 글자를 익히고, 500mL의 들이는 이 정도구나 하는 것을 감각으로 익힙니다. 도입에서 말씀드렸듯이 측정은 다른 영역에 비해 일상생활에서 자연스럽게 경험할 수 있어요. 어렵지 않죠?

넓이 비교하기

34쪽 '넓이를 모르는 아이에게 '넓이'를 알려 주는 법'을 잘 읽고 왔다면, 아이들이 넓이라는 용어를 낯설고 어려워한다는 사실을 이미 알고 있을 겁니다.

넓이 역시 '직접 비교', '직관적 비교', '간접 비교'의 단계를 거쳐서 개념을 익힐 수 있습니다. 직접 비교부터 시작하는 것이 좋겠죠? 엄마와 아이 옷의 넓이를 비교하기 위해 겹쳐 볼 수 있고, 아빠 발과 아이의 발을 겹쳐 볼 수도 있습니다.

그런데 넓이 비교는 길이 비교에 비해 한계가 있습니다. 형태가 다양해 두 물체를 겹쳤을 때 넓이가 작은 물체의 일부가 큰 물체 밖으로 튀어나오는 경우가 많기 때문이지요. 어른용 이불과 아이용 이불같이 크기가 확연하게 차이가 나거나, 손수건처럼 모양이 반듯한 물건이 아니라면 직접 비교가 어려울 수 있습니다. 지금부터 직접 비교를 쉽게 할 수 있는 방법, 반듯한 모양의 색종이로 넓이를 비교하는 활동을 소개합니다.

색종이 넓이 비교하기

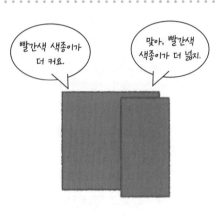

준비물 정사각형 색종이 여러 장, 가위

❶ 반으로 자른 색종이와, 자르지 않은 색종이를 준비합니다.

❷ 두 색종이를 보여 주며 아이에게 질문합니다. "어떤 게 더 넓을까?"

❸ 아이가 하나를 고르면 엄마가 발문합니다. "두 색종이의 크기를 정확하게 비교하려면 어떻게 해야 할까?"

❹ 아이가 색종이를 겹쳐서 확인할 수 있도록 유도합니다.

❺ 활동 결과를 아이가 정리하여 이야기하도록 합니다. "빨간 색종이와 파란 색종이를 겹쳤을 때 빨간 색종이가 남았어요. 그래서 빨간 색종이가 더 넓어요."

❻ 새로운 색종이로 ❶~❺를 반복합니다. 이때, 비교하는 두 색종이의 넓이 차이가 점점 작아지도록 합니다.

엄마의 발문

 두 색종이의 크기를 비교했어. 정확하게 말로 표현해 볼까?

　　：빨간색 색종이는 파란색 색종이보다 넓어요.

　　：파란색 색종이는 빨간색 색종이보다 좁아요.

초콜릿 종이 넓이 비교하기

준비물 **초콜릿 종이, 가위**

❶ 초콜릿 종이를 2x6, 3x4 크기로 잘라서
준비합니다.

❷ 두 종이를 아이에게 보여 주고 질문합니
다. "어떤 게 더 넓어 보여?"

❸ 아이가 하나를 고르면 왜 그렇게 생각하는
지 물어보고, 어떻게 정확하게 비교할 수

있는지에 대해 이야기를 나눕니다. 종이를 잘라서 비교할 수 있다는 사실을 깨닫게 유도합니다.

❹ 초콜릿 종이를 조각대로 자른 후 세어 봅니다.

❺ 두 종이 조각의 수가 같다는 것을 확인하고, 활동 결과를 정리하여 이야기하도록 합니다. "둘 다
12조각이에요. 그래서 두 초콜릿의 넓이는 같아요."

❻ 초콜릿 종이로 새로운 모양을 만들어 넓이를 비교해 봅니다.

엄마의 발문

활동ing 어떻게 하면 두 초콜릿의 크기를 정확하게 비교할 수 있을까?

: 대어 봐요 : 잘라서 몇 칸인지 세어 봐요

이 활동을 하는 아이는 대개 '크다'라고 표현할 것입니다. "빨간 색종이
가 더 커요." 하고요. 이때 "틀렸어. '넓다'라고 해야지."라고 정정하지 않습
니다. 지적을 하면 아이는 자신이 제대로 말하고 있는지를 확인하느라 주
눅이 들고 자신감을 잃게 됩니다. 엄마가 아무렇지도 않게 "응, 그래, 빨간
색종이가 더 넓지." 하고 올바른 표현을 쓰면 됩니다. 엄마가 쓰는 표현을

아이가 따라 쓰도록 말이지요. 그런데 5세 아이의 경우, 이렇게 고쳐 주는 것조차 조심스럽습니다. 아이 입장에서 자기는 '크다'라고 했는데, 엄마가 '넓다'라고 하니 헷갈리는 거죠. 이럴 땐 차라리 '크다, 작다'라고 표현하고, 아이 머릿속에 개념이 자리 잡히고 나면, '넓다, 좁다'로 표현해 주세요. 아이의 반응을 보면서 적절하게 진행하세요.

활동 수준을 한 단계 높여 볼까요? 네모칸이 없고 크기와 모양이 다른 종이를 어떻게 비교하는지에 대해서도 발문해 보세요. 가로세로 길이가 각각 다른 직사각형 모양 색종이 2장을 놓고, "네모칸이 없는 이런 종이는 어떻게 크기를 정확하게 비교할 수 있을까?"라고 묻는 거죠. 아이는 이미 네모칸이 있는 초콜릿 종이를 보았기 때문에 여기에도 네모칸을 그려 해결하려 할 거예요. 이때 "네모칸을 그릴 때 주의해야 할 점이 있을까?"라고 발문하세요. 아이가 네모칸의 크기가 모두 같아야 한다는 사실을 깨달을 수 있도록요. 그런데 아이는 아직 네모칸을 그리기 어려워해요. 네모칸을 대신할 연결 모형을 올려 수를 비교해 보는 방법도 있습니다.

Check! 넓이 비교하기

☑ 1단계 겹쳐서 넓이를 비교할 수 있다.

☐ 2단계 임의 단위를 세어서 넓이를 비교할 수 있다.

☐ 3단계 직접 임의 단위를 그린 후, 수를 세어 넓이를 비교할 수 있다.

아이가 시계 읽는 법을 모르면 부모의 마음이 급해집니다. 평소 자주 접해 보지도 않은 아날로그 시계를 보여 주며 시계 보는 방법을 가르치기 시작하지요. 아이가 생각만큼 잘 따라오지 못하면 답답합니다. 그런데 왜 우리는 시계를 볼 줄 알아야 할까요? 그리고 더 중요한 포인트. 시침과 분침을 읽을 줄 알면 시간이나 시각 개념을 안다고 할 수 있을까요?

시간이란 시각과 시각 사이의 간격 또는 그 단위를 말합니다. 센티미터나 킬로그램과 같이 표준 단위라는 뜻입니다. 앞서 길이에 대해 설명할 때 동일한 크기의 물건을 이용하여 길이를 재야 정확히 비교할 수 있다는 문제 상황 인식과, '그렇다면 어떤 물건을 사용하는 것이 효율적일까?'라는 구체적 문제 해결 방안을 떠올리며 직접 수행해 보는 경험이 필요하다고 했죠. 이런 경험을 충분히 쌓은 후에 표준화한 측정 도구인 자를 건네 주고요. 시간도 마찬가지입니다. 시계를 배우기 전에 알아야 할 다른 개념들이 있다는 뜻이에요.

먼저 사건의 순서를 인식할 수 있어야 합니다. "신나게 뛰어놀고 배고파서 빵을 먹었다.", "장난감에 발이 걸려서 넘어졌다." 등, 사건의 순서를 인과 관계를 생각하며 인식하는 것이에요. 그림 카드를 준비하여 사건의 순서를 생각해 보는 활동을 추천합니다. 예를 들어 길이가 다른 초의 사진 3개를 준비하여, 시간의 순서에 따라 배열해 보도록 합니다. 이때 '초가 타면 점점 짧아진다.'라는 사전 개념이 있어야겠죠. 아이가 매해 생일 때마다 케이크의 초를 불어 본 경험이 있다면, 긴 초부터 시작해 짧은 초 순서대로 카드를 배열할 수 있을 것입니다. 아니면 얼음이 서서히 녹아 없어지는 그림 카드도 좋습니다. 얼음이 든 음료를 여러 번 마셔 본 아이는 이미 시간이 지나면 얼음이 녹는다는 사실을 알고 있을 테니까요.

다음 활동은 특별히 아이가 집중할 수 있는 활동입니다.

시간의 흐름에 따라 사진 놓기

준비물 아이 본인의 사진 4장(아기 때부터 성
　　　장이 느껴질 정도의 간격으로)

❶ 아이에게 사진 4장을 보여 줍니다.

❷ 가장 어릴 때부터 시간 순서대로 사진을 놓
　아 보도록 합니다.

❸ 어떤 근거로 놓았는지 이야기해 봅니다.
　ex) "키가 점점 크고 있어요. 팔 다리가 길어
　　　지고 있어요.", "머리숱이 점점 많아지고 있어요."

아기 때부터
순서대로 놓았어.

　　👩 엄마의 발문

활동ing 시간의 순서를 어떻게 알았어? 무엇을 보고 알았어?

: 키가 점점 커져요.　: 팔다리가 길어져요.

활동ing 네가 더 성장하면 어떻게 변할 것 같아?

: 발이 더 커져서 더 큰 신발을 신어야 해요.　: 키가 더 커져요.

아이와 엄마 모두 사진을 보며 옛 추억을 떠올리며 재미있게 활동할 수 있을 것입니다. 지금의 모습이 되기까지 성장 과정과 변화한 점에 대해 이야기 나누고, 여기서 더 성장하면 또 어떤 변화가 있을지에 대해서도 이야기를 나누어 보세요.

이때 중요한 것은, 시간 관련 어휘를 의식적으로 사용하는 것입니다. '예전에는', '지금은', '~전에', '~후에', '그 다음에'와 같은 용어를 사용할 수 있겠지요.

시간 관련 어휘를 일상 대화에서도 자연스럽게 사용하세요. 예를 들어 아이와 하루 일과에 대해서 이야기해 보는 거죠. 예를 들어 "오늘 있었던 일을 순서대로 이야기해 볼까?"하고 발문하면 아이는 기억을 더듬어 순서를 정리해 이야기할 거예요. "오늘 아침에 밥을 먹은 다음에 유치원에 가서 놀고 집에 와서 낮잠을 잤어요. 자고 일어난 후에는, 어제 갔었던 놀이터에 또 나가서 놀았어요. 재미있어서 내일도 가고 싶어요." 아이의 짧은 하루에 정말 많은 시간 관련 어휘가 들어가 있네요.

이러한 대화를 나누는 경험이 쌓일수록, 아이의 머릿속에 시간 흐름에 대한 개념이 조금씩 만들어질 거예요. 이렇게 사건의 순서를 인식하고 말로 표현하는 것이 시간 측정의 첫 단계입니다.

이처럼 일상에서 시간과 시각에 관련된 어휘를 충분히 경험한 뒤에, 아날로그 시계를 읽는 활동을 진행합니다.

아이에게 아날로그 시계에 대해 알려 주려면 아이가 수를 읽을 수 있어야 합니다. 수를 읽을 수 있다면, 집에 아날로그 시계를 들이세요. 학습용 교구 말고 진짜 시계로요.

우선 시계를 아이가 잘 볼 수 있는 곳에 둡니다. 그리고 시계와 친해지도록 유도해 주세요. 아이가 아직 시계 읽는 방법을 모를 때, 엄마가 흔히 하는 표현은 다음과 같습니다.

"자, 짧은 바늘이 3에 가고 긴 바늘이 12에 도착하면 간식을 먹을 거야."

"긴 바늘이 지금 2에 있지? 6에 가면 우리 놀이터에 나갈 거야."

아이는 이런 말을 듣고 시계를 봅니다. 그러면서 시계에 숫자가 있고, 긴 바늘과 짧은 바늘이 있으며 바늘이 돌고 있다는 것을 자연스럽게 알게 됩니다. 바늘이 도는 속도에 대한 감도 생기겠지요. 이런 개념이 자리 잡은 후에 학습을 시작하는 것이 좋습니다.

이런 경험이 필요한 이유는 아이가 시계라는 물건 자체에 관심을 갖는 것이 중요하기 때문입니다. 아이가 태어나서 처음 보는 아날로그 시계가 수업 시간에 엄마가 내미는 교구라면 정말 슬프겠죠. 어느 날 갑자기 시계 교구를 가지고 와서 "봐, 여기 숫자가 적혀 있고 바늘이 있지?"라는 말을 들으며 개념을 익히기 시작하면 어떨까요? 아이 입장에서는 "갑자기? 이게 왜 필요하지?" 하며 고개를 갸웃거리게 될 것입니다. 그러므로 아이가 시계에 친숙해질 기회부터 주세요. 그러다 보면 아이가 먼저 시계 읽는 법을 배우고 싶어 할 거예요. 그때 교구를 이용하여 시계 읽는 방법을 알려 주면 됩니다.

시계 교구는 시와 분이 따로 적혀 있는 것이 좋고 유아 시기에는 초침이 없는 시계를 권장합니다. 또한 분침을 돌리면 시침이 같이 움직이는 것이 더 좋아요.

준비물 **시계 교구**

❶ 시계 교구를 관찰하며 발견한 것을 이야기
해 봅니다. (숫자, 점의 개수, 바늘의 길이
및 회전 등)

❷ 바늘을 돌려 '정각' 단위의 시계 읽는 법을
알려 줍니다. "짧은 바늘이 가리키는 곳이
'시'야. 지금은 짧은 바늘이 1에 있으니 1시
야. 우선 긴 바늘은 12에 있을 때만 생각하자."

❸ 바늘을 계속 돌리며, 정각이 될 때마다 시각을 읽어 줍니다.

바늘을 돌려 보자!

짧은 바늘이 1에
있으면 1시!

👩 **엄마의 발문**

활동ing 시계를 잘 살펴보고 발견한 것을 이야기해 볼까?
　　　: 숫자가 1부터 12까지 적혀 있어요. : 바늘이 2개예요. : 바늘 길이가 달라요.

생각UP 숫자 시계(디지털 시계)랑 비교하면 어떤 점이 더 좋고, 어떤 점이 더 불
편해?
　　　: 동그란 시계가 시간이 얼마큼 남았는지 쉽게 알 수 있어서 편해요.
　　　: 오전인지 오후인지 알려 주는 숫자 시계가 편해요.
　　　: 동그란 시계는 작으면 잘 안 보여요.

이 활동에서는 엄마가 시간을 읽어 주는 스킬이 중요합니다. 시계를 1시
에 맞춰 놓고, 분침을 한 바퀴 돌리며, "1시이이이~." 하고 읽다가, 2시에 도
달하는 순간 "2시!" 라고 외치고, 다시 분침을 돌리며 "2시이이이~." 하며 읽
다가 3시에 도달하는 순간 "3시!" 라고 외치면서 정각을 강조해 주세요.

아이가 정각 읽기에 익숙해지면, 30분을 알려 줍니다.

'시계 탐색하기' 활동에 다음과 같은 활동을 추가합니다. 우선 1시 정각에서 시작해 봅니다. 긴 바늘을 돌리다가 30분이 되었을 때 슬쩍 멈춰 주세요. 그리고 "아직 1시야. 2시까지 못 갔어. 여기가 30분이야. 긴 바늘은 작은 숫자 부분을 읽는 거야. 6 아래 30 보이지? 그러면 1시 30분이라고 읽어요. 자, 계속 갑니다~ 2시를 향해~!" 바늘을 계속 돌리며, 30분이 될 때마다 위와 같이 이야기해 주세요.

이렇게 30분을 자세히 설명하는 이유는, 아이들이 굉장히 헷갈려하기 때문입니다. 아이는 왼쪽 사진의 시각이 1시 30분인지, 2시 30분인지 판단하기 매우 어려워해요. 짧은 바늘이 1과 2 사이에 있으니 어느 쪽에 속하는지 헷갈려하는 거죠. 특히 문제집으로만 학습한 친구들은 여기에서 흥미가 뚝, 떨어집니다. 그러나 교구를 이용하여 시침이 1시에서 2시로 가는 중간에 1시 30분이 있음을 여러 번 경험해 본 친구들은 어렵지 않게 이해할 수 있습니다.

초등학교 입학 전까지는 정각과 30분만 읽을 줄 알면 됩니다. 평소에 시계를 보며 일상 이야기를 나누는 것이 더 중요함을 기억하세요.

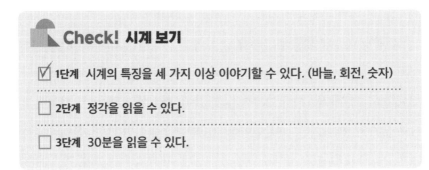

Check! 시계 보기

☑ **1단계** 시계의 특징을 세 가지 이상 이야기할 수 있다. (바늘, 회전, 숫자)

☐ **2단계** 정각을 읽을 수 있다.

☐ **3단계** 30분을 읽을 수 있다.

패턴 파악하고 모방하기

패턴 모방하기와 이어 가기
패턴마디 찾기
패턴 끼워넣기

다양한 패턴 만들기

패턴 만들기

변화와 관계: 다음을 예측할 수 있는 힘

2022 개정 교육과정에 '변화와 관계'라는 영역이 있습니다. 예전에는 '규칙성'이라고 불렀지요. 이 영역에 해당하는 것이 유아수학에서는 '패턴' 입니다.

패턴은 일정한 형태가 규칙에 따라 반복되는 것을 뜻합니다. 교과과정에서는 규칙이라고 하지만, 이 책에서는 패턴이라고 하겠습니다. 패턴을 찾고 관계를 알아 가는 과정은 결국 중고등학교 수학의 함수와 맥락을 같이 하기 때문에 패턴을 잘하는 친구들이 나중에 수학을 잘하는 경우가 많습니다.

유아에서의 패턴 학습은 다른 영역과 마찬가지로 '일상의 발견'에서 시작합니다. 아침에 일어나서 활동을 하고 밤에는 잠자리에 드는 일상이 반복되고 있다는 것, 매일 잠자기 전에 씻는 것, 이불의 무늬가 반복되고 있다는 것, 핸드폰이 울릴 때 같은 소리가 반복되고 있다는 것 등을 아이가 의식할 수 있게 이야기를 나누면 됩니다. 처음부터 교구를 꺼내 놓고 "빨강-파랑-빨강-파랑, 다음은 뭐지?" 이렇게 학습하는 것이 좋은 방법이 아니라는 사실은 이제 아시겠지요?

일상에서 규칙을 찾는 경험을 충분히 했으면, 이제 본격적으로 패턴 활동을 해야 합니다. 패턴 학습은 먼저 패턴을 모방하는 것에서 시작됩니다. 아이는 패턴을 모방하는 과정에서 어떤 규칙이 반복되고 있는지 인식할 수 있게 되며, 자연스럽게 다음에 이어질 요소를 찾을 수 있게 됩니다.

패턴 모방하기와 이어 가기

준비물 모양은 같고 색깔은 다른 물건 2~3 종류 (블록, 젤리 등)

❶ 엄마가 먼저 젤리를 이용하여 패턴을 만듭니다.

❷ 아이는 엄마가 만든 패턴을 관찰한 후, 아래에 똑같이 만들어 봅니다.

> 다음에는 어떤 젤리가 올까?

> 빨간색이요.

❸ 어떤 규칙이 있는지 이야기를 나눕니다. 아이는 다음에 올 젤리를 찾아 놓아 봅니다. 아이가 직접 규칙을 이야기하며 놓으면 성공입니다.
ex) "빨강, 초록, 초록 규칙이에요. 그래서 다음에는 빨간색 젤리가 와요."

 엄마의 발문

활동ing 엄마가 만든 패턴에 어떤 규칙이 있는지 이야기해 볼까?

생각UP 패턴 만들기 놀이를 해 볼까? 어떤 물건이 좋을까?
: (예시 : 숟가락-포크, 레고, 나뭇잎, 돌멩이 등)

처음 패턴 활동을 할 때 선택할 물건의 속성은 '색깔, 모양'으로 시작하는 것이 좋습니다. 쉽게 인지할 수 있고 말로 표현하기도 쉽기 때문이에요. 또한 속성만큼 중요한 것이 패턴의 유형입니다. 패턴의 유형은 패턴마디(패턴의 기본 단위)를 알파벳에 대응시켜 나타낸 것을 말합니다.

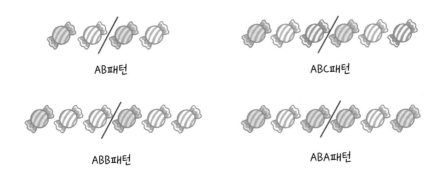

처음에는 가장 간단한 AB패턴부터 시작하여 점차 개수를 늘려 ABC, ABB패턴 등을 경험해 보도록 합니다.

한편 ABA패턴의 경우 단순해 보이지만 아이들이 어려워합니다. 패턴마디의 시작과 끝이 어디인지 한눈에 보이지 않기 때문이죠. 그러니 책의 내용을 참고하여 패턴을 다양하게 만들어 보여 주세요. 그걸 아이가 똑같이 모방하고, 다음에 올 패턴을 이어 나가게 해 주세요. 주의할 점은, 패턴마디가 세 번 이상 반복되도록 패턴을 길게 만들어야 한다는 점이에요.

패턴마디는 중요한 개념이기 때문에 관련된 활동을 하나 더 소개합니다. 이 활동에는 패턴종이를 사용합니다. 책을 참고하여 직접 그려도 좋지만 QR코드를 찍어 다운받아도 됩니다. 이 위에 교구를 올리거나 스티커를 붙여도 되고, 혹은 직접 손으로 그리며 활동하면 됩니다.

패턴종이

패턴마디 찾기

준비물 패턴종이, 색연필, 가위

❶ 엄마가 패턴을 그립니다. 패턴마디는 3~4개
  가 반복되도록 해 주세요.

❷ 아이가 패턴마디를 찾아 전부 자르도록 합
  니다.

❸ 자른 패턴마디 여러 장을 아래로 나란히 놓
  아 모두 같다는 것을 확인합니다.

하트-별-별
패턴이구나!

👧 **엄마의 발문**

활동ing **패턴마디를 맞게 잘랐는지 어떤 방법으로 확인할 수 있어?**

  : 패턴마디를 모두 잘라서 위아래로 나란히 놓아 봐요.

  : 패턴마디 하나를 잘라서 옆으로 움직이면서 대 봐요.

활동ing **어떻게 하면 패턴마디를 쉽게 찾을 수 있을까?**

  : '하트-별-별' 하고 입으로 외워요.

  : 빨간색을 찾아요!

스티커를 사용하지 않고 직접 패턴을 그릴 때의 장점은, 패턴을 다양하게 만들 수 있다는 것입니다. 여기서 소개한 '패턴마디 찾기' 활동은 엄마가 패턴을 만들어야 하므로 직접 그리는 편이 나아요. 하지만 아이가 패턴을 만들 때에는 교구나 스티커를 이용하는 것이 효과적입니다. 빈 종이에 색

연필만 주고 패턴을 만들어 보라고 하면 당황하거나 막막해할 수 있기 때문입니다.

패턴마디 찾기는 패턴 활동의 가장 기본입니다. 수 세기 지면 활동을 할 때, 센 것을 연필로 체크하면서 세듯, 패턴 관련한 지면 활동을 할 때에는 습관적으로 패턴마디를 체크해야 합니다.

아이가 패턴마디 찾기 활동을 능숙하게 한다면, 이번에는 패턴 끼워넣기를 해 볼 차례입니다.

패턴종이

패턴 끼워넣기

준비물 패턴종이, 색연필, 포스트잇

❶ 엄마가 아이의 수준을 고려하여 패턴을 그립니다. 패턴마디는 3개 정도가 반복되면 적당합니다.

❷ 엄마가 패턴 중 1개의 위에 포스트잇을 붙여 그림을 가립니다. ❶~❷의 과정을 진행할 때, 아이가 보지 못하도록 합니다.

❸ 아이가 눈을 뜨고 포스트잇 아래 어떤 그림이 있을지 이야기하도록 합니다.

❹ 능숙하게 찾으면 포스트잇을 2개로 늘려 난도를 높여 봅니다.

🙂 엄마의 발문

 어떻게 빈칸의 색깔을 찾았어?

: 분홍색 다음이 파란색이니까요. : 초록색 앞이 파란색이니까요.

포스트잇으로 그림을 가릴 때에는 먼저 패턴의 앞이 아닌, 뒤에 있는 그림을 가려야 아이가 쉽게 답을 찾을 수 있습니다. 앞에서부터 순서대로 그림을 보면, 가려진 패턴을 볼 때쯤에 이미 패턴마디가 머릿속에 입력되기 때문입니다. 반면 패턴의 앞쪽이 가려져 있으면 패턴마디가 쉽게 머릿속에 그려지지 않아 아이가 어려워합니다. 패턴의 시작이 어디인지 알아보기 쉽지 않기 때문이지요.

그런데 이런 형태의 패턴마디는 사실 '앞뒤'라고 할 것이 없습니다. 뒤에서부터 패턴을 찾아도 똑같죠. 포스트잇으로 앞쪽을 가리면서 발문을 통해 아이가 이러한 사실도 깨닫게 해 주세요.

"어, 앞이 가려져서 좀 찾기 어렵지. 어떻게 하면 더 쉽게 찾을 수 있을까?"

아이는 패턴마디를 주의 깊게 들여다보다가 '규칙은 거꾸로 봐도 규칙이 된다'라는 사실을 깨닫고, "뒤에서부터 찾으면 돼요!"라고 신나게 외칠 거예요.

Check! 패턴 파악하고 모방하기

☑ 1단계 엄마가 만든 패턴을 따라 만들 수 있다.

☐ 2단계 엄마가 만든 패턴을 이어 만들 수 있다.

☐ 3단계 가려진 패턴을 유추할 수 있다.

☐ 4단계 패턴마디를 찾을 수 있다.

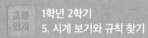
패턴을 지면 활동으로만 경험한 아이들에게 교구나 스티커를 주고 패턴을 직접 만들어 보라고 하면 난감해하는 경우가 굉장히 많습니다. 이런 아이들은 그동안 수동적으로 주어진 문제만 풀어 왔기 때문에, 직접 계획하여 결과물을 만드는 일에 익숙하지 않고, 심한 경우 거부감을 느끼기도 합니다. 또한 지면 활동을 통해 수학을 '맞거나 틀리는 것, 둘 중 하나'로 인식하는 경우가 많아서 '틀리지 않고' 결과물을 만들어야 한다는 강박이 있는 경우도 있어요. 그러다 보니 패턴을 만들어 보라고 하면 기어들어가는 듯한 목소리로 "못하겠어요…."라고 하고, 엄마는 그저 답답해합니다.

"아니, 이건 어려운 게 아니야. 답이 정해진 것도 아니고 그냥 '빨강-노랑-빨강-노랑' 이렇게 놔도 된다니까? 어렵게 만들라고 안 했잖아!"

"…."

문제집으로만 패턴을 접한 친구라면 그럴 수 있습니다. 아이 탓이 아니에요. 지금 바로 패턴을 보고 만지고 만드는 경험을 하게 해 주세요. 패턴 종이에 과자나 젤리 같은 간식이나 장난감을 올리며 마음껏 자신의 생각대로 패턴을 만들어 보는 거죠.

다음 활동은 패턴종이에 아이가 직접 스티커를 붙여 보는 활동입니다. 아이와 함께 직접 문구점에 가서 스티커를 고르면 더 즐겁게 활동할 수 있겠죠?

패턴 만들기

준비물 패턴종이, 스티커(색깔, 모양, 크기 등
다양한 속성이 있는 것)

❶ 아이가 스티커를 패턴종이에 붙여 패턴을
만들어 보도록 합니다.

❷ 엄마는 아이가 만든 패턴의 규칙을 이야기
하고 패턴마디를 찾아봅니다. "방향 규칙
이네. 위-아래가 반복돼."

위, 아래 패턴을
만들어야지.

❸ 이번에는 엄마가 패턴을 만들고 아이가 규칙과 패턴마디를 찾아보도록 합니다.

엄마의 발문

활동ing 색깔이나 모양이나 크기 말고, 또 어떤 패턴을 만들 수 있을까?
  : (예시 : 방향, 개수)

활동ing 스티커로 더 창의적인 패턴을 만들어 볼까?
  : 세모와 동그라미를 합쳐 아이스크림을 만들어요. : 세모 2개로 별을 만들어 볼래요

이 활동을 할 때는 엄마가 새로운 패턴을 다양하게 보여 주는 것이 중요
해요. 그전 활동인 '패턴 파악하고 모방하기'에서 모양-색깔 패턴만 예시로
들었는데, 그것은 패턴을 시작하는 단계여서 난도를 낮추기 위함도 있지만
독자의 이해를 돕기 위함이기도 했습니다. 하지만 패턴의 종류는 매우 다
양하고, 이를 엄마가 알고 있어야 합니다.

이 활동은 아이가 직접 패턴을 만드는 것보다, 엄마가 만든 패턴을 아이
가 보게 하는 것이 더 중요합니다. 다시 말해, 엄마가 만든 다양한 속성의
패턴을 아이가 자연스럽게 경험하도록 해야 해요. 색깔, 모양에 그치지 말

고 '크기, 방향, 개수' 등의 패턴을 만들어 보여 주세요. 엄마가 만든 패턴을 본 아이는 패턴의 속성이 다양하다는 사실을 깨닫고, 자기 차례에 적용하여 만들어 볼 수 있습니다.

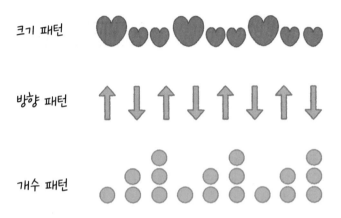

이렇게 다양한 속성의 패턴을 아이가 경험하고, 자유롭게 떠올릴 수 있게 되면 패턴으로 아이만의 작품을 만들어 보도록 해 주세요. 예쁜 패턴 팔찌나 패턴 왕관, 패턴 목걸이 등을 만들 수 있습니다. 지루한 패턴 공부가 아니라 재미있는 만들기라고 느끼면 수학이 더 재미있어지겠지요? 유아 시기의 수학은 이렇게 즐거워야 합니다.

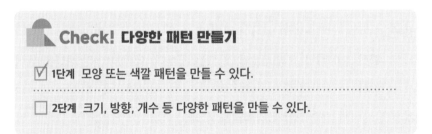

Check! 다양한 패턴 만들기

☑ **1단계** 모양 또는 색깔 패턴을 만들 수 있다.

☐ **2단계** 크기, 방향, 개수 등 다양한 패턴을 만들 수 있다.

활동 지도 **자료와 가능성: 정보를 정리하는 능력 기르기**

구체물을 체계적으로 정리하기

도형 분류하기

그래프로 정보 정리하기

실물 그래프
그림 그래프
상징 그래프

자료와 가능성: 정보를 정리하는 능력 기르기

분류는 어떠한 대상을 범주로 나누거나 모으는 것을 이야기합니다. 분류를 잘 하기 위해서는 분류 대상의 여러 속성 중 필요한 부분이 무엇인지 파악할 수 있어야 합니다. 수많은 정보가 쏟아지는 요즘 세상에서 자신에게 필요한 것과 필요하지 않은 것을 분류하고, 필요한 것을 체계적으로 머릿속에 정리하는 능력은 필수입니다. 그 기초가 바로 '분류'입니다.

유아 시기의 분류는 분류 대상의 공통점과 차이점을 알아차리는 것으로 시작됩니다. 사물을 바라볼 때 특정한 관점에서 바라보는 것이죠. 분류 능력이 뛰어난 아이는 여러 관점에서 사물을 보며 분류 기준을 다양하게 떠올릴 수 있습니다. 다음 그림을 분류해 볼까요? 한번 직접 분류해 보세요.

어떤 기준으로 분류했나요? 가장 기본적인 분류는 색깔(분홍, 파랑), 크기(큰 것, 작은 것), 종류(자동차, 비행기, 오토바이)일 것입니다. 조금 더 융통성과 통찰력을 발휘한다면 '땅에서만 움직이는 것, 하늘에서도 움직이는 것' 혹은 '날개가 있는 것, 날개가 없는 것'으로 기준을 세울 수도 있습니다. 이렇게 같은 그림을 보고도 떠올릴 수 있는 분류 기준은 사람마다 다릅니다. 다양한 분류 기준을 궁리하는 경험은 아이에게 생각하는 힘을 길러 줍니다.

한편 가능성은 후에 '확률'과 연결되는 개념으로, 유아 시기의 아이들이 생각할 수 있는 수준은 '불가능한/가능한 일', '가능성이 높고/낮은 일'을 구분하는 것입니다.

불가능한 일	가능한 일
• 자고 일어나면 성별이 바뀐다 • 과거로 돌아간다	• 밥 먹고 물을 마신다 • 내일은 운동화를 신고 등원한다

일상생활에서의 가능성은 의사 결정과 관련이 깊어요. 그러니 경험을 통해 관련 개념을 접하도록 이끌어 주세요. 예를 들어 "날씨가 많이 흐리네. 오늘은 우산을 챙겨야 할 것 같아." 등의 대화를 할 수 있습니다. 또한 주사위 놀이를 할 때, 주사위 6면에 각각 1, 1, 1, 1, 2, 3을 적은 후, '주사위를 여러 번 굴리면 1이 가장 많이 나올 것이다.', '6이 나올 가능성은 없다.' 등의 생각을 할 수 있겠지요. 여러 상황에서 타당한 추론을 할 수 있게 이끌어 주세요.

구체물을 체계적으로 정리하기　2학년 1학기 5. 분류하기

분류 역시 일상에서 쉽게 할 수 있는 활동이 많습니다. 옷을 상의와 하의로 분류하여 서랍에 보관할 수 있고, 책을 같은 전집끼리 분류하여 책꽂이에 꽂을 수도 있지요. 또한 장난감을 같은 종류끼리 분류할 수도 있고요. 아이가 좋아하는 간식으로도 분류 활동을 할 수 있어요. 예를 들어 초콜릿을 좋아하면 ABC초콜릿에 새겨진 알파벳에 따라 분류해 보는 거죠.

사실 분류라는 용어가 친근한 일상 용어는 아닙니다. 처음부터 "초콜릿을 분류해 볼까?"라고 하면 아이는 "엄마, 분류가 뭐야?"라고 되묻겠지요?

따라서 처음에는 '분류'라는 말을 쓰기보다는 "같은 것끼리 모아 볼까?"라고 말해 보세요. 활동이 익숙해졌을 때쯤 '분류'라는 말을 함께 사용하면 아이가 용어를 이해할 수 있겠지요. 동시에 수학 동화를 함께 읽으면서 '분류'라는 용어를 반복하여 들려 주세요. 그러면 아이는 차츰 "분류해 볼까?"라는 말을 이해할 수 있을 거예요.

일상에서 자연스럽게 분류 활동을 할 때에는 주변의 물건을 이용하지만, 학습할 때는 색종이나 블록 같은 교구를 사용하는 것이 좋아요. 일상 속 분류는 때때로 기준이 정확하지 않을 수 있거든요. 예를 들어 윗옷과 아래옷으로 분류를 하고 있는데 갑자기 원피스나 멜빵바지가 나오면 당황하겠죠? 처음 분류를 경험할 때에는 애매할 여지가 없도록 정확한 기준을 잡아야 합니다.

· ·

도형 분류하기

준비물 도형 색종이(모양 세 가지, 색깔 세 가지, 크기 두 가지)

❶ 도형 색종이를 책상 위에 흩어 놓습니다.

❷ 아이가 색종이를 분류한 후, 분류 기준을 이야기하도록 합니다.
ex) "모양으로 분류했어요."

❸ 다른 방법으로도 분류해 봅니다.

모양 따라 분류했어요!

활동ing 색종이를 어떤 기준으로 분류했어?

: 모양대로 분류했어요.

활동ing 색종이를 다른 기준으로도 분류해 볼까?

: 이번에는 색깔대로 분류해 볼게요.   : 크기로 분류할래요.

생각UP 우리집에서 분류해서 보관하면 좋은 물건이 뭐가 있을까?

: (예시 : 장난감, 옷, 신발, 수저, 컵 등)

- -

이 활동에서는 아이에게 분류 기준이 하나가 아니라는 점을 알려 주는 게 중요합니다. 만약 아이가 색깔별로 분류를 했다면 "와, 같은 색끼리 분류했구나! 그런데 또 다른 방법도 있대. 어떤 방법인지 찾을 수 있을까?" 하고 발문하세요. 아이는 어깨를 으쓱하여 새로운 분류 기준도 찾아낼 것입니다.

아이가 다양한 분류 기준을 찾았다면, 한 단계 더 나아가 볼게요. 분류한 것을 한 번 더 분류하는 것입니다. 예를 들어 도형 분류하기 활동에서 색깔별로 분류했다면, 분류한 것을 크기나 모양 기준으로 한 번 더 분류해 보는 것입니다.

분류를 할수록 복잡했던 자료들이 체계적으로 정리가 되니 기억하기도 더 쉽습니다. 다양한 정보가 쏟아지는 사회에서 체계적으로 정리하는 능력은 필수라고 말씀드렸는데, 이 분류 과정이 우리의 머릿속이라고 생각해 보세요. 정보를 접했을 때, 어떻게 머릿속을 정리해야 할지는 굳이 말씀드리지 않아도 아시겠죠? 그 시작이 유아 시기의 분류 경험입니다.

그래프로 정보 정리하기

2학년 2학기
5. 표와 그래프

아이가 분류에 익숙해지면, 분류한 자료를 바탕으로 그래프를 만들 수 있습니다. 이를 통해 체계적으로 자료를 정리하는 경험뿐 아니라, 현상에 대한 해석이나 분석도 할 수 있습니다. 아이와 간단하고 재미있게 할 수 있는 그래프 놀이를 소개할게요.

준비물은 고래밥 과자입니다. 마트의 과자 코너에서 고래밥 과자를 들고 "어떤 동물이 가장 많이 들어 있을 것 같아? 우리 확인해 볼까?"라고 물어보세요. 아이의 눈이 호기심과 흥미로 반짝일 것입니다. 집으로 돌아와 그래프 활동을 시작합니다. 고래밥 과자를 뜯어 동물별로 분류해 보고, 다음 341쪽과 같이 그래프 틀에 과자를 하나씩 올립니다.

그래프로 나타내 보니, 불가사리가 가장 많고 거북이와 다랑어가 가장 적다는 것을 한눈에 알아볼 수 있습니다. 수량이 많은 순서대로 서열을 따

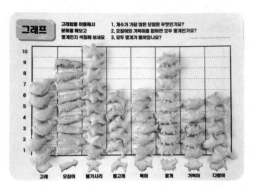

실물 그래프

지기도 쉽고요.

이 그래프는 고래밥 '과자'를 직접 사용한 '실물 그래프'입니다. 그런데 만약 '어제 바다에서 잡은 바다 생물들'을 그래프로 만들어 보려면 어떻게 해야 할까요? 직접 그래프에 문어나 조개 등을 올려놓는 것이 좋은 방법일까요? 그렇지는 않겠죠.

실물 대신에 그림을 그려서 그래프를 나타낼 수 있습니다. 예를 들어 그래프 칸 하나하나에 동물을 직접 그리는 거예요. 그림 그리기가 번거롭다면 체크(V)를 한다거나, 칸을 색칠할 수도 있어요. 이것을 각각 '그림 그래프', '상징 그래프'라고 합니다. 처음 그래프를 학습하는 5세쯤에는 실물 그래프로 시작하고, 점차 그림 그래프와 상징 그래프 활동을 진행하면 됩니다.

여기에 더해 명절에 할 수 있는, 의미 있는 그래프 만들기 활동을 소개합니다. 준비물은 그래프를 그릴 종이, 연필, 그리고 쪽지를 만들 수 있는 종이 한두 장이면 충분합니다.

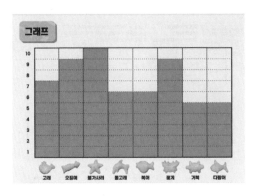

상징 그래프

　우선 종이에 그래프 틀을 그립니다. 그 다음 가족들끼리 먹고 싶은 메뉴를 자유롭게 이야기하고, 이 중 5~6개 정도를 골라 그래프 아래 칸에 적습니다. 종이를 작게 오려 쪽지 여러 장을 만들고, 먹고 싶은 메뉴를 한 사람당 세 가지씩 골라서 쪽지 3개에 하나씩 적은 다음 잘 접습니다. 가족 구성원이 적은 쪽지를 모아서 뒤섞은 다음, 쪽지를 하나씩 펼쳐서 결과대로 그래프에 체크하세요. 쪽지를 그대로 올려도 좋고, 색칠을 하거나 체크 표시를 해도 좋아요. 그래프가 완성되면 그 결과에 대해 이야기를 나눕니다.

　친척들이 모이는 명절에 해 보면 더 좋은 활동입니다. 이 활동을 통해 그날의 외식 메뉴를 정할 수 있고, 우리 가족이 선호하는 메뉴를 순위로 매겨서 나중에 외식을 할 때 반영할 수도 있어요.

　이렇게 흥미롭고 친숙한 주제로 정보 수집부터 그래프 작성, 그래프 결과에 대한 분석 및 해석까지 어렵지 않게 그래프 활동을 해낼 수 있습니다. 게다가 가족과 즐거운 추억도 쌓을 수 있으니 더할 나위 없이 만족스러운 활동이지요.

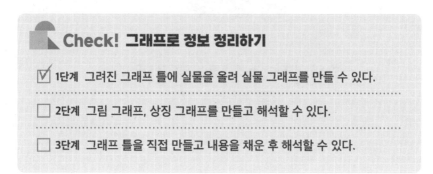

제가 준비한 활동은 여기까지입니다. 읽기만 하기에도 적지 않은 분량인데, 아이와 함께 시작해 보려니 살짝 걱정도 되시죠? 우선 가벼운 마음으로, 즐겁게 시작하시길 바랍니다. 엄마의 마음과 태도가 밝으면 아이는 반드시 즐겁게 활동할 거예요.

엄마가 열심히 준비한 다양한 '보고 만지는 활동들'은, 아이에게 어려운 수학이나 공부가 아니라 재미있는 경험과 놀이로 다가갑니다. 저의 경험을 믿으세요.

자, 책에서 지금 우리 아이에게 필요한 활동을 찾으세요. 그리고 시작하세요.

제가 응원하겠습니다.

아이가 수학을 좋아하면 좋겠습니다

저는 꽤 잘 나가는 중고등수학 전문 강사였습니다.

칠판 앞에 서서 아이들에게 개념을 설명하면, 아이들은 제 강의를 들으며 고개를 끄덕였죠. 설명이 끝나면 아이들은 문제를 풀고 저는 질문을 받았습니다. 수업이 끝날 즈음이면 해당 단원의 문제를 숙제로 내 주었어요. 모든 문제는 노트에 깔끔하게 풀이 과정을 적어 오게 했지요. 어마어마한 양이었어요. 숙제를 하지 못한 아이들은 수업 후에 남아서 숙제를 했는데, 모든 문제를 풀고 채점을 한 뒤 오답처리까지 해야 귀가할 수 있었죠. 네, 저는 요즘 말로 '빡세기'로 유명한 학원의 강사였어요.

이 학원의 방식에 적응하지 못해 그만두는 아이들도 많았지만, 공부를 많이 시키는 학원, 성적이 잘 오르는 학원이라는 입소문이 돌며 새로 등록하는 아이들이 훨씬 더 많았어요. 그렇게 학원은 계속 성장했습니다. 내신 준비를 위해 기출문제를 분석하고, 시험에 나올 만한 문제를 콕 집어 주는 강사가 실력 있는 강사로 인정받았는데, 바로 제가 그랬답니다. 유형별로 문제를 정리한 뒤 아이들에게 풀게 했어요. 이 과정을 몇 번이고 반복했답니다. 그렇게 아이들은 유형을 암기했고, 시험에서 좋은 점수를 받았어요. 이 방법이 아이들의 진짜 수학 실력을 높이는 방법이 아니라는 것을 알고 있었지만, 어쩔 수 없었습니다. 그래도 아이들을 위하는 마음으로 최선을 다했고, 내신 100점 받는 아이로 만들어 고등학교에 올려보냈습니다.

그런데 대부분의 아이들 점수가 점점 떨어지더라고요. 참담했습니다. 저는 아이들의 성적이 떨어진 이유를 찾으려고 아이들의 학습 상황과 수업 태도 등을 관찰하기 시작했고, 머지않아 이유를 찾아냈습니다. 아이들 대부분은 제 강의를 그저 '보기만' 했던 것이었어요. 스스로 생각하는 시간이 절대적으로 부족한 채로 문제를 많이 푸는 데에만 급급했으니까요. 스스로 생각하기 싫어하는 아이들은 조금만 어려워도 문제에 별표를 그렸습니다. 그리고 그런 별표는 점점 늘어갔지요.

문제만 되풀이해서 푸는 중고등수학에 회의감을 느낀 저는, 아이들이 직접 참여하고 아이들의 생각을 이끌어낼 수 있는 수업을 해 보고 싶다는 생각에 초등학생을 가르치기로 했습니다. 하지만 이 또한 생각만큼 쉽지는 않았어요.

저는 아이들이 문제를 스스로 해결할 수 있도록 발문을 하고, 충분한 시간과 기회를 주었습니다. 하지만 대상이 중고등학생에서 초등학생으로 바뀌었을 뿐, 지금까지 강의한 것과 별 다를 바 없었답니다. 주어진 수업 시간이 짧아 교과수학과 문제집 풀이 이외의 다른 활동은 할 수가 없었거든요.

얼마 지나지 않아 저는 출산을 했고, 제 아이의 연령을 따라 자연스럽게 유아를 대상으로 수학을 가르치기 시작했어요. 담당하는 연령이 낮아졌고 학습 내용도 더 쉬워졌는데, 오히려 가르치기는 더 어렵고 힘들었어요. 어느 날은 밀려드는 걱정과 두려움에 강의실 문 앞에서 한참을 서성이기도 했죠. '왜 내 말을 알아듣지 못하는 거지?', '내가 강사로서의 자질이 없는 건가?' 매일이 고민의 연속이었어요. 하지만 포기하지 않았습니다. 수업에서 무엇이 어려운지를 파악하고 어떻게 하면 개선할 수 있을지를 오랜 시간 연구했어요. 그러다 깨달았죠. 유아 시기의 아이들은 너무나도 깨끗한 백지상태라는 것을요. 수학은 눈에 보이지 않는 추상적인 학문이기 때문에 어려울 수밖에 없어요. 더구나 아이들은 기존에 습득한 개념이 많지 않아서 제 설명을 더 이해할 수 없었던 것이죠. 이후, 저는 접근 방법을 다르게 하여 아이들을 대하기 시작했어요. 노력한 만큼, 아이들은 따라와 주었고 그제야 아이들은 물론이고 제 자신도 수업이 재미있어졌답니다. 이렇게 첫 단추를 잘 끼운 아이들은 초등학생이 되어서도 수학을 재미있어했고, 스스로 생각하는 것을 즐기는 아이로 성장했습니다.

꽤 긴 이야기였네요. 유아부터 중고등학생까지, 모든 연령대의 아이들에게 수학을 가르치면서 저는 유아수학이 얼마나 중요한지를 깨닫게 되었어요. 유아수학이 중요한 이유는 여러 가지가 있지만, 제가 생각하는 가장 큰 이유는 바로 수학 정서입니다. 유아 시기에 접한 수학이 재미있어야 긍정적인 수학 정서가 생기고, 그래야 수학을 즐기는 아이가 될 수 있거든요. 수학을 잘하는 방법 또한 간단합니다. 수학을 좋아하면 돼요. 유아 시기에 많이 보고 만지면서 호기심을 기르고, 재미있게 수학을 공부하면 자연스레 수학이 좋아지겠지요. 이 책에 수록된 많은 활동들과 아이를 위한 정성스런 '발문'들은, 모두 아이가 수학을 좋아하게끔 하기 위한 것이에요. 이렇게 수학을 접한 아이들은 주도적으로 공부하고 창의적으로 생각하는 사람이 될 수 있답니다.

아이의 작은 입술에서 "엄마."라는 말이 나오기까지, 아이는 얼마나 많이 '엄마'를 듣고 보았을까요? 손을 흔들면서 "안녕!"이라고 인사를 하기까지, 아이는 정말 많이 '안녕'을 들어 왔을 거예요. 수학도 마찬가지입니다. '엄마'와 '안녕'처럼, 그렇게 천천히, 그리고 꾸준히 아이에게 수학을 알려 주세요. 사실 쉽지는 않을 거예요. 너무나 간단한데 쉽게 이해하지 못하는 아이를 보면 답답하기도 하고요. 그럴 땐 아이의 눈빛을 보세요. 사탕을 하나씩 세는 앵두 같은 입술과, 연필을 꽉 쥐고 숫자를 하나씩 써 내려가는 고사리 같은 손도 가만히 바라보세요. 새로운 세상의 문을 두드리는 아이의 작은 움직임이 너무나 기특할 거예요. 그렇게 아이를 바라보면서 여유를 갖고 기다려 주세요. 아이는 분명히 엄마의 마음을 알고, 잘 자라 줄 겁니다. 그리고 여러분 또한 아이와 함께 자라게 될 겁니다.

보고 만지는 수학은
이렇게 가르칩니다

1판 1쇄 발행일 2024년 4월 30일
1판 6쇄 발행일 2024년 10월 31일

지은이 최경희
펴낸이 金昇芝
책임편집 김도영
편집 문영은
디자인 유어텍스트
그림 도하

펴낸곳 블루무스
출판등록 제2022-000085호
전화 070-4062-1908
팩스 02-6280-1908
주소 경기도 파주시 경의로 1114 에펠타워 406호
이메일 bluemoose_editor@naver.com
블로그 blog.naver.com/bluemoosebooks
인스타그램 @bluemoose_books

ISBN 979-11-93407-21-9 03370